书香何处寻

——信息时代的阅读与思考

赵玥 ◎ 著

知识产权出版社
全国百佳图书出版单位

图书在版编目（CIP）数据

书香何处寻：信息时代的阅读与思考／许亮，赵玥著. —北京：知识产权出版社，2019.1
ISBN 978－7－5130－3969－7（2020.1 重印）

Ⅰ.①书… Ⅱ.①许…②赵… Ⅲ.①读书方法 Ⅳ.①G792

中国版本图书馆 CIP 数据核字（2015）第 313391 号

责任编辑：赵 军　　　　　责任校对：潘凤越
封面设计：邓媛媛　　　　　责任印制：孙婷婷

书香何处寻——信息时代的阅读与思考
许 亮 赵 玥 ◎著

出版发行	知识产权出版社有限责任公司	网　　址	http://www.ipph.cn
社　　址	北京市海淀区气象路 50 号院	邮　　编	100081
责编电话	010－82000860 转 8127	责编邮箱	zhaojun@cnipr.com
发行电话	010－82000860 转 8101/8102	发行传真	010－82000893/82005070/82000270
印　　刷	北京虎彩文化传播有限公司	经　　销	各大网上书店、新华书店及相关专业书店
开　　本	720mm×1000mm　1/16	印　　张	18.5
版　　次	2019 年 1 月第 1 版	印　　次	2020 年 1 月第 2 次印刷
字　　数	339 千字	定　　价	58.00 元

ISBN 978－7－5130－3969－7

出版权专有　侵权必究
如有印装质量问题，本社负责调换。

序 言

阅读是人类对于有意义的符号系统进行解码的复杂认知过程,是人类从文本、图像、视频等载体提取意义的方法,是人类获取知识和信息的重要手段。阅读既是文化的吸收与消费过程,又是文化的创造与生产过程。阅读既关系到个人的思想境界和文化素养,也关系到民族的综合素质和国家的软实力,正如俄裔美籍作家布罗茨基所说,"一个不读书的民族,是没有希望的民族"。

随着中国经济的发展和综合国力的提升,文化建设也越来越受到政府的重视,并逐渐发展成为一项国家战略。1995年10月,联合国教科文组织第28次大会通过决议,正式确定每年的4月23日为"世界图书与版权日",俗称为"世界读书日"。2000年12月,全国知识工程领导小组办公室发布了《关于在全国开展"全民读书月"活动的通知》,举办了第一届全国性的"全民读书月"活动。2006年4月,新闻出版总署联合中宣部、中央文明办、文化部、教育部等10部委联合发出《关于开展全民阅读活动的倡议书》,在国内大力倡导全民阅读活动。2009年,中国图书馆学会成立了指导全国各地全民阅读推广活动的专门机构——阅读推广委员会。2012年11月,"开展全民阅读活动"首次被写入党的十八大报告。2013年3月,国家新闻出版广电总局成立全民阅读立法工作组,开始起草《全民阅读促进条例》。2014年,"倡导全民阅读"首次被写入政府工作报告。同年,国家主席习近平在接受俄罗斯电视台采访时说:"读书可以让人保持思想活力,让人得到智慧启发,让人滋养浩然之气。"2015年,"倡导全民阅读"第二次被写入当年的政府工作报告,并扩展为"倡导全民阅读,建设书香社会"。国务院总理李克强在两会记者招待会上对政府工作报告为何两次写入"倡导全民阅读"进行了解释,他说:"书籍和阅读是人类文明传承的主要载体。我希望全民阅读能够形成一种氛围,无处不在。把阅读作为一种生活方式,把它与工作方式相结合,不仅会增加发展的创新力量,而且会增强社会的道德力量。"

在政府的大力倡导下,全民阅读推广的热潮也扩展到了作为精神象牙塔的高等院校。各高校纷纷开展读书征文、图书漂流、精品书展、名著朗诵、书香辩论赛、阅读之星评选等各种类型的校园读书活动，引导广大师生多读书、读好书，建设书香校园。从2005年开始，河南大学、湖南大学、北京大学、北京交通大学、北京建筑大学等高校的图书馆先后荣获由中国图书馆学会颁发的"全民阅读示范基地"和"全民阅读先进单位"。2009年9月，随着中国图书馆学会阅读推广委员会的成立，大学生阅读委员会也随之成立，该委员会旨在提高大学生阅读文献数量和质量，提升大学生文化素养和信息素养，通过对大学生群体的阅读行为方式的持续、深入研究，制订有效提升大学生阅读兴趣的阅读推广计划，开展丰富多彩的阅读推广活动，引导大学生回归阅读、热爱阅读、享受阅读。

在"全民阅读"成为一项国家战略的时代背景下，开展阅读理论研究和阅读推广实践就具有非常重要的意义。北京建筑大学从2007年开始举办"开卷系列"大型校园读书活动，至今已经连续举办九届。由于所举办的校园读书活动富有创意、贡献突出，北京建筑大学图书馆于2011年被中国图书馆学会评为"全民阅读示范基地"，成为国内推动全民阅读工作的优秀代表。

北京建筑大学图书馆作为全校读书活动的主要组织单位，不仅坚持不懈地开展阅读推广实践活动，而且注重阅读理论研究，善于从阅读推广实践中总结和归纳出相关的经验和规律，从理论层面解决当前高校阅读推广实践中存在的主要问题。许亮与赵玥合著的《书香何处寻——信息时代的阅读与思考》一书就是这方面的代表。该书主要围绕"信息时代的阅读与思考"这一主题，分上、中、下三篇来进行论述。上篇主题为"信息时代的阅读"，内容主要涉及阅读理论、阅读方法与意义、数字阅读与经典阅读、阅读案例分析与经典书评等。中篇主题为"信息哲学与信息时代的图书馆学"，内容主要涉及信息哲学与图书馆哲学、图书馆学的解释学研究、学习型图书馆建设等。下篇主题为"信息时代的哲学思考"，内容主要涉及老子的道论、孟子的人性论、柏拉图的《理想国》、道德与幸福的关系、中国精神的当代内涵与历史发展等。

马克思曾说："任何真正的哲学都是自己时代精神的精华"，"是文明的活的灵魂"。从这一意义来说，信息时代的阅读与思考是对当今时代主题的积极回应。21世纪以来，随着计算机技术、网络技术、通信技术的发展，电子化和数字化已经渗透到人类生活的各个领域，人类已经开始步入信息时代。在信息时代，阅读的方式、阅读的载体、阅读的环境都发生了深刻的变化，电子图书、电子报纸、电子期刊等电子出版物的兴起，数字图书馆、网络博客、微博微信的兴盛，手机阅读、网络阅读的流行，都极大地冲击着传统的阅读模式，影响着人们的信息接受方式、生活方式和价值观念。因此,如何引导人们更好地进行阅读,是信息时代全民阅读的一项重要工作。

青年大学生是民族的希望和祖国的未来。对于生活在信息时代的青年大学生来说,如何在数字阅读与传统阅读、浅阅读与深阅读、经典阅读与通俗阅读之间选择正确的阅读方法,如何在信息化浪潮的席卷下依然能够保持对阅读的热爱与执着,如何通过阅读来养成深入思考的习惯、建构科学精神与人文素养并存的知识结构,就变得非常重要。

对于处于信息时代的青年大学生来说,需要回归阅读,需要摆脱浅阅读、读图、刷屏等碎片化阅读方式带来的感官享受和片刻欢愉,走向深阅读和经典阅读,追寻阅读的经典意义和内在价值。因为阅读经典可以增长知识,启迪智慧,培养良好的思考习惯,提高阅读能力、人文素养和综合素质,可以增进对自己民族文化与历史的了解,是传承中华文明、弘扬社会主义核心价值观和中华优秀传统文化、提升民族竞争力和国家软实力、实现中华民族伟大复兴中国梦的重要途径。

当代著名哲学家卡尔·波普尔说:"我们的文明是书籍的文明:它的传统和它的本源,它的严格性和它的理智责任感,它的空前想象力和它的创造力,它对自由的理解和对自由的关注——这一切都以我们对书籍的热爱为基础,愿时尚、传媒和电脑永远不会破坏或者松弛个人对书籍的这种亲切的依恋!"可以说,这是信息时代开展全民阅读活动与阅读理论研究的价值与意义所在。

是为序。

北京建筑大学党委副书记
张启鸿
二〇一五年七月十二日

目 录

上篇　信息时代的阅读

一、书香何处寻 ··· 2

二、数字阅读 ··· 7

三、经典阅读与阅读推广 ·· 14

四、国学经典阅读 ··· 19

五、文史哲经典导读 ·· 25

六、阅读学经典导读 ·· 34

七、建筑学经典导读 ·· 37

中篇　信息哲学与信息时代的图书馆学

一、信息哲学：21世纪图书馆哲学研究的新范式 ························ 42

二、1984—2009年我国图书馆哲学研究述评 ····························· 51

三、2001—2009年我国信息哲学研究述评 ································ 58

四、信息哲学与信息时代的图书馆哲学 ···································· 66

五、"信息"词源新探 ·· 81

六、我国"微博问政"的现状、问题及解决策略 ························· 88

七、论图书馆学"核心论域"的当代内涵及创新意义 ··················· 94

八、图书馆学进行解释学研究的意义

——以"图书馆核心价值研究"为例 ………………… 98
九、基于知识经济时代的学习型高校图书馆建设 …………… 105
十、论高校图书馆学习型基层党组织的建设 ………………… 112
十一、试论网络环境下高校图书馆馆员素质培养 …………… 118

下篇 信息时代的哲学思考

一、老子"道论"与柏拉图"理念论"之比较 ………………… 126
二、先秦道家生态哲学思想与生态文明建设 ………………… 135
三、孟子人性论的当代意义 …………………………………… 144
四、论"诚"——周敦颐《通书》的核心范畴 ……………… 153
五、"明月入怀"与"玉山将崩"——简论魏晋士人风貌 …… 157
六、论刘劭《人物志》中的才性思想 ………………………… 161
七、柏拉图《理想国》的主要思想 …………………………… 199
八、亚里士多德的"德性伦理学" …………………………… 215
九、晚期斯多亚学派与罗马帝国初期社会状况之关系 ……… 221
十、《逻辑哲学论》中的世界观 ……………………………… 228
十一、论拉康的"镜像阶段"理论 …………………………… 241
十二、关于人与自然关系的哲学思考 ………………………… 247
十三、当下中国社会底线道德缺失的原因及对策 …………… 251
十四、论道德与幸福的关系 …………………………………… 256
十五、中国精神的当代内涵与历史发展 ……………………… 261
十六、古典艺术追求静穆还是美?
——温克尔曼和莱辛有关"拉奥孔"的争论 ………… 268
十七、论文学与哲学的关系 …………………………………… 280

后 记 ………………………………………………………………… 285

上篇

信息时代的阅读

一、书香何处寻

（一）消失的书香

中国人喜欢用书香来形容书籍的美好，如书香门第、书香中国、书香伴我行等。然而，当我们真正走进图书馆，却没有闻到书中散发出的香气，倒是闻到了一股麸皮发霉和旧家具的味道。

大学六年中，经常出入图书馆，给笔者印象最深的就是学校图书馆期刊阅览室的那种所谓的"书香"，其实是一种略带发霉的味道。后来到图书馆工作，笔者寻遍了我们馆所有的书库，仔细地用鼻子去闻，也一直没有闻到书中散发的真正的香味。笔者想或许我这种实证地寻找书香的做法，有点类似于朱熹当年亲自格竹子的做法吧，没有达到目的，反而误入歧途。

那么，为什么从古人到今人一直都说"书香"呢？他们言语中的"书香"究竟是什么意思呢？查阅相关资料，笔者终于把这个问题搞明白了。"书香"原来是这么一回事：古人为防止蠹虫咬食书籍，便在书中放置一种芸香草。这种草有一种清香之气，夹有这种草的书籍打开之后清香袭人，故而称之为"书香"。芸香草亦称芸草，为多年生草本植物，产于我国西部，有特异的香气，可以入药，嚼之有辛辣和麻凉感觉。因为古人常在书籍中放置这种草来避蠹驱虫，所以除"芸人"指农人、"芸芸"指众多外，与"芸"字有关的词多与书籍有关，如"芸编"指书籍、"芸帐"指书卷、"芸阁"指藏书之阁、"芸署"指藏书之室、"芸香吏"则指校书郎。现代的书籍由于保护技术得当，已经不用在里边夹芸香草了。所以书香也就消失了。

如果说书香在古代社会更多的寓意是一种精神食粮，那么在现代社会书籍则变成了一种散发着炒作味、铜臭味的商品。林林总总的书籍在某些出版商和书商那里变成了商品。著书、写书、编书、攒书，书籍的质量日益下降。对于"写手"来说，写书可以为他们带来可观的经济收益，能够充实他们的腰包；对于出版社来说，费尽九牛二虎之力鼓捣出一本"畅销书"，则可以为社里带了一笔不菲的财富。所以，我们经常看到一些专注于学术精品的知名出版社也开始出一些品味不怎么高的"畅销书"，这类书通常是这样的标题："小故事，大智慧""某某人生哲学""某某励志大作""成功某某""羊、牛、狼皮卷"等。这些书通常还经常冠以营销大师、国学大师、美女作家、风云人物等称号来吸引读者的眼球。

北京万圣书园总经理刘苏里在接受《晶报》采访时表示，在中国每年出版的45万种图书中，85%以上都是"垃圾书"或"三无图书"（无益、无害、无聊）。我们不仅是世界上的出版大国，还是"垃圾书"的出版大国。《文汇读书周报》编辑朱自奋也认为，从图书出版的量来说，中国确是出版大国，但是，大量重复出版、跟风出版、劣质出版的"垃圾书"给这种表面的出版繁荣打了叉。著名作家叶开则指出，那些辅导类的书、公费出书，以及心灵鸡汤类的作品都是些垃圾书，完全没必要出版。❶

当读者把这些"畅销书""垃圾书""三无图书"从头到尾读了一遍，便发现n本不同的书居然讲着同样的"大道理"。题目的跟风与相似、内容的雷同与抄袭让人读得晕头转向、不知所云。

书商们不仅仅懂得制造"畅销书"，还精通广告与营销之道。他们会把自己的"商品"打造成最吸引眼球的东西，以此来忽悠消费者去购买，为他们赚取更多的码洋。除此之外，他们还会经常还拉一些定力差的学者，让他们和自己的学生去制造这些"商品"，为了利益向前冲，攒出史上最成功的"畅销书"。

于是乎，有的读者花了冤枉钱，读了这些书，发现自己上当受骗了；有的读者被这些书中错误的价值观所误导，误入歧途，一下子掉进了成功的美梦中；还有的读者学到了错误的知识，再把错误的知识传播给自己的后代，贻害无穷。

在当下，各行各业包括出版业都变得越来越势利，高贵的精神食粮——书籍已经散去了其中蕴含的香味，渗入了更多的铜臭味。在这样的环境下，我们不禁要扪心自问：在商品化的图书市场，书香何处寻？在跟风炒作、粗制滥造的图书市场中，书香何处寻？

依笔者漏见，对于读者来说最好的办法或许就是擦亮我们的眼睛，保持高度的警惕，学会选择一些经典的书籍，而不要被那些粗制滥造的所谓"畅销书"给忽悠了。

---

❶ 中国："垃圾书"出版大国？[N]. 晶报，2015-04-21.

（二）今天我们为何不读书？

晚唐诗人章碣有一首诗，叫作《焚书坑》。这首诗是这样写的："竹帛烟销帝业虚，关河空锁祖龙居。坑灰未冷山东乱，刘项原来不读书。"这首诗的意思是说，竹帛化为灰烟消失了，秦始皇的帝业也就跟着灭亡了。即使有函谷关与黄河这样的险固地势，也保卫不住秦始皇（祖龙）在都城中的宫殿。"焚书坑儒"不久，崤山以东的地区便爆发了叛乱。秦王朝最后亡于刘邦和项羽之手。这两人一个曾长期在市井中厮混，一个出身行伍，都不是读书人。

"焚书坑儒"是中国有名的历史事件。秦始皇三十四年即公元前213年，秦王嬴政采纳了丞相李斯的奏议，下令在全国范围内搜集焚毁儒家《诗》《书》和百家之书。令下之后三十日不烧书者，会被罚做筑城的苦役。这便造成了中国历史上一场文化大浩劫。

"焚书坑"据传是当年焚书的一个洞穴，旧址在今陕西省临潼区东南的骊山上。晚唐诗人章碣曾经路过此地，有所感悟，便写了上面这首诗。由章碣的《焚书坑》诗，我们可以看出：书籍未必就是社会动乱的根源，焚书也未必就能巩固秦始皇的万世基业。

回顾历史，我们不难发现，后人都在误读"焚书坑儒"事件。秦始皇当年推行"车同轨、书同文"的政策，意在统一全国的度量衡、钱币和文字，达到政治、经济和文化的大一统。这是因为，当时秦朝实行法家思想，所以才对其他各家思想进行了禁锢，这是历史的一面。但是，秦始皇并没有焚掉所有的诸子百家之书。在位于都城咸阳的国家图书馆里，仍然存放着大量的诸子百家典籍。所以，秦始皇焚书只是禁止民间百姓信仰除法家、农家等思想之外的其他思想，并没有对全国所有的书籍进行焚烧。后来，秦朝收藏的所有书籍毁于一场大火。这把大火不是别人点的，而是那个有妇人之仁而最终上演别姬悲剧的楚霸王项羽干的好事。项羽在攻下咸阳城之后，一把大火烧了咸阳城，把秦朝国家图书馆里所有的书籍都烧个精光。

关于"坑儒"，后人更是误读颇多。当年，秦始皇因为受了"方士"的骗，所以才决定把这些自称精通长生不老之术的四百多名骗子"方士"给坑杀了。当然，其中有一些儒生被误当作"方士"也被坑埋了。因此，"坑儒"是不正确的，当时坑埋的主要是"方士"。

在秦始皇看来，儒家的那套教条实在是迂腐，不如法家政令切实可行。秦始皇不是文盲，项羽和刘邦才是。恰恰是这些不读书的人夺取了秦始皇的江山，而不是知识分子夺走了他的天下。在中国历史上，这样的事情常常发生。文弱的知识分子向来都是讲道理的，不讲道理的是那些文盲与武夫。中国有句古语，叫作"秀才遇到兵，有理说不清"，讲的就是这个道理。

如果在秦始皇的时代，我们作为普通老百姓可以不读书。那么，今天我们为何也不读书呢？这主要是因为，曾经作为人类精神营养品的书籍在如今却变成了某些书商赚钱的商品，变成了某些媒体炒作的对象。看看我们当下的图书市场，看看我们的图书排行榜，充斥着什么样的书？不是"水煮历史"，就是"酒品历史"，把精神食粮都搞成了"麻辣烫"；不是"戏说历史"，就是"歪解历史"，把历史事实都搞成了"宫斗戏"。一些二流的、三流的甚至不入流的写手在网上东抄西抄就是一篇大作。雷同的作品、粗制滥造的作品、胡说的作品比比皆是。奇怪的是，这样的伪劣商品居然成了"畅销书"，成了许多媒体大肆宣传的对象。真是让人气愤，更让人担忧。在这样的背景下，读这些"畅销书""垃圾书"，不仅毒害了我们的视听，而且毒害了我们的心灵。对于未成年人来说，这样的书籍简直就是祸国殃民、误人子弟。所以，为了保持一颗健康的心灵，我们今天也不妨学学刘邦、项羽，不去读这些"畅销书"！我们这样做并不是为了做一个无知的莽夫，而是为了成为一个有鉴别力的智者。

（三）阅读的方法与意义

在"全民阅读"国策的推动下，国内许多高校都开始举办校园读书活动来引导大学生的阅读，我校也不例外。最近，学校正在举办校园读书活动之辩论赛，我有幸作为评委观看了辩论赛，看到了我校学生对读书的热爱和对求知的渴望。无论是参与辩论的选手，还是旁听的观众，都对这场精彩绝伦的比赛投入了极大的热情。

本次辩论赛有三个辩题：一是"书山有路勤为径"，还是"书山有路巧为径"。二是"文化是科举制产生的原因"，还是"政治是科举制产生的原因"。三是"国学必将成为主流"，还是"国学未必成为主流"。这三个辩题都很有趣，涉及读书的方法、科举制产生的根源以及当下的"国学热"。

古人云，"书山有路勤为径，学海无涯苦作舟。"对于当下的莘莘学子来说，这句话再熟悉不过。读书是一件非常辛苦的差事，学习也是一件需要付出智力与体力的劳动，所以，读书"非易事"，学习"贵有恒"。对于当代大学生来讲，读书需要勤奋刻苦，需要付出努力。然而，读书也需要掌握一定的技巧和方法。在中国古代，人类的知识和文献信息还不是那么的丰富，所以只要一心钻研，花十几年工夫就可以把"四书五经""十三经"等儒家经典背熟,就可以参加科举考试了。然而,在当下的信息时代,信息爆炸,我们生活在信息的海洋中,如何查找自己需要的信息,如何在浩如烟海的书籍中选择那些真正有价值的好书,就需要一定的方法与技巧。在信息时代,盲目地"死读书"是没有出路的,我们只有"站在巨人的肩上",吸收前人的文化成果,通过科学的方法来学习与读书,才能够在信息时代获得进步。正如佛家所言,"苦海无边,回头是岸。"在信息与知识的无涯学海中,我们只有掌握了科学的读书方法,掌握了文献信息检索的技巧,才能够更容易地到达成功的彼岸。

孔夫子的学生子夏说:"学而优则仕。"(《论语·子张》)在中国古代,读书是为了考取功名,是为了做官。从汉代的察举制,到魏晋南北朝的九品中正制,再到隋唐开创的科举制,中国封建时代的官员选拔制度经历了不同的发展路径。科举制的产生,既有其经济基础、政治需要,也有其文化背景。从广义的文化来讲,科举制当然是一种文化的产物,是以孔孟为代表的儒家文化的产物。然而,科举制作为一种政治制度,其产生的根源更多还是政治的需要。科举制为中国封建社会培养了大批的知识分子和封建官员,推动了中国古代政治体制和文化的发展。

当下的"国学热""读史热""读经热"充分反映了人们对中国传统文化的热爱。那么,国学能否成为未来中国文化的主流,这是个值得深入探讨的问题。就目前的趋势来看,国学不可能成为中国思想和文化的主流。这是因为,中国古代社会的主流思想是儒家思想,现在的主流思想则是中国特色社会主义理论。国学作为中国传统文化的代名词,作为中国所固有的有关经史子集之学,在西学东渐的清末民初提出,有特定的历史背景。而当下的国学则是一种"新国学",是运用马克思主义方法论来研究中国传统文化与学术的学问,其中既包括哲学、文学、历史学的研究内容,也包含了经学、文献学、考据学等内容,是个包罗万象的学科。中华民族的振兴,不仅依赖经济的崛起、综合国力的提高,而且需要有民族特色、时代特征的中华文化的复兴。如何对待中国传统文化,如何科学地开展国学研究,如何寻找到"中国梦"的文化根基,是值得我们每个人深入思考的问题。

二、数字阅读

阅读是人们获得知识和信息的重要手段。阅读既是文化的吸收与消费过程，又是文化的创造与生产过程。在信息时代，阅读的方式、阅读的环境都发生了深刻的变化，数字阅读作为一种崭新的阅读方式迅速地走进了人们的生活，极大地冲击着传统的阅读模式，影响着人们的信息接受方式、生活方式和价值观念。数字阅读既给人们的生活带来了便利，又带来了各种挑战。浅阅读的流行、读图时代的到来、文化快餐的膨胀，使人们失去了对阅读的经典意义和内在价值的追寻，停留于感官的享受和片刻的欢愉。数字阅读在一定程度上消减了国民的真正阅读率，容易带来深层的心灵焦虑和人文缺失。因此，如何在信息时代选择正确的阅读方法，就变得非常重要。

（一）图书载体的演化与人类阅读方式的历史变迁

1. 图书载体的演化

图书是以传播知识为目的而用文字或图画记录于一定形式的材料之上的著作物。据考古发现，世界上最早的图书是位于两河流域的泥板书。例如出土于亚述王朝尼尼微图书馆遗址的人类最古老的长诗《基尔伽美什》，是用楔形文字分别记述在10块泥板上，它们的形成年代约为公元前11世纪。

图书载体的历史演化经历了以下几个阶段：泥板→甲骨→竹帛→羊皮→纸张→电子书。从媒介的角度看，图书的形态则经历了口头媒介、印刷媒介、电子媒介三个阶段。

2. 人类阅读方式的历史变迁

伴随着图书载体的演化，人类的阅读方式也经历了以下几个阶段：原始阅读（甲骨文、铭文）→ 竹简与帛书阅读→ 纸张阅读→ 数字阅读。

3. 电子书及其未来发展趋势

（1）电子书的含义

电子书，又称为电子图书（E-book），是指以互联网为流通渠道、以数字内容为流通介质的网络知识文本，以及可以阅读的电子阅读器。电子阅读器，是以模拟书的形态与阅读方式为特征的电子器件。2004年，世界上第一台基于电子墨水（E-ink）技术的商业化阅读器产品——日本SONY公司的Libre在日本发布，标志着电子书阅读器行业真正开始起步。2008年，全球电子书阅读器销售量在80—100万台之间。2009年，全球电子阅读器销售量升至300万台左右，同比增长300%。2010年，全球电子阅读器销售量达1000万台左右。

（2）电子书未来的发展趋势

德国出版业杂志《书页报道》2009年9月对840位来自世界各地的出版人进行的一项调查显示，50%以上的人认为，到2018年数字化出版将超越传统的纸质图书。据新华网2010年8月10日发布的新闻报道，目前中国出版业数字化进程加速，中国500多家图书出版社中已有九成开展了电子图书出版业务，出版电子图书约50万种。中国出版集团、上海世纪出版集团都推出了自主研发和设计的电子阅读器。中国三大手机运营商也大力发展数字阅读，推出了《中国文化手机报》、"手机故事报"和"手机漫画报"等电子期刊。另外，汉王科技董事长刘迎建预计，到2030年，90%的中国出版物可能是电子出版物。❶ 2011年年初，美国最大的电子商务公司亚马逊宣称，旗下的Kindle电子书销量首次超过纸本平装书。亚马逊每售出100本纸本平装书，同时就售出115部Kindle电子书。❷

那么，电子书与纸质书未来的发展趋势是什么呢？有人认为，在未来社会，纸质书籍会退出历史舞台，被新的载体书籍即电子书所取代。例如，美国著名的图书馆学家兰开斯特就认为，从纸质印刷社会向无纸通信社会转变是不可避免的趋势。北京大学图书馆馆长朱强认为，数字化、信息化的发展速度是非常快的，2050年，预计90%的图书是数字出版的，只有10%的图书是纸质出版的，而且这十分之一还都是礼品书。❸

---

❶ 中国专家预计2030年90%为电子出版物［EB/OL］. http：//news. xinhuanet. com/fortune/2010 - 08/09/c_12425855. htm, 2010 - 08 - 09.

❷ 数字时代还应该提倡完整阅读［N］. 人民日报, 2011 - 04 - 22.

❸ 师生共议当代图书馆学人使命——2010年图书馆学博士生学术论坛在北大举行［N］. 图书馆报, 2010 - 12 - 03.

有人认为，与电子书相比，纸质书刊读起来更令人舒适，既可随意折叠、批注、剪贴，又便于携带，还不怕撞击，更不必担心电源的有无，所以，纸质书不会退出历史舞台。哈佛大学图书馆馆长、著名历史学家罗伯特·达恩顿（Robert Darnton）表示，纸质书和电子书并非"势不两立"，恰恰相反，它们的互补性远大于互斥性。[1] 我国著名图书馆学家黄宗忠也认为，在未来社会，纸质书籍将与电子书籍、缩微图书、视听资料共存互补。

然而，从历史发展的趋势看，竹帛书取代甲骨文、纸质书取代竹帛书、电子书取代纸质书的趋势是明朗的。人们阅读方式的改变，也是一种历史的必然。

（二）数字阅读：信息时代的新型阅读方式

1. 数字阅读的时代背景：

进入21世纪，随着计算机技术、网络技术、通信技术的发展，电子化和数字化已经渗透到人们生活的各个领域，在书刊出版与阅读领域的影响尤为深刻。

电子图书、电子期刊等电子出版物的兴起，数字图书馆、网络博客、微博微信的兴盛，数字阅读、手机阅读、网络阅读的流行，都预示着人类将进入一个数字出版与无纸化阅读时代，电子书、无纸化阅读正成为环保人士的新宠。

电子出版物的壮大和数字阅读的迅速发展对纸质出版物和传统阅读造成了巨大的冲击。2008年，坐拥《洛杉矶时报》《芝加哥论坛报》和《巴尔的摩太阳报》等重要媒体的美国芝加哥论坛报业集团宣布申请破产保护。2009年，拥有百年历史的《基督教科学箴言报》和《西雅图邮报》都宣布停止纸媒发行而改出网络版。2010年9月，著名悬疑小说家丹·布朗的新书《失落的符号》选择了纸质图书与Kindle版电子图书同日发行。2012年10月18日，美国知名新闻类周刊《新闻周刊》通过网站宣布2013年将停止发行印刷版，全面转向数字版。数字版的《新闻周刊》更名为"全球新闻周刊"，以付费模式来提供支持，同时通过电子阅读器和网页来发布内容。《新闻周刊》主编蒂娜·布朗说："结束发行纸质版本对于我们所有人而言都是艰难时刻，但是，《新闻周刊》明年将迎来创刊80周年，我们必须让新闻报道延续下去，并且拥抱全数字时代。"[2] 据《第12次全民阅读调查报告》显示，2014年我国国民数字化阅读接触率首次超过纸质图书阅读率。由此可见，出版和阅读领域的数字化已经成为一种不可遏止的

---

[1] 美国哈佛大学专题研讨会：纸质书的存在意义及未来之路［N］. 中国社会科学报，2010-11-16.
[2] 80岁《新闻周刊》彻底"弃纸从网"，印刷媒体没落？［N］. 新京报，2012-10-20.

潮流。

2. 数字阅读的内涵

数字阅读是指借助数字化媒体、设备和技术进行阅读的方式。它包括两方面的内涵：一是阅读对象的数字化，即阅读的文本是以数字化方式呈现的。二是阅读方式的数字化，即通过电脑、手机、电子阅读器等数字化设备来进行阅读。业界对数字阅读的称谓经历了电子阅读、网络阅读、数字阅读三个阶段。

3. 数字阅读的优势与劣势

第一，数字阅读的优势主要包括：一是便捷性，包括"查阅资料的便捷、定位信息的便捷、链接知识的便捷"。[1] 二是无需使用纸张，节约资源、低碳环保。三是文字、图像、声音、视频合一，多媒体共存。四是内存量大，储存复制方便，能即时传播。

第二，数字阅读的劣势主要包括：一是没有纸质书的质感，难以保留原始文章的原汁原味。二是载体寿命短、保存不安全、需要借助一定设备才能阅读。三是"碎片化特征明显，信息之间容易互相干扰、覆盖"。[2] 四是技术上兼容性差，不同的文本格式之间难以转换和兼容。五是存在着知识版权难题。例如谷歌数字图书馆擅自扫描制作数字图书在全球引发了版权之争，招致美国"开放图书联盟"、中国文字著作权协会的反对，还导致美国司法部对其进行了反垄断调查。[3]

（三）深阅读与浅阅读：信息时代的阅读悖论

1. 浅阅读

浅阅读是信息时代主要的阅读方式之一，是指简单、快速甚至跳跃式的阅读方法。它对阅读内容浅尝辄止、囫囵吞枣、一目十行、不求甚解，它追求的是实用的资讯或短暂的视觉快感。[4] 浅阅读具有以下特征：第一，与深阅读相比，浅阅读以快餐式、跳跃性、碎片化为特征，符合当下流行的快餐文化的特质，迅速享用、迅速愉悦，然后迅速抛弃。第二，浅阅读的内容是多种多样的，或者贴近实际、提供有价值的信息和帮助，或者追求一种暂时的心理愉悦和短期的信息摄取。

当今社会，随着互联网的普及、数字媒体的发展、快餐文化的流行，世界各

---

[1] 数字时代还应该提倡完整阅读 [N]. 人民日报, 2011-04-22.
[2] 数字时代还应该提倡完整阅读 [N]. 人民日报, 2011-04-22.
[3] 图书数字化：版权是个难题 [N]. 科技日报, 2009-10-29.
[4] 彭敏等. 浅阅读时代的深层思考 [N]. 人民日报, 2010-08-10.

国都开始步入浅阅读时代。例如，日本已进入"读图时代"，漫画读物高居畅销书前列。法国的阅读传统受到了浅阅读的侵蚀和冲击，有人甚至预言"书将死亡"。在中国各大城市的大街小巷、公交地铁上，拿着手机、平板电脑、Kindle阅读器刷屏阅读已经成为一种时尚，而拿着纸质书刊阅读的人却已寥寥无几。世界各国都在反思，为何当今社会深阅读越来越少，而浅阅读却越来越流行。

通常而言，浅阅读流行的原因主要包括以下几点：第一，浅阅读的流行与人们生活方式的转变有关。在越来越忙碌的现代社会里，人们能静下心来阅读的时间越来越少，阅读变得越来越碎片化。阅读变得走马观花，甚至不求甚解，搜索式阅读、标题式阅读、跳跃式阅读逐渐成为人们阅读的主要方式。❶ 第二，信息时代的重要标志是信息爆炸，各种资讯泛滥。来自工作与生活的双重压力迫使人们的阅读更加趋于实用主义，而根本无暇去阅读经典和深入思考。即使遇到自己感兴趣的书，人们也很少有时间和经历深入阅读，而只能浅尝辄止地浏览一下。于是，浅阅读由于快速高效而被大众广泛接受。第三，浅阅读的出现实际上是阅读载体正在发生变化的一种标志。在信息时代，以互联网为基础的各种网络阅读平台、电子书、手机报、微博、微信等新媒体的出现，深刻地改变着大众的阅读方式，引起了大众阅读习惯的根本性变化，大众阅读在网络环境下日益体现出某些浅显化的特征。

2. 深阅读

深阅读是指以提升学识修养、理论思维和工作能力为目标的深层次阅读方法。清朝文人梁章钜提倡"精通一部书"的读书法，他说："不拘大书小书，能将这部烂熟，字字解得道理透明。此一部便是根，可以触悟他书。"法国哲学家卢梭也说："读书不要贪多，而是要多加思索，这样的读书使我获益不少。"❷ 他们二人所讲的阅读方法就是深阅读。深阅读就是要通过深入地阅读和思考来达到举一反三、触类旁通的目的。

深阅读的意义主要包括两大方面：第一，对于个人而言，深阅读可以"转智成慧"，让人保持思想活力、得到智慧启发。第二，对于国家和民族而言，深阅读对国家与民族的发展和文化的传承都作用巨大。为此，世界各国都在开展"提倡深阅读，促进全民阅读"的行动。美国发起了近代历史上最大规模的、由政府资助的"大阅读"读书活动。法国政府除了强化出版业的现代功能外，充分发

---

❶ 彭敏等. 浅阅读时代的深层思考 [N]. 人民日报，2010-08-10.
❷ 彭敏等. 浅阅读时代的深层思考 [N]. 人民日报，2010-08-10.

挥书店、报纸、电视、广播对新书的推介作用，激发公众读书的热情。日本参众两院一致同意有关设立国民读书年的决议，将2010年定为日本的"国民读书年"。中国政府则把"全民阅读"写入了2014年和2015年的《政府工作报告》，国家新闻出版总局于2013年3月正式启动了《全民阅读促进条例》的立法工作，江苏、湖北两省则出台了地方性全民阅读法规。

3. 新媒体从各方面提升了深阅读的潜在渠道和对象

从阅读载体看，电子书、网络、博客、微博、微信等新媒体的出现，虽然对纸质书刊构成了一定挑战，但它们也从各方面提升了深阅读的潜在渠道和对象。前国家图书馆馆长周和平就曾指出："新媒体并非是导致浅阅读的唯一原因，虽然新媒体极大地改变了人们的阅读习惯，但传统纸质图书阅读和新媒体阅读并不矛盾，不同媒介载体各具优势，可以互为补充。阅读最重要的不是通过什么载体来读，而是读什么、怎么读。国家图书馆作为国家重要的公共文化设施，致力于倡导读书、组织读书、服务读书，积极推动书香社会建设，倡导深入阅读、经典阅读，为全民阅读营造良好的读书环境，使我们这个充满活力的国家在阅读中提升品质与素养，提升民族竞争力。"❶

在信息时代和新媒体环境下，大众阅读极具个性化，大众阅读需求和偏好变化迅速。所以，如何通过新型阅读工具为读者提供形式丰富的、个性化的阅读体验，把浅阅读引向深阅读，是值得我们深入思考的问题。

（四）阅读的价值与意义

阅读有什么用？这个问题就涉及了阅读的价值与意义。关于这个问题，古今中外许多名人、哲人、政治家都给出了自己的答案。英国近代哲学家培根说："读史使人明智，读诗使人灵秀，数学使人严密，物理使人深刻，伦理学使人庄重，逻辑学、修辞学使人善辩；凡有学者，皆成性格。"法国百科全书派代表人物狄德罗说："不读书的人，思想就会停止。"我国北宋皇帝宋真宗赵恒曾写过一首名为《励学篇》的诗："富家不用买良田，书中自有千钟粟。安居不用架高堂，书中自有黄金屋。娶妻莫恨无良媒，书中自有颜如玉。出门莫恨无人随，书中车马多如簇。男儿欲遂平生志，五经勤向窗前读。"宋代理学家朱熹说："为学之道，莫先于穷理；穷理之要，必先于读书。"明清之际的思想家王夫之说："夫读书将以何为哉？辨其大义，以修己治人之体也，察其微言，以善精义入神之用

---

❶ 彭敏等. 浅阅读时代的深层思考［N］. 人民日报，2010-08-10.

也。"国家主席习近平同志在2014年接受俄罗斯电视台采访时说:"读书可以让人保持思想活力,让人得到智慧启发,让人滋养浩然之气。"❶前总理温家宝同志在2009年"世界读书日"参观国家图书馆时也谈到了阅读的重要性,他说:"读书关系到一个人的思想境界和修养,关系到一个民族的素质,关系到一个国家的兴旺发达。一个不读书的人是没有前途的,一个不读书的民族也是没有前途的。"❷由此观之,阅读的意义在于它改变了我们的世界观、人生观和价值观,让我们的人生有了新的目标和动力;它拓展了我们的视野、开阔了我们的思维、提高了我们的学识和修养,使我们的精神生活丰富多彩;它还是传承人类文明、推动社会进步的重要途径。

总之,正如当代哲学家卡尔·波普尔所说,"我们的文明是书籍的文明:它的传统和它的本源,它的严格性和它的理智责任感,它的空前想象力和它的创造力,它对自由的理解和对自由的关注——这一切都以我们对书籍的热爱为基础,愿时尚、传媒和电脑永远不会破坏或者松弛个人对书籍的这种亲切的依恋!"这就是阅读的价值与意义。

---

❶ 国家领导人谈读书 [EB/OL]. http://culture.people.com.cn/n/2014/0211/c87423-24318692.html, 2014-02-11.
❷ 温家宝总理参加"世界读书日"活动纪实 [EB/OL]. http://news.xinhuanet.com/newscenter/content.htm, 2009-04-23.

三、经典阅读与阅读推广

在信息时代，人们获取知识和信息的途径变得更加便捷。信息量暴增、各种资讯泛滥使人们的阅读变得越来越碎片化、浅显化，失去了提高思维能力和精神境界的途径。在这样的背景下，我们需要经典阅读，从经典中寻找我们失去的精神家园。图书馆作为人类精神财富的贮藏机构，一直以来都是经典阅读推广工作的重要基地，在倡导全民阅读、提倡经典阅读方面发挥着主导作用。作为图书馆一大分支的高校图书馆，是校园信息交流中心和信息素质教育中心，承担着对当代大学生进行素质教育的重要职能，是建设学习型校园、书香校园的重要基地。

（一）经典与经典阅读

什么是经典？"经"是指传统的具有权威性的著作或宣扬宗教教义的著作，"典"是指可以作为标准的书籍。《现代汉语词典》把"经典"解释为"传统的具有权威性的著作。"关于经典的现代内涵，有的学者认为，经典是指"经过了时间检验的，好几代人、好几个时代公认的那些著作"[1]。有的学者认为，经典是指"那些经过历史沉淀和实践检验被大众认同，对于某个文化传统而言最具典范性、权威性、原创性、奠基性，并在长期的历史发展和社会实践中产生过广泛积极影响的文化典籍和优秀著作。"[2] 由此可见，经典是指古今中外各个知识领域中那些具有重大原创性、奠基性、典范性、权威性、永恒性的著作。

经典阅读，是指人们通过阅读古今中外各个领域的文化精华和经典之作，来获取知识、启迪人生、陶冶情操、净化心灵。

---

[1] 周国平. 阅读与人生. 曹丽萍. 传统文化与现代化 [M]. 北京：国家图书馆出版社，2010：27.
[2] 崔波. 大学生阅读文化经典的意义与途径 [J]. 天中学刊，2009（2）：127.

（二）图书馆在经典阅读推广中的重要地位和作用

作为社会文明进步标志的图书馆，是保存和传承人类精神文化财富、提供公共文化服务的重要机构，是开展全民阅读、推广经典阅读的重要基地。在全社会大力创建学习型组织的时代背景下，图书馆要以"保障阅读权利，享受阅读快乐"的人文关怀精神为指导，承担起社会赋予的提供终身学习场所的教育职能，承担起推广阅读服务、引领阅读事业发展的重要责任，扩大图书馆在传播知识、引领文化创新方面的社会影响力。

1. 高校图书馆开展经典阅读工作的必要性

阅读是人们获得知识和信息的重要手段。在信息时代，高校图书馆开展经典阅读工作具有很大的必要性：

第一，当代大学生经典阅读现状令人堪忧。据第八次全国国民阅读调查结果显示，2010年我国国民图书阅读率仅为52.3%，人均每天读书时长为16.78分钟，人均每天上网时长为42.73分钟。通过对本校大学生阅读现状的调研报告显示，大学生中经常光顾校图书馆的不足45%，几乎没有去过图书馆的占10%；去图书馆的学生中有60%借阅的是与考试相关的辅导材料，而借阅文史哲等经典书籍的不足30%。由此可见，在信息时代，当代大学生读者的课余时间已经几乎被网络生活所占据，阅读尤其是经典阅读已经被彻底边缘化了。在此背景下，图书馆开展经典阅读工作，引导大学生读者走出网络、回归阅读就显得尤为必要。

第二，在信息时代，新型阅读方式对传统阅读模式形成了巨大的冲击，影响了人们的信息接受方式。新型阅读方式（如网络阅读等）既为人们的生活带来了便利，又带来了各种挑战。浅阅读的流行、读图时代的到来，文化快餐的膨胀，使人们失去了对阅读的经典意义和内在价值的追寻，停留于感官的享受和片刻的欢愉。网络阅读等新型阅读方式在一定程度上消减了网民的真正阅读率，容易给大学生读者带来深层的心灵焦虑和人文缺失。

第三，高校图书馆开展经典阅读工作是建设书香校园、学习型图书馆的必然要求。在建设学习型社会的时代背景下，图书馆开展经典导读工作，选择能够提升大学生精神境界和人文素质的经典书目进行导读，显得尤为必要。

2. 高校图书馆开展经典阅读工作的重要性

高校图书馆开展经典阅读工作对于当代大学生具有非常重要的意义，主要表现在以下三个方面：

第一，高校图书馆开展经典阅读工作，引导大学生阅读经典，可以增进其对自己民族文化和历史的了解，是传承中华文明、弘扬中华文化，提升民族竞争力的重要途径。这是因为经典阅读对于凝聚民族精神、振兴民族文化、提升民族竞争力具有重要的意义。

第二，高校图书馆开展经典阅读工作，引导大学生阅读经典，可以增长知识、启迪智慧，提高当代大学生人文素养和综合能力。经典是人类最优秀思想的记录与保存，是人类精神的直接载体。高校图书馆引导大学生阅读经典，不仅可以帮助他们吸取经典中蕴含的丰富知识和营养，而且可以让他们寻觅到作者传承在其中的人文精神，从而提高其文化素养和综合能力。

第三，高校图书馆开展经典阅读工作，引导大学生阅读经典，可以帮助他们摆脱浅阅读的侵害，引导其走向深阅读，从而提升其学识修养和理论思维能力。浅阅读是全媒体时代主要的阅读方式之一，是指简单、快速甚至跳跃式的阅读方法，它追求的是一种暂时的心理愉悦和短期的信息摄取。浅阅读使阅读变得越来越碎片化，变得越来越走马观花，甚至不求甚解。深阅读是指以提升学识修养和理论思维能力为目标的深层次阅读方法。引导大学生对经典进行深阅读，可以培养其良好的思考习惯，提升其学识修养。

（三）建筑类高校图书馆开展经典阅读工作的方法和途径

高校图书馆应结合所属高校的专业特色和学科特点，结合自身馆藏特点，来开展有特色的经典阅读推广工作。建筑类高校图书馆应以培养高等工科院校大学生阅读能力和文化素养为目标，结合建筑工程类高校的特点，围绕建筑文化和地域特色，开展经典阅读推广工作。

1. 通过举办读书活动、文化讲座等方式为大学生提供经典阅读的平台

（1）举办校园读书活动

举办主题鲜明的校园读书活动是经典阅读推广工作的一个重要途径。北京建筑大学图书馆联合中国建筑图书馆以及学校各相关职能部门，从 2007 年开始，围绕书香校园和学习型图书馆建设，举办了五届主题鲜明、内容丰富、形式多样的系列读书活动：2007 年"开卷有益"读书活动、2008 年"开卷有疑"读书活动、2009 年"开卷有你"读书活动、2010 年"开卷有 e"读书活动、2011 年"开卷·给人智慧、使人勇敢、让人温暖"读书活动。读书活动内容包括：在"世界读书日"当天举办校园读书活动开幕式、主题系列辩论赛、演讲比赛、书签创意大赛、读书知识竞赛、图书漂流、Living–library（真人图书馆）活动、

"我与书的故事"读书征文活动等。

北京建筑大学图书馆通过举办大型系列读书活动，引导大学生多读书、读好书，目的是让阅读经典成为当代大学生主要的校园文化生活。由于成功举办校园读书活动，北建大图书馆于2007年、2008年连续两年被中国图书馆学会评为"全民阅读先进单位"，2010年又被中国图书馆学会授予"全民阅读示范基地"称号。

（2）举办文化系列讲座

举办文化系列讲座，邀请相关领域的专家学者向大学生传授阅读经典的方法和经验，可以充分调动起他们探索经典、阅读经典的兴趣。北京建筑大学图书馆结合本校建筑文化和工程设计文化特色，从2009年开始连续举办20余场有关建筑文化、城市文化和老北京文化的系列讲座，先后邀请我国著名的建筑易学家韩增禄教授，我国著名圆明园遗址公园古迹复建设计者何重义教授，中华文化遗产影像抢救联盟副主席刘启后先生，新华通讯社高级记者王军，北京城建集团总工程师金奕、中国地震局地球物理研究所张少泉研究员、北京语言大学汉语学院张宝明教授、北京西城区宣武图书馆李金龙馆长、首都经济贸易大学图书馆谭乃立馆长、北建大图书馆王锐英馆长等开展讲座。讲座的内容包括：建筑易学的当代价值、一代名园圆明园、北京的胡同与四合院、宣南文化、国家非物质文化遗产和民间文化保护、梁陈方案始末、汉字在世界的威望，以及古体诗词欣赏与创作等。

2. 开设经典图书推荐栏目，制定各种经典书目推荐榜

高校图书馆开展经典阅读工作，其中重要的一个环节是为大学生读者制定各种经典图书推荐书目榜。建筑类高校图书馆应围绕"建筑"这一主题，制定与建筑文化、城市文化、工程设计文化相关的经典书目榜。北京建筑大学图书馆在制定经典图书推荐书目榜时，一方面注重参考国家图书馆"文津图书奖"获奖图书以及其他各种图书排行榜等；另一方面重点参照由中国图书馆学会、中国建筑学会建筑师分会联合评选出的"中国建筑图书奖"获奖书目。"中国建筑图书奖"获奖图书是由建筑界、图书馆界专家学者推荐给广大读者的年度经典建筑图书。第一、二、三届共评出《中国古典园林史》《刘敦桢全集》《外国现代建筑二十讲》等36种建筑类经典图书。

此外，为充分发挥北京建筑大学图书馆在北京地区高校图书馆中建筑特色资源丰富的优势，北京建筑大学图书馆开展了"北京建筑大学图书馆经典特藏搜集整理"专项工作，通过挖掘、整理图书馆特色馆藏，发掘出《营造法式》《旧都

文物略》《北京古建筑》等100余种经典图书，举办馆藏经典图书展，向大学生读者推荐这些经典图书，引导他们阅读经典。

3. 举办大学生读书沙龙

高校图书馆应该利用大学生的兴趣和爱好，成立不同的读书小组或读书协会，定期或不定期地举办读书沙龙，向大学生读者推荐图书馆的经典图书，方便同学们交流读书心得。北京建筑大学图书馆定期举办大学生读书活动，开展了以"侠肝义胆"为主题的金庸武侠小说阅读交流会，和以寻找黄金屋为主题、以充实大学生课余生活为目标的"争流读书沙龙"，引导大学生利用课余时间阅读名家经典图书，定期交流读书心得。

4. 充分利用博客等Web2.0技术推广经典阅读

在信息时代，高校图书馆应充分利用Web2.0技术如博客、微博、微信等来开展经典阅读推广工作，通过各种新技术、新方法来拓展经典阅读推广工作的范围。博客（Blog）作为一种基于Web2.0的新型服务模式，在经典阅读中的广泛应用可以使馆员与读者的交流和互动变得更加方便。北京建筑大学图书馆应用Web2.0技术开设"建大读书"博客，通过网络推广经典阅读引导大学生读者利用新型阅读方式来进行经典阅读，实现"经典阅读2.0"。

5. 积极与其他高校图书馆开展读书活动经验交流

北京建筑大学图书馆在办好本校读书活动和经典阅读推广工作的同时，还积极走出去，与北京地区其他高校图书馆开展读书活动交流，学习先进经验，找到自身不足，为以后的读书活动提供有益的借鉴。2011年7月，北京建筑大学图书馆读书活动调研小组先后走访了北京地区2006—2010年荣获"全民阅读示范基地"称号的高校图书馆：北京交通大学图书馆（2008年）、北京邮电大学图书馆（2009年）、北京师范大学图书馆（2010年）、中央广播电视大学图书馆（2010年）。与这4所大学图书馆负责读书活动的馆长就高校图书馆举办读书活动的意义、方法及途径进行了深入的交流，分享了各自的经验，为进一步合作开展读书活动奠定了基础。

在信息时代，信息技术方兴未艾，新媒体和新阅读方式的出现极大地改变了人们的阅读习惯，给经典阅读带来了很大的挑战。因此，如何引导人们更多地进行经典阅读是信息时代全民阅读工作的一项重要工作。高校图书馆作为校园信息素养教育中心，应积极开展经典阅读推广工作，为全校师生营造良好的阅读氛围，使大学生在经典阅读中提升其阅读能力、人文素养和综合素质。

四、国学经典阅读

在信息时代，人们获得知识和信息的途径变得更加方便。信息量暴增，各种资讯泛滥，使人们的阅读变得越来越碎片化、浅显化，使其失去了提高思维能力和精神境界的途径。在这样的时代背景下，我们需要经典阅读，需要从经典中寻找我们失去的精神家园。

（一）阅读经典的意义

经典是指古今中外各个知识领域中那些具有重大原创性、奠基性、典范性、权威性、永恒性的著作。经典是文化传承的载体，是民族智慧的结晶，蕴含着丰富的思想哲理和人文内涵，承载着人类最基本的价值观念和文化取向。经典阅读，是指人们通过阅读古今中外各个领域的文化精华和经典之作，来获取知识、启迪人生、陶冶情操、净化心灵。

阅读是人们获得知识和信息的重要手段。它既是文化的吸收和消费过程，又是文化的创造和生产过程。在信息时代，人们阅读经典具有非常重要的意义，这主要体现在以下几个方面：

第一，当前国民的阅读现状令人堪忧。据第十二次全国国民阅读调查结果显示，2014年我国国民人均纸质图书的阅读量为4.56本，比2013年减少了0.21本；人均阅读报纸为65.03期（份），比2013年下降了5.82期（份）。2014年我国国民人均每天读书时长为18.76分钟，而人均每天互联网接触时长为54.87分钟。由此可见，在信息时代，国民的业余时间已经几乎被网络生活所占据，阅读尤其是经典阅读已经被彻底边缘化了。在这种背景下，开展经典阅读，引导读者走出网络、回归阅读，就显得非常重要。

第二，在信息时代，电子阅读、数字阅读等新型阅读方式对传统阅读模式形成了巨大的冲击，影响了人们的信息接受方式。新型阅读方式，既给人们的生活带来了便利，又带来了各种挑战。浅阅读的流行、读图时代的来临、文化快餐的膨胀，使人们失去了对阅读的经典意义和内在价值的追寻，停留于感官的享受和片刻的欢愉。网络阅读等新型阅读方式在一定程度上消减了网民的真正阅读率，容易给读者带来深层的心灵焦虑和人文缺失。因此，在全媒体时代和信息时代，开展经典阅读就变得非常重要。

第三，阅读经典，可以增进我们对自己民族文化和历史的了解，增强我们的民族自信心，是传承中华文明、弘扬中华文化、提升民族竞争力的重要途径。这是因为，阅读能力的高低直接影响到一个国家和民族的未来，经典的阅读和掌握与民族竞争力的构建有着很大的关系。

第四，阅读经典，可以增长知识、启迪智慧，提高其专业素质、人文素养和综合能力。经典是人类最优秀思想的记录与保存，是人类精神的直接载体。阅读经典，我们不仅可以吸取经典中蕴含的丰富知识和营养，而且可以寻觅到作者传承在其中的人文精神，从而提高我们的文化素养和综合能力。

第五，阅读经典，可以使读者摆脱浅阅读的侵害，走向经典阅读和深阅读，从而提升学识修养和理论思维能力。浅阅读是信息时代主要的阅读方式之一，是指简单、快速甚至跳跃式的阅读方法，它追求的是一种暂时的心理愉悦和短期的信息摄取。浅阅读使阅读变得越来越碎片化，变得越来越走马观花，甚至不求甚解。深阅读是指以提升学识修养和理论思维能力为目标的深层次阅读方法。我们对经典进行深阅读，可以培养良好的思考习惯，提升自己的学识修养和理论思维能力。

（二）国学经典的价值

自20世纪90年代以来，"国学热"日甚，影响日广，全国各地兴起的"读经热""讲史热""公祭热"就是例证。1992年，北京大学中国传统文化研究中心（现已更名为"北京大学国学研究院"）成立，并出版了国学类权威刊物《国学研究》。1998年6月，中国青少年发展基金会发起了"中华古诗文经典诵读工程"，旨在让广大青少年接受中华古诗文的基础训练和文化熏陶，进一步激活传统，继往开来，让21世纪的中国人真正站在具有五千年文化的历史巨人的肩上，面向世界，开创未来。2000年，武汉大学专设国学班，旨在培养新一代国学大师。2004年11月，以教授汉语和传播中国文化为宗旨的海外"孔子学院"在韩国首尔成立，截至2012年在全球已经成立了400多所孔子学院及其分支机构。2005年9月28日，即孔子诞辰2556周年纪念日，在山东曲阜举行了中华人民共和国成立以来的首次官方祭祀大典，前来参加大典的有来自美国、日本等二十多个国家和地区的参礼团。2005年10月16日，中国人民大学国学院成立，标志着高等院校国学教育的重新开启。2006年以来，由央视科教频道（CCTV－10）开设的科教讲座式栏目《百家讲坛》，在易中天、于丹、王立群、阎崇年、纪连海等"学术超男超女"的倾力助推下，在中华大地掀起了国学经典阅读的热潮。

2011年1月，作为中国传统文化代言人的孔子的雕像在天安门广场东侧的中国国家博物馆北门外落成，给天安门地区增添了文化新地标。2014年2月24日，中共中央总书记习近平在主持中共中央政治局第十三次集体学习时强调，培育和弘扬社会主义核心价值观必须立足于中华优秀传统文化。博大精深的中华优秀传统文化是我们在世界文化激荡中站稳脚跟的根基。抛弃传统、丢掉根本就等于割断了自己的精神命脉。❶ 2014年9月24日，国家主席习近平在人民大会堂出席纪念孔子诞辰2565周年国际学术研讨会暨国际儒学联合会第五届会员大会开幕会时强调，中国优秀传统思想文化体现着中华民族世世代代在生产生活中形成和传承的世界观、人生观、价值观、审美观等。中国人民的理想和奋斗，中国人民的价值观和精神世界，是始终深深植根于中国优秀传统文化沃土之中的。所以，我们要科学对待文化传统，善于把弘扬传统文化和发展现实文化有机统一起来、紧密结合起来，努力实现传统文化的创造性转化、创新性发展。❷

"国学热"的产生，反映了在当前中国经济快速发展、综合国力显著提高、中西文化交流激荡的背景下，中国人民对于培育和弘扬社会主义核心价值观、提高中华文化软实力、建设中华民族精神家园的热烈渴望和迫切要求。"国学热"文化现象预示着在现代化程度日渐提高的当代中国，中华优秀传统文化显示出了越来越强大的亲和力、凝聚力和感召力。当前的"国学热"并非简单的"复古读经"，而是有着对思想意识、伦理道德、行为准则等多方面的诉求。

"国学"一词产生于20世纪初西学东渐、文化转型的特定历史时期，是针对"西学"一词而提出的。国内最早对"国学"进行提倡和研究的是章太炎。1906年，章太炎在担任同盟会机关报《民报》主编时，创立了"国学振兴社"，用中国固有之学问来弘扬中华民族精神。同年，晚清"国粹派"代表人物之一邓实在《国粹学报》第19期发表了《国学讲习记》一文，指出："国学者何？一国所有之学也……，学其一国之学以为国用，而自治其一国也。"与章太炎、邓实同时期的另一位国学大师钱穆在《国学概论》一书中说："'国学'一名，前既

---

❶ 习近平：核心价值观要在落细落小落实上下功夫 [N]. 新华每日电讯，2014－02－26.
❷ 习近平：善于继承才能善于创新 [N]. 新华每日电讯，2014－09－25.

无承，将来亦恐不立。特为一时代的名词。……本书（即《国学概论》）用意在使学者得识二千年来本国学术思想界流转变迁之大势，以培养其适应启新的机运之能力。"

"五四"时期，新文化运动的领袖人物之一胡适指出："中国一切过去的文化历史，都是我们的'国故'，研究这一切过去的文化历史的学问，就是'国故学'，省称'国学'"。他还在《新思潮的意义》一文里响亮地提出了"整理国故"的口号。1925年夏天，时任清华大学校长的曹云祥在清华大学国学门开学典礼上说："现在中国所谓新教育，大都抄袭欧美各国，欲谋自动，必须本中国文化精神，悉心研究。所以本校同时组织研究院，研究高深之经史哲学。其研究之法，可以利用科学方法，并参以中国考据之法，希望研究院中寻出中国之魂。"开学典礼当日，清华大学"四大导师"之一的梁启超做了题为《旧日书院之情形》的学术演讲，从宏观战略的高度提出了中国传统学术在重建中华文化与中华之魂时的意义。

抗日战争期间，马一浮在江西泰和主讲"国学"，开宗明义地标示："今人以吾国固有的学术名为国学"，"今揩定国学者，即是六艺之学，用此代表一切固有学术，广大精微，无所不备。"

进入21世纪之后，著名红学家、中国人民大学国学院院长冯其庸对"国学"进行了重新定义，他说："我个人所理解的国学，是大概念的国学，也就是中国学术的简称，它应该是包罗宏富的，其中以孔孟为代表的儒学，以老庄为代表的道学和诸子学，以屈宋为代表的楚辞学，以左迁为代表的史学，以韩柳欧苏为代表的文章学，以关王白马高孔洪为代表的曲学，以《三国演义》《水浒传》《红楼梦》为代表的小说学，还有其余相关的如古文字、音韵、训诂学、目录版本学等诸种学问，应该是国学的主要内涵。"武汉大学郭齐勇教授则认为："我们现在所说的国学，涵盖中华传统文化的各方面，包括从古代到今天的蒙学读物、衣冠文物、习俗、礼仪、语言、文字、天学、地学、农学、医学、工艺、建筑、数学、音乐、歌舞、戏剧、绘画、书法、思想、心理、信念等。国学是中华人文精神之根，是我们民族的终极信念所在，是安身立命之本。"

2007年3月6日，国学大师季羡林在接受中国书店出版社于华刚总经理拜访时谈及"国学热"，他说："'国学'就是中国的学问，传统文化就是国学"，"现在对传统文化的理解歧义很大。按我的观点，国学应该是'大国学'的范围，国内各地域文化和五十六个民族的文化都包括在'国学'的范围之内。它们共同构成中国文化这一文化共同体。"

从上述国学大师和专家学者对"国学"的论述中我们可以得出这样的结论："国学"是中国学术的简称，亦即中国本土的、传统的学术体系。广义的"国学"是指中国传统文化与学术。中国传统文化的精神支柱是儒家思想、道家思想、佛教思想，它们构成了中国传统文化和民族精神的三大主流。而作为中国传统文化精髓的"国学"，是文化之根、民族之魂，是参照现代西方学术对我国传统文化进行研究和阐释的一门学问，其研究对象主要是以经、史、子、集为主要内容的传统学术文化。

"国学经典"是指包含着中华民族智慧结晶和中国传统文化精髓的典籍著作。它主要包括以下四方面的内容：

第一，"经"：是指古代社会中的政教思想、纲常伦理与道德规范，主要是儒家的典籍，它主要包括《论语》《孟子》《大学》《中庸》《诗经》《尚书》《周易》《春秋》《孝经》等。

第二，"史"：是指历史典籍，其主要代表为"二十五史书"，即《史记》《汉书》《后汉书》《三国志》《晋书》《宋书》《南齐书》《梁书》《陈书》《魏书》《北齐书》《周书》《隋书》《南史》《北史》《旧唐书》《新唐书》《旧五代史》《新五代史》《宋史》《辽史》《金史》《元史》《明史》《清史稿》。

第三，"子"：是指春秋战国以来的诸子之学，它主要包括《老子》《庄子》《墨子》《韩非子》《公孙龙子》《列子》《孙子兵法》《鬼谷子》《淮南子》《吕氏春秋》等。

第四，"集"：是指古代诗文词赋类的著作，它主要包括《楚辞》《古文观止》《文心雕龙》《诗品》《六一诗话》等。

（三）阅读"国学经典"的意义

我们为什么要阅读"国学经典"？南怀瑾先生曾通过一个比喻形象地回答了这个问题。他说："我有一个比方，孔家店（即儒家）是粮食店，人人非吃不可。道家是个什么店呢？药店。药店一定要有嘛，生病去买药吃，不生病不需要买。佛家开的什么店？百货店。什么都有，你高兴可以去逛一逛。"南怀瑾先生的比喻说明阅读儒道佛等"国学经典"对于国民精神生活的必要性和重要性。

改革开放以来，伴随着中国经济实力和综合国力的快速提高，中华大地掀起了"国学热"和传统文化复兴的浪潮，"国学经典"得到了人们的重新关注和推崇。"国学经典"蕴含着中国人基本的价值观念与人生智慧，体现出中华民族独特的民族精神和人文思想。阅读"国学经典"，不仅可以与古圣贤哲对话，而且可以走进他们的精神世界，学习他们为人处事的人生智慧，为我们的成长成才打下坚实的基础；不仅可以增长知识、启迪智慧、提高自己的文化素养，而且可以接续文脉、传承文明、延续民族文化血脉，为中华民族的伟大复兴和中华文化的继承弘扬承担起自己应有的责任。

五、文史哲经典导读

（一）文学经典导读

1. 2008 年诺贝尔文学奖得主勒·克莱齐奥与其作品

2008 年 10 月 9 日，瑞典文学院宣布将 2008 年诺贝尔文学奖授予法国作家勒·克莱齐奥。瑞典文学院颁奖辞是：一个背离主流的作家，注重诗歌历险与感官享受，努力探求一种超越和突破主流文明的人性表述。

（1）勒·克莱齐奥个人介绍

1940 年，勒·克莱齐奥生于法国尼斯，他是 20 世纪后半期法国新寓言派代表作家之一。1963 年，勒·克莱齐奥出版了第一部小说《诉讼笔录》，并获得"勒诺多文学奖"。此后他相继出版了三十余部作品，包括小说、随笔、翻译等。1980 年，勒·克莱齐奥获得"保尔·莫朗"文学奖。1994 年，在法国《读书》杂志所作的一次读者调查中，勒·克莱齐奥被评选为在世的最伟大的法语作家之一。勒·克莱齐奥是当今法国文学的核心之一，与莫迪亚诺、佩雷克并称为"法兰西三星"。2008 年 1 月 28 日，勒·克莱齐奥在北京被人民文学出版社授予"2006 年最佳外国作家奖"。勒·克莱齐奥曾三次访问中国，他还特别喜欢老舍的小说。

（2）勒·克莱齐奥的主要作品

勒·克莱齐奥的作品主要包括：《少年心事》（漓江出版社，1992）、《战争》（译林出版社，1994）、《诉讼笔录》（上海译文出版社，1998）、《流浪的星星》（花城出版社，1998）、《金鱼》（百花文艺出版社，2000）、《乌拉尼亚》（人民文学出版社，2008）。

《乌拉尼亚》是勒·克莱齐奥的最新力作，讲述了这样一个故事。一位法国地理学家在墨西哥勘探地貌时意外发现了一个乌托邦式的理想王国。这个地方的人都是来自全世界的流浪者，在这里人人平等，没有贫富阶级，孩子们的天性没有被压抑，他们学习的是自由和真理。人以自然的天地为依托，顺天地而生，人与人的关系也是最自然、最本真的形式，一切都回到了人的灵性尚未被物质与文明玷污的混沌之初。这个理想国在人类社会的围攻中被迫迁移，去寻找它的出路。作者通过对这个理想国的描述来讽刺当今社会的弊病，读来耐人寻味。

2. 2010年诺贝尔文学奖得主马里奥·巴尔加斯·略萨与其作品

2010年10月7日，瑞典文学院宣布将2010年诺贝尔文学奖授予秘鲁作家马里奥·巴尔加斯·略萨，以表彰他为世界文学繁荣所作出的贡献。瑞典文学院在颁奖决定中说，略萨的作品"对权力结构做了深入的描述，并对个体人物的反抗、反叛和挫败进行了犀利的刻画"。

马里奥·巴尔加斯·略萨（Mario Vargas Llosa）是拥有秘鲁与西班牙双重国籍的作家及诗人。他创作小说、剧本、散文随笔、诗、文学评论、政论杂文，也曾导演舞台剧、电影和主持广播电视节目及从政。诡谲瑰奇的小说技法与丰富多样而深刻的内容为他带来"结构写实主义大师"的称号。

略萨于1936年3月28日出生于秘鲁的亚雷基帕，早年曾在秘鲁国立圣马科斯大学学习法律和文学，之后又先后在秘鲁利马和西班牙马德里学习法律和文学。1955年，年仅19岁的略萨与比他大10多岁的第一任妻子胡莉娅·乌尔基迪结婚。1957年，略萨开始文学创作并发表了几篇短篇小说。1959年，略萨携妻定居法国巴黎，教授语言并给法新社和法国国家电视台当记者。这期间略萨开始大量创作，但与乌尔基迪的婚姻却于1964年破裂。次年，略萨与第二任妻子帕特丽夏结婚。1969年至1970年，略萨曾在英国伦敦大学国王学院教授文学。1974年，略萨回到秘鲁利马，并于1975年当选秘鲁文学院院士。除文学作品外，略萨也发表了大量新闻作品。1990年，略萨曾竞选秘鲁总统，但未成功。1993年，略萨取得了西班牙国籍。1994年，略萨进入西班牙皇家文学院。目前，略萨在美国新泽西州普林斯顿大学授课。

略萨是拉美地区著名的小说家和散文家，也是28年来又一位获得诺贝尔文学奖殊荣的南美作家。略萨第一部享誉世界的作品是他于1963年出版的长篇小说《城市与狗》。这部小说以秘鲁莱昂西奥－普拉多军校为背景，曾在秘鲁引起争议，小说后来被改编成电影。略萨一生共创作了30多部包括小说、话剧和散文在内的作品，其他比较著名的作品还包括《酒吧长谈》（1969）、《世界末日之战》（1981）、《公羊的节日》（2000）等。

略萨与中国文学渊源颇深。1979年，北京大学西语系教授赵德明首次撰文介绍略萨。20世纪80年代，国内翻译了大批略萨作品。略萨曾于1994年夏天访问中国，其间与西语文学资深译者赵德明和尹承东会谈，并当场口述《致中国读者》一文。时代文艺出版社自1996年起出版略萨全集，计划出版18卷。中国作家对于略萨的获奖给予了很高的评价。作家陈忠实说："略萨和马尔克斯等人是拉美文学爆炸最具有影响力的作家。在我看来，略萨早就该获诺贝尔文学奖。"诗人臧棣评价说："略萨受法国存在主义影响较重，相对马尔克斯，他和西方的关系更为密切，而在中国80年代的时候，他的作品在校园非常流行，影响了很多作家。"中国社会科学院外国文学研究所所长陈众议说："如果略萨在70年代末到90年代末得诺奖，我还是有保留意见的，但现在获得却真的是实至名归。80年代，略萨对中国文学产生过较大影响，受其影响的包括我们的寻根派作家以及先锋派作家。在我看来，诺贝尔文学奖近几年都是政治选择。略萨此次的获奖至少可以给诺贝尔文学奖挽回点声誉。"北京大学西语系副教授胡旭东说："略萨地位高、影响广，基本算是马尔克斯的同辈，拉美'文学爆炸'的四大天王（卡洛斯·富恩特斯、胡利奥·科塔萨尔、加西亚·马尔克斯、马里奥·巴尔加斯·略萨）里面，就马尔克斯一个人得过诺贝尔文学奖。这次略萨得奖应该说在意料之中。与其他三大天王相比，略萨小说对社会介入的强度和力度可能是最强大的。他在四个人里面年纪最小，各方面都雄心勃勃。略萨的想法就是要像巴尔扎克那样，用小说的手段构造一个世界。"

略萨的代表作已经译成中文的主要有：《城市与狗》《胡莉娅姨妈与作家》《绿房子》《世界末日之战》《给青年小说家的信》《公羊的节日》等。

3.《追忆似水年华》

马塞尔·普鲁斯特（Marcel Proust，1871—1922年）是19世纪末20世纪初法国意识流小说的代表人物之一。他出生在法国巴黎一个艺术气氛浓厚的家庭，但从小就因哮喘病而被"逐出了童年时代的伊甸园"。他的气质是内向的，敏感到了近乎病态的程度。他受外祖母和母亲的熏陶，喜欢塞维涅夫人、乔治·桑和英国维多利亚时代的一些作家；他又受中学老师的影响，推崇17纪的法国古典作品。他倾心于圣西门、巴尔扎克、波德莱尔和福楼拜；一度还热衷于英国作家约翰·拉斯金论述建筑和艺术的作品。

《追忆似水年华》又译作《追寻逝去的时光》，是普鲁斯特的代表作。对于这部作品，许多作家和文艺评论家都给予了极高的评价。

法国作家安德烈·纪德在他的当代文学评论集《偶感集》中写道："普鲁斯特的文章是我所见过的最艺术的文章。艺术一词如果出于龚古尔兄弟之口，使我觉得可厌。但是我一想到普鲁斯特，对于艺术一词就毫不反感了。……他的风格灵活生动，令人诧异。任何另一种风格和普鲁斯特的风格相比，都显得黯然失色、矫揉造作、缺乏生气。"

　　法国著名传记文学家莫罗亚在"七星丛书"版本的《追忆似水年华》序言中写道："1900年至1950年这五十年中，除了《追忆似水年华》之外，没有别的值得永志不忘的小说巨著。不仅由于普鲁斯特的作品和巴尔扎克的作品一样篇帙浩繁，因为也有人写过十五卷甚至二十卷的巨型小说，而且有时也写得文采动人，然而他们并不给我们发现'新大陆'或包罗万象的感觉。这些作家满足于挖掘早已为人所知的'矿脉'，而普鲁斯特则发现了新的'矿藏'。"英国文学评论家康诺利在《现代主义代表作100种》中，把《追忆似水年华》誉为"百年一遇的杰作"。

　　4.《失落的秘符》——《达·芬奇密码》作者丹·布朗的最新力作

　　侦探悬疑小说是当今图书市场的一大热点，美国著名畅销书作家丹·布朗是写作这一题材的高手。继《达·芬奇密码》之后，丹·布朗于2009年底推出了又一力作——《失落的秘符》。小说《失落的秘符》描述了一段奇异而精彩的旅程，将五年的研究凝聚于十二个小时的故事框架内，非常具有挑战性。

　　丹·布朗是美国著名畅销书作家，他毕业于阿默斯特大学，曾是一名英语教师。他从1996年开始写作，先后推出了《数字城堡》《骗局》《天使与魔鬼》和《达·芬奇密码》四部小说，其中《天使与魔鬼》奠定了他在小说界的地位。而《达·芬奇密码》一经问世就高居各大畅销书排行榜榜首，并打破销售纪录，成为史上最畅销的小说，创下书市奇迹。其后，他历时六年完成的新作《失落的秘符》英文版于2009年9月由美国兰登书屋道布尔戴出版社出版，首印量高达650万册，在开始发售36小时后，此书的全球销量已破100万册，一周售出200多万册，成为被经济危机的乌云笼罩的美国书市的最大亮点。

　　美国各大媒体对丹·布朗的最新力作《失落的秘符》都给予了很高的评价。《纽约时报》评论说："丹·布朗使一个濒临灭亡的文学流派又焕发出了迷人的光彩。《失落的秘符》满是密码与线索，弥漫着浓厚的异国情调和源源不断的动力元素，令人手不释卷。"《洛杉矶时报》评论说："等待已经结束——《失落的秘符》来了——不是共济会会员的你也能享受其中的乐趣，惊悚、有趣，感觉像是在坐过山车。"道布尔戴出版社主席桑尼·梅塔评论说："《失落的秘符》是一部辉煌而极具吸引力的作品，丹·布朗讲故事的天赋、丰富的历史学知识、密码学知识以及吊人胃口的才能都在书中展露无遗。这是近来出版史上最令人期待的作品。"

5.《无处藏身》——《纽约时报》2010年畅销书排行榜第一名

《无处藏身》是美国当代著名神秘悬疑小说家哈兰·科本（Harlan Coben）于2010年出版的最新小说，荣获《纽约时报》2010年畅销书排行榜第一名。

哈兰·科本是美国神秘悬疑小说主要代表人物之一，其代表作品有《死亡拼图》《林中迷雾》《守口如瓶》《沉默猎杀》《别无选择》等。哈兰·科本是美国三代总统克林顿、小布什、奥巴马最喜欢的畅销书作家，是《达·芬奇密码》作者丹·布朗的伯乐，是第一位包揽国际最权威的埃德加·爱伦·坡奖、莎马斯奖和安东尼奖的美国作家，是第一位入选图书奥斯卡（英国年度图书奖）的美国人。哈兰·科本的作品已经至少以22种语言出版，发行达32个国家和地区。每一部作品都是世界范围的畅销书。

在《无处藏身》一书中，哈兰·科本把网络世界中的虚拟交友、"人肉搜索"式的证据搜集、通过iPhone手机上的定位程序来寻找被害人的位置等网络时代特有的事物融入到了自己的剧情之中，使他的作品具有鲜明的时代特色。

《无处藏身》一书反映了作者对互联网的反思。在信息时代，互联网的普及，既给我们的生活带来了便利与快捷，也给现代社会及人际关系带了深刻的改变（人心的疏离、自我的孤立和彼此的伤害），带来了各种各样的问题乃至产生了全新形式的犯罪手段（网络犯罪）。互联网的虚拟性（如网络聊天室），让置身于其中的人们难辨真伪，海量的信息又使人们在其中迷失自我，传统人际关系和社会纽带的断裂更使恶意中伤和虚假无所顾忌。一个谣言、一段视频，足以给当事人造成深深伤害，甚至让他的一生就此被毁。在网络空间里，即使是无心的言语也有可能歪曲和无限放大，给对方造成巨大伤害，更何况恶意的诽谤。"人肉搜索"泛滥、垃圾短信频发、骚扰电话不断，都说明我们每个人无论在虚拟世界里还是在现实世界里都变得"无处藏身"。在网络问题的背后，作者哈兰·科本道出了现代社会的巨大隐忧：现代传媒的巨大力量和商品化主流价值观已经让身处其中的人们失去了自我判断和批判的能力，成为"单向度的人"。而那些坚持自我、不愿被社会同化的人反而被贴上了"异类"的标签而被社会边缘化。

国外许多媒体都对《无处藏身》给予了很高的评价。《纽约时报》评价说："科本的技巧是令人惊叹并极富想象力和创造力的，似乎作品自身就拥有鲜活的生命。"《华盛顿邮报》评价说："关乎家与家人，爱与失去的历险最为动人心魄。"《纽约客》评价说："谁都想把哈兰·科本和丹·布朗比较一下，分出一个伯仲，可谁都清楚，这两个当打之年的顶级作家，无论是在叙事还是在故事结构上，都在各自的路上达到了最高峰，就如同珠穆朗玛峰的南坡和北坡，异曲同工。"

（二）史学经典导读

《万历十五年》

《万历十五年》（1587, A Year of No Significance）是一部改变中国人阅读方式的经典。它是美籍华裔历史学家黄仁宇先生的成名之作，也是他的代表作之一。《万历十五年》融黄先生数十年人生经验与治学体会于一体，首次以"大历史观"分析明代社会之症结，观察现代中国之来路，发人深省。本书英文本推出后，被美国多所大学采用为教科书，并两次获得美国书卷奖历史类好书的提名。中文本问世后，获得如潮好评，成为众多作家、学者、企业家、高校师生的案头必备书，并入选《新周刊》和《书城》"改革开放20年来对中国影响最大的20本书"。该书另有日文、法文、德文等版本。

黄仁宇（1918—2000年），生于湖南长沙，天津南开大学肄业（1936—1938年）。抗战期间及战后，他曾担任国民党下级军官十余年。黄仁宇曾在南伊利诺伊大学任教，曾任纽约州立大学新纽帕斯分校教授，还曾任哥伦比亚大学访问副教授及哈佛大学东亚研究所研究员。2000年1月8日，黄仁宇病逝于纽约，享年82岁。黄仁宇先生一生著作颇丰，除《万历十五年》之外，他还著有《十六世纪时代中国之财政与税收》《放宽历史的视界》《中国大历史》《地北天南叙古今》《资本主义与二十一世纪》《从大历史的角度读蒋介石日记》《近代中国的历程》《关系千万重》《缅北之战》《汴京残梦》《明代的漕运》《大历史不会萎缩》《黄河青山：黄仁宇回忆录》《赫逊河畔谈中国历史》（其中《孔子与孟子》一文入选高中语文课本）。此外，他还曾参与《明代名人传》及《剑桥中国史》的编写。

（三）哲学经典导读

1. 《中国人的思维批判》

《中国人的思维批判（第2版）》，楚渔著，人民出版社2011年4月出版。本书作者楚渔，姓楚名子渔，自由职业者，湖南新化人，收藏家、探险家和旅行家，曾主编《走上神坛的岳飞》。

楚渔先生认为，导致近代中国科技落后的根源不是两千多年的封建社会和专制统治、以儒家思想为主体的中华文化、制度和体制等因素，而是我们传统的思维模式。中国传统思维模式的缺陷主要表现在三个方面：（1）中国人抽象逻辑思维能力薄弱。概念模糊是我们中国人致命的思维弱点。如果一个人概念模糊，你就不可能和他讨论清楚任何问题。此外，概念模糊也为偷换概念、转移话题和诡辩术留下了空隙。轻视概念是不可能对范畴产生兴趣，也不可能上升为抽象逻辑思维。（2）中国人的思维方法混乱而僵化。（3）中国人的思维方式很难做到实事求是和理论联系实际。

楚渔先生还认为，阻碍了中国科技的进步的主要原因是古代中国思想家与古希腊思想家追求的目标不同。古代中国的思想家追求的是解决眼前问题的实际办法，而古希腊思想家追求的目的很单纯——真理或真实。也就是说，先秦时期的中国思想家是求"利"，而古希腊思想家是求"真"。古代中国人是表现出实用主义特征，而希腊人表现出纯理想主义的特征。

所以，楚渔先生认为，改造中国人传统的思维模式是我国教育的头等大事。我们的僵化教育，从学前儿童就开始了。几岁的孩子，正是活泼好动的时期，正是儿童探索未知世界、拓展自己的智力空间的黄金时期。但却被我们的家长们逼着去学这个年龄段不该去学的东西，这样活生生地扼杀了孩子们拓展智力空间的能力。我们的一些所谓的儿童教育家，制定了一整套的扼杀孩子天性的教育方法，把儿童未来的潜力和智力从小就扼杀在摇篮里。基于此，楚渔先生指出：科学思维是一个民族走向成熟的标志，我们应该从改变思维方式做起来提高我们的素质。

国内学者对《中国人的思维批判》一书给予了很高的评价。人民出版社社长黄书元说："讲到中国的落后，楚渔先生找到的根本原因是传统的思维模式。我觉得楚渔先生抓到了根本问题。关于'钱学森之问'，为什么中国培养不了诺贝尔奖的大家，很多人可能认为是教育体制上有问题，而关键问题是思维上出了问题。"著名评论家白烨认为，"楚渔的《中国人的思维批判》，由思维的偏向谈到思维的弊病，从思维的惯性谈到思维的定势，在诊断着现实中五花八门的思维问题的同时，又在针对着根深蒂固的思维传统，具有着从思维大反思的角度促动思想再次大解放的实际功用。在这个意义上说，这是一本适逢其时、振聋发聩的大书。"

2.《易学智慧对话》

《易学智慧对话》，韩增禄著，金盾出版社2010年6月出版。韩增禄教授，1938年生于河南郑州，北京建筑大学教授，主要从事哲学、自然辩证法、易学与建筑文化等方面的教学与研究工作。

《易学智慧对话》一书以主持人与作者对话的方式，深入浅出地讨论了有关周易文化的诸多内容，指出了易学与占术两种传统的历史分野，阐明了中国易学文化的价值观念、思维方式、为政之道、处世之道、养生之道，以及崇尚天地之和、天人之和、人际之和、身心之和的基本精神。其内容丰富多彩、图文并茂、通俗易懂、雅俗共赏。

中国科学院自然科学史研究所研究员、国际易学联合会会长董光璧对该书给予了很高的评价，他说："什么是智慧？有知识的人不一定都有智慧，智慧是驾驭知识的能力。易学的智慧就在于以广义的阴阳原理整合人类的知识。"

韩增禄教授在本书前言中谈到了易学文化的重要性，他说："21世纪是中国和平崛起的世纪，和平崛起的前提是民族觉醒。民族觉醒的灵魂是文化自觉，即中国人对中国文化的来龙去脉、价值观念和思维方式的特色有一个自知之明。中国传统文化的核心和灵魂是崇尚和追求阴阳和谐的易学文化。"韩教授还认为，作为一名普通的易学工作者，应该以"传承易学智慧、弘扬科学精神、消除愚昧迷信、提高国人素质、增强国人的文化自觉意识"为己任。

3.《峰与谷》——"奶酪爸爸"斯宾塞最新力作

人生总会经历各种挫折和起伏。如果你正处于人生的低谷，那么怎样才能迅速走出低谷？怎样才能攀登人生的高峰？在以后的岁月里，怎样才能有效地避免人生的低谷，并且长时间地保持人生的高峰状态？为了解答这些人生困惑，"奶酪爸爸"斯宾塞在最新力作《峰与谷》一书中给出了答案。

八年前，斯宾塞的成名作《谁动了我的奶酪》曾风靡全球，创下了2600万册销量的惊人纪录。如今，面临着全球金融危机这一低谷，斯宾塞又创作了《峰与谷》一书，提出了著名的"峰谷理论"，该理论告诉我们：诚实地面对客观事实，无论顺境还是逆境；从低谷中迅速崛起，登上高峰；不要被外在的荣誉或者嘲笑所迷惑，要把注意力放在对事实的研究和判断上；保持谦虚谨慎的工作风格，及时发现问题，及时解决问题；永远比竞争对手领先一步；热情帮助他人，用以培养友爱互助的人际关系；提前为可能出现的危机做准备。

斯宾塞·约翰逊博士是全球最受欢迎和最受尊敬的作家之一，他善于用生动的故事讲述现实的智慧，其轻松活泼的寓言风格既让人深受鼓舞，又让人深受震撼。所以，他被誉为"最善于为复杂问题提供简单有效的解决方案的智者"。他的作品《一分钟经理人》《谁动了我的奶酪》《礼物》《孩子，你真棒!》《为什么幸运的人总幸运，倒霉的人老倒霉》等，长居《纽约时报》等各大畅销书排行榜，并被《时代》杂志、《纽约时报》《读者文摘》等广泛报道。目前，他的著作已被译成47种文字，创下了全球发行逾亿册的惊人纪录。

国内各大媒体对斯宾塞的最新力作《峰与谷》都给予了很高的评价。《第一财经日报》评价说："这是继《一分钟经理人》《谁动了我的奶酪》《礼物》等著作之后，斯宾塞·约翰逊博士又一本关于人的内心修炼、人与社会关系的力作。"《京华时报》评价说："该书是一则关于个人如何实现自我超越、企业如何永葆持续发展原动力的寓言。"《北京晚报》对来京推销新作《峰与谷》的斯宾塞进行专访之后评价说："《峰与谷》讲述的是一个年轻人得到智慧长者的指点，以谦虚的心态经营顺境和逆境。斯宾塞从小学习东方哲学，道教、佛教以及孔孟思想都给他很深的影响，书中很明显能看到'祸福相依'、'顺势而为'的中国传统思想。"

4. 马可·奥勒留和《沉思录》

要问 2008 年什么书最火、最畅销？《沉思录》无疑是其中最杰出的一本。这本有点晦涩难懂的哲学著作，却能够稳稳占据 2008 年度畅销书排名第一的位置。

马可·奥勒留（Marcus Aurelius，121—180 年）是古罗马帝国皇帝，同时也是晚期斯多亚学派著名哲学家。所以，他被誉为"御座上的哲学家""帝王哲学家"。在繁忙的国务活动之余，马可·奥勒留著有《沉思录》12 卷作为自己阅读的独白。奥勒留也许是西方历史上唯一一位哲学家皇帝。他是一个比他的帝国更加完美的人，他的勤奋工作最终并没有能够挽救古罗马，但是他的《沉思录》却成为西方历史上最为感人的伟大名著。马可·奥勒留是一个悲怆的人，在一系列必须加以抗拒的欲望里，他感到其中最具有吸引力的就是想要引退去过一种宁静的乡村生活的那种愿望。但是，实现这种愿望的机会却始终没有来临。

《沉思录》是一部伟大的作品，是一部心灵鸡汤式的著作，受到社会各界的好评。德国著名哲学家文德尔班说："马克·奥勒留的《沉思录》是折中主义与宗教的斯多葛主义的里程碑。"美国前总统克林顿在接受《纽约书评》采访时说："除了《圣经》，对我影响最大的书是马可·奥勒留的《沉思录》。"温家宝同志说："这本书天天放在我的床头，我可能读了有 100 遍，天天都在读。"《沉思录》的中文译者、北京大学何怀宏教授评价说："这不是一本时髦的书，而是一本经久的书，买来不一定马上读，但一定会有需要读它的时候。近两千年前有一个人写下了它，再过两千年一定也还会有人去读它。"

六、阅读学经典导读

（一）《阅读致富》

《阅读致富》是美国著名的企业家兼作家贝克·哈吉斯的畅销数百万册经典励志作品。本书阐述了阅读的潜在力量，阐述了阅读如何给予你力量，让你最大限度地变得富有——不但在金钱上富有，同时拥有爱的富有、快乐的富有、家庭的富有、健康的富有、成就的富有、心灵世界的富有。易言之，通过阅读可以使你生命的各个方面均会变得富有。本书讲述的故事和观念是信息时代人人都应掌握的基本信息，对我们每个人财务智慧的提升都有极大助益。

贝克·哈吉斯在该书的前言中说，"在正确的时候，一本正确的书能改变你的生命。"作者认为，书籍的力量在于改变人生，书籍可以震撼我们的世界。我们每一个人都能阅读致富，你看什么书，就会成为什么人。读书的人可以成为富有者，不读书的人将会一无所有。在阅读爆炸的时代，读书要有方法，我们每天坚持阅读15分钟至关重要。贝克·哈吉斯通过对读书而致富的著名人士和对名人们的个人成长书籍的研究，为广大读者朋友推荐了十部撼世之作。

读书比其他任何手段更能在一瞬间改变你的生活；而且，一本好的书在你生命中的某个时刻能够敲开你的心灵，并激励你去尝试你认为不可能的事情。每一个懂得如何读书的人，必定懂得如何利用所学来增加自己的能力，改变自己的生活方式，以使自己的生活更加充实、有意义及富有乐趣。贝克·哈吉斯在《阅读致富》中通过对他自己和其他成功人士所做的事情进行浓缩，极其天才地发现了人们之所以成功的秘诀。任何人只要运用这些秘诀，都可以成功。

（二）《阅读救自己》

《阅读救自己》一书是我国著名学者高希均所作。高希均教授1964年获得密西根州立大学博士后，一直在威斯康星大学执教逾三十年，于1971年当选美国杰出教育家，1974年获威斯康星大学杰出教授奖。

高希均教授认为，阅读对于个人、民族、国家都至关重要。一个人集财富于一身，受人嫉妒；集知识于一身，却受人崇敬。所以，人生的起点要从嗜书如命那一刻算起，多读书、好读书、乐读书。我们要读一流书，做一流人，建一流社会。在本书中，高教授还讲述了自己一生对阅读的热爱。他说自己再忙也要读书，收入再少也要买书，住处再挤也要藏书，交情再浅也要送书。

我国著名作家王蒙评价说："这本书（《阅读救自己》）里有经验和智慧，更有一种信仰、追求和爱。它信仰、追求、尤其是爱真理、知识和书籍。这是我们多么需要、多么渴望的一种精神啊。"我国知名文化学者余秋雨评价说："十四年前，新加坡邀请高希均教授、杜维明教授和我三人发表文化跨世纪的集体演讲，我听了高教授对于中国经济的细致预测大吃一惊。这么多年下来，他的预测已被全部证实。这么一个目光远大的经济学家是怎么造就成功的呢？这本书用最简明、轻松的笔调告诉了我们一个答案：通过阅读，把自己从苦难和狭隘中救出。"

（三）《坐拥书城》

《坐拥书城：爱书人如何聚书护书与书相处的故事》，埃斯特尔·埃利斯（Estelle Ellis）等著，陈焱译，上海人民出版社2008年10月出版。

本书记述了一间间富丽堂皇的书房，以及它们所带给人们的阅读快乐。全书由激情澎湃、书房美景、设计师、堆满墙壁的书房、文人的书窝、独处读书之乐这六章组成。本书记述了四十位书迷读书藏书、爱书护书、与书共枕、嗜书如命的故事。他们虽身处不同的行业，从事不同的工作，但是却把书房作为自己成功背后的强大支撑。在他们看来，书是一种可以终生相恋的精神皈依，是安身立命之所，是终身伴侣。对于这些爱书人，这些书迷，没有书的屋子是没有灵魂的。爱书人与他们的书房和书籍是共生的。他们书房的建筑设计风格多样，具有鲜明的个人色彩。

本书还有特别撰写的章节，谈及如何对藏书进行整理、分类、编目，如何护理藏品，如何收藏保存珍本，如何搜寻绝版书，以及关于书房家具、照明、书架等知识。

"我宁愿当一个住在堆满书的阁楼里的穷人，也不愿当一个不爱阅读的国王"，麦考莱这句话道出了多少爱书人的心声。卡莱尔说，"书籍中躺卧着过去的一切灵魂。"

阅读本书，我们不仅可以坐拥书城，与过去的灵魂对话，而且可以看到书中的各位文人雅士的书房、设计师自己设计的雅致书房,和充满温暖、创意的名流书房。这些爱书人的访谈录除了显示他们的爱书之情,还有不少实用的知识:如何存放书籍、如何搬运书籍、如何建筑书墙、如何把新书旧藏融合、如何营造舒适的读书空间、如何处置多余的书籍,不一而足。

坐拥书城,在本质上并非家庭图书馆的完成,而是一种由阅读而生的智性和乐趣。

(四)《越读者》

生活在信息时代,面对着海量的网络信息和发达的传媒资讯,我们应该如何阅读?如何从信息海洋中选择自己所需要的信息?如何在传统阅读和数字阅读之间做出自己的选择?如何在快节奏的社会诗意地栖居?

面对着诸多的阅读问题,《越读者》一书或许能给我们提供一些有益的建议。《越读者》是台湾商务印书馆前总经理、大块文化董事长郝明义先生的最新作品。郝明义本人就是一位在书籍和网络、多媒体世界穿梭、越界阅读的快乐读者,而他这些年来也通过他的出版物和个人阅读体验,向所有读者分享自己的阅读乐趣。

《越读者》是一本讨论在传统阅读和数字阅读之间跨界阅读的书。它不仅揭示了生活在信息时代的人类面临的阅读危机,而且揭示了走出危机的新的可能性,并且提出了许多具有操作性的"如何阅读"的建议。在郝明义看来,我们生活的时代是一个没有越界阅读,就不成阅读的时代。不论我们以前错过了多少阅读的机会,不论我们多么晚开始阅读,不论我们用何种方式阅读,阅读都是一件非常有意义的事情。正如作者所言,"除了爱情,没有任何事情像阅读这样让我们觉得,迟来的开始也可以如此美好。即使爱情,也没法像阅读这样让我们觉得,越界之举,可以如此新奇!"

七、建筑学经典导读

（一）《城记》

《城记》，王军著，生活·读书·新知三联书店 2004 年 5 月 1 日出版。

新华社记者王军十年著就此书。《城记》试图廓清北京城半个多世纪的空间演进，还有为人熟知的建筑背后鲜为人知的悲欢承启；历史见证者的陈述使逝去的记忆复活，尘封已久的文献、三百余帧图片让岁月不再是传说；梁思成、林徽因、陈占祥、华揽洪……建筑师多劫的人生，演绎着一出永不落幕的戏剧；这一切的缘起，只是因为北京，这个"在地球表面上人类最伟大的个体工程"，拥有一段抹不去的传奇。

《城记》在写作的 10 年间，作者共采访当事人 50 余位，收集、查阅、整理大量第一手史料，实地考察京、津、冀、晋等地重要古建筑遗迹，跟踪北京城市发展模式、文物保护等专题做出深入调研。

全书共分为十章，从北京的现实入手，以五十多年来北京城营建史中的历次论争为主线展开叙述，其中又以 20 世纪五六十年代为重点，将梁思成、林徽因、陈占祥、华揽洪等一批建筑师、规划师的人生故事穿插其间，试图廓清"梁陈方案"提出的前因后果，以及后来城市规划的形成，北京出现所谓"大屋顶"建筑、拆除城墙等古建筑的情况，涉及"变消费城市为生产城市""批判复古主义""大跃进""整风鸣放""文化大革命"等历史时期。

与文字同样重要的是书中选配的三百余幅插图，不乏私人珍藏的照片及画作，如梁思成先生工作笔记中的画作和首次发表的梁思成水彩写生画。

（二）《应县木塔》

《应县木塔》一书荣获"第二届中国建筑图书奖"第一名。本书分为上、下两篇。上篇"调查记"，是概括地介绍一下佛宫寺概况和释迦塔建筑实录，以期在详细了解或研究之前先有一个总的轮廓印象。其中的第二节"释迦塔建筑实录"是综合记录塔的实测结果，主要是各部分的尺寸做法。这些东西在实测图或图版上已都有了，这里只是把分散在各图版上的情况和数字按性质集中起来，或指出各种相似部分的异同之处，使眉目清楚，以备专门研究某些问题时查阅之便。下篇关于寺、塔的研究是个范围很广泛的题目，作者结合自己专业特长和实践考察，对释迦塔的修建历史、原状、建筑设计及构图、结构四项做了初步研究。此外，如彩画、瓦作、小木作、塑像、壁画以及结构的力学分析等，都限于条件或专业范围，或只提出问题，或未敢涉及。

本书作者陈明达在编写本书之前，对塔的现状和具体条件进行细致的研究，决定以探讨当时设计方法为重点，希望总结出一点古代设计的经验。作者希望本书能够突破单纯介绍古代建筑、欣赏古代建筑的圈子，从中找出一点具体的、对建筑设计有参考价值的东西。而逐步积累各时代、各方面的经验又是探索中国建筑发展规律所必须做的一项工作。虽然一个建筑物的经验不一定就是当时最成功的经验或最普遍的经验，但总得一个个地做才能逐渐深入。

（三）《北京古建筑地图（上册）》

《北京古建筑地图（上册）》是"第三届中国建筑图书奖"获奖图书。本书属于中国古代建筑知识普及与传承系列丛书。本书以1949年之前建成，现在保存完好、价值较高的历史建筑为主，也记录了今年拆除或重建的一些较为重要的历史建筑。本书分为两册，其中第一分册所收录的范围是现在的二环路以内，亦即明清北京城以内。该册精选了302处较为重要而完整的古建筑，图文并茂地介绍其特点和艺术成就，另选择了719处尚存或刚刚毁去的古建筑，列表注明其地址和保存状况。在对各个建筑单体或建筑群进行剖析和介绍之外，本书还尽可能地从街区或城市的角度来介绍这些建筑作为城市有机整体的一部分所具有的独特的意义与价值。为便于各行各业的人士使用，本书还对文中涉及的一些建筑学或中国历史的背景知识进行了简要的说明。

在北京这样的一座古城，带上一份地图去穿越大街小巷，寻访帝都遗韵、市井民风，感受建筑艺术的魅力、体味历史变迁的沧桑，这实在是旅行者或闲暇者的一大乐事，又是建筑、规划、历史、艺术等专业从业人员和学生的重要功课。《北京古建筑地图》编写的初衷就是为了帮助那些穿行在城市历史时空中的人们，那些和我们一样热爱北京、热爱中国古代建筑文化的人们。

（四）《古建文萃》

《古建文萃》，北京建筑大学建筑学院臧尔忠教授著，中国建筑工业出版社2006年10月出版。

臧尔忠教授（1923—1998年），1923年生于河北省安新县，1947年毕业于北洋大学北平部建筑系，1952年开始在北京建筑大学任教，1982年赴美国布法罗大学做访问学者，1983年至1998年任北建大建筑学院教授。臧尔忠教授先后讲授过"中国建筑史""中国古建筑""房屋构造""建筑专业英语"等课程，主要著述有《清式斗栱分件图集》《中国古代建筑史概说》《木构架的整体维修与加固》等，译著有《美国历史建筑和遗址的保护》。

探索中国建筑的发展演变，从事文物建筑的保护与研究，常须查阅过去的史籍、方志，历代的会典、则例，前人的著录、札记和现存的一些刻石、碑文。而这些文献资料都是用古汉语和繁体字写成的，给当今古汉语基础薄弱的建筑学专业本科生和研究生的阅读带来了困难。

为解决这一难题，北建大建筑学院古建保护专业从1994年秋开始安排古汉语课程，选用一些与建筑有关的古文献作为教材，着重培养学生查阅字典辞书、掌握古汉语用语和遣词的特点和划分句读的规律，以提高学生阅读文献资料的能力。

《古建文萃》一书，是臧尔忠教授在给建筑学院本科生和研究生授课时搜集整理的古建方面的一些参考文献。全书分文选和通论两部分内容，文选共收43篇文章，另附阅读材料10篇。全书主要包括《梓人传》（柳宗元）、《造舍之法》（沈括）、《房舍》（李渔）、《万寿山昆明湖记》（乾隆）、《考工记·匠人》、《秦始皇陵》（司马迁）、《三辅黄图》摘录、《洛阳伽蓝记》摘录（杨衒之）、《园冶》摘录（计成）、《营造法式》（李诫）等文章。

中篇

信息哲学与信息时代的图书馆学

一、信息哲学:21 世纪图书馆哲学研究的新范式

美国特拉华大学哲学教授亚当斯(Frederick Adams)在《哲学的信息转向》一文中说:"信息概念的使用,是 20 世纪下半叶哲学领域最成功的事情。"[1]进入 21 世纪,随着互联网、搜索引擎、Web2.0、云计算等现代信息技术的发展,信息化浪潮席卷全球,信息对人类社会的影响已经大大超出了通信、计算、认知和哲学等领域,进入了人类生活的各个领域。信息不仅正在改变着人们的生产方式、生活方式和思维方式,而且引起了相关学科领域学科范式的转变。具体而言,信息在哲学领域的应用引起了哲学的信息转向,从而产生了一门新兴的学科——信息哲学。信息哲学在图书情报学领域的应用,不仅可以为图书馆哲学研究提供新的范式和方法,而且可以为图书情报学建立起新的哲学理论基础,从而促进信息时代图书情报学的发展。

(一) 图书馆哲学、情报学的哲学基础与信息哲学

在图书情报学领域存在着三种不同形态的哲学理论,即图书馆哲学、情报学的哲学基础和信息哲学。

图书馆哲学产生于 20 世纪 30 年代。美国图书情报学家丹顿(J. Periam Danton)于 1934 年在《呼唤图书馆哲学》(Plea for a philosophy of librarianship)一文中最早提出"图书馆哲学"(philosophy of librarianship)这一概念,标志着图书馆哲学的诞生。之后,英国情报学家包菲尔德(A. Broadfield)于 1949 年发表《图书馆哲学》(A philosophy of librarianship)一书,1975 年《美国图书馆哲学文选》(American library philosophy: an anthology)出版[2]。国内最早对图书馆哲学开始研究的是庄义逊,他于 1984 年发表了《图书馆学的哲学研究述评》一

---

[1] Adams, F. The Informational Turn in Philosophy. Minds and Machines, 2003, 13 (4): 471 - 501.
[2] 吴慰慈. 图书馆学新探 [M]. 北京:北京图书馆出版社,2007: 30.

文，开我国图书馆哲学研究之先河。之后，高锦雪的《图书馆哲学之研究》（1985）、赖鼎铭的《图书馆学的哲学》（1993）、谢拉的《图书馆哲学》（1987）都对图书馆哲学进行了研究与探讨。图书馆哲学研究逐渐成为我国图书情报界的一个研究热点，有关该领域的研究成果很多，主要有：周庆山的《关于图书馆哲学的思考》（1997）、马恒通的《图书馆学哲学论纲》（1998）、李明华的《大众图书馆哲学探讨》（1999）、张广钦的《试论图书馆的哲学内涵》（2000）、蒋永福的《图书馆哲学是什么》（2001）、郑全太的《图书馆哲学与图书馆实践关系研究》（2003）、翟秀云的《我国图书馆哲学研究述评》（2003）、陈维军的《图书馆哲学辨析》（2006）等。

情报学的哲学基础研究开始于20世纪80年代。1980年，英国图书情报学家布鲁克斯（B. C. Brookes）发表了《情报学的基础》（The foundation of information science）一文，首先提出了"情报学的哲学基础"这一问题。他把英国科学哲学家卡尔·波普尔（K. Popper）的"三个世界"的哲学理论作为情报学的理论基础。我国学者王崇德、邓亚桥等于1983年翻译了布鲁克斯的《情报学的基础》一文，发表于《情报科学》上。之后，国内外学者对情报学的哲学基础开展了各种研究，主要研究成果有：王崇德的《评布鲁克斯的〈情报学的基础〉》（1985）、王谊鸣的《科技情报学的哲学基础》（1986）、刘植惠的《试论情报学的哲学基础》（1989）、程磊的《关于文献、信息、情报的哲学思考》（1990）、秦铁辉的《波普尔的世界3理论与情报学的哲学基础》（1991）、靳娟娟的《情报学哲学基础研究述评》（1995）、朱奎华的《"三个世界"与"矛盾说"——对情报学哲学基础的探讨》（1995）、石维彩的《论情报学的哲学基础》（1996）、陈忆金的《现代情报学的理论基础——信息哲学》（2008）、王知津的《情报学理论的哲学研究进展》（2009）等。

信息哲学产生于20世纪90年代。1996年，意大利哲学家、牛津大学教授弗洛里迪（Luciano Floridi）提出了"信息哲学"（Philosophy of Information, PI）这一概念。2002年，弗洛里迪在国际权威哲学刊物《元哲学》上发表了《什么是信息哲学》一文，第一次系统地论述了信息哲学的性质、内涵、基本原理以及信息哲学作为第一哲学的理由。2004年，弗洛里迪在《元哲学》上发表了论文《信息哲学的若干问题》，对信息哲学研究的18个问题进行了罗列。弗洛里迪的这两篇文章被认为是信息哲学的奠基之作，从而标志着信息哲学作为哲学的一门独立的分支学科在国际哲学界的诞生。2003—2004年，美国著名人工智能哲学期刊《心智与机器》（Minds and Machines）连续两期出版了以信息哲学为主题的专刊。2004年，英国著名的Blackwell出版公司出版了弗洛里迪主编的《计算与信息哲学导论》（Guide to the Philosophy of Computing and Information），该书全面系统地论述了当代信息哲学的各个研究领域以及理论基础等方面的主要问题。国内最早对弗洛里迪的信息哲学进行介绍的是中国社科院刘钢研究员，他于2002年和2004年翻译了弗洛里迪的《什么是信息哲学》和《信息哲学的若干问题》，先后发表在《世界哲学》上。从刘钢对弗洛里迪信息哲学的译介开始，国内学术界开始逐渐关注这一领域。目前，国内信息哲学研究的代表人物和成果有：刘钢的《当代信息哲学的背景、内容与研究纲领》（2002）、《从信息的哲学问题到信息哲学》（2003）、《信息哲学——科技哲学的新范式》（2004）、《通向信息哲学的东方进路》（2005）等，阐述了信息哲学的发展历程、研究纲领和具体内涵。北京大学黄小寒的《从信息本质到信息哲学》一文，对半个世纪以来的信息科学探讨的哲学问题做了回顾与总结，提出了建立信息哲学的必要性。西安交通大学邬焜的《亦谈什么是信息哲学与信息哲学的兴起》（2003）、《信息哲学的基本理论及其对哲学的全新突破》（2006）等对信息哲学的基本理论进行了阐释。

（图1和图2）统计了2000—2009年中国知网（CNKI）收录的有关图书馆哲学、情报学的哲学基础、信息哲学的论文。

图1 2000—2009年图书馆哲学、情报学的哲学基础、信息哲学论文数量

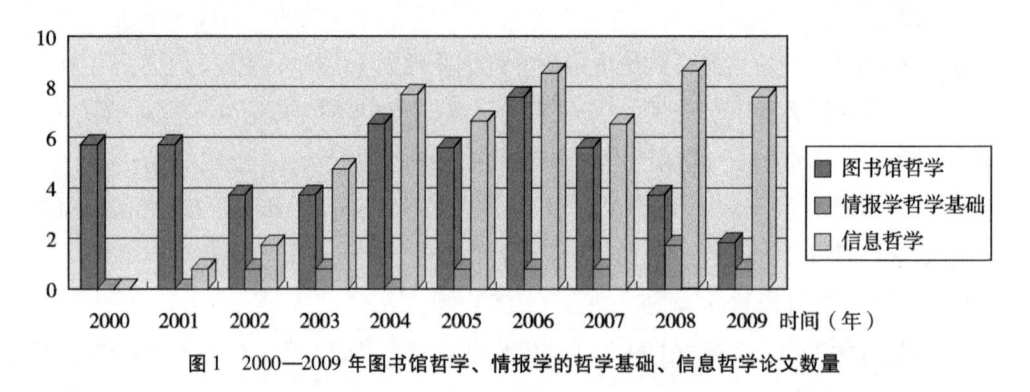

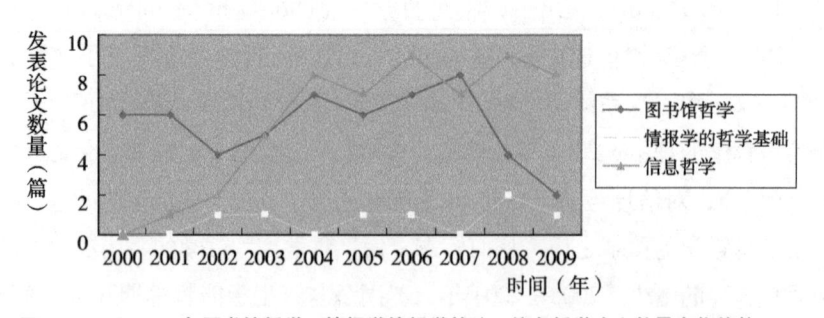

图2 2000—2009年图书馆哲学、情报学的哲学基础、信息哲学论文数量变化趋势

通过对2000—2009年图书馆哲学、情报学的哲学基础、信息哲学的论文数

量的比较（见图2），可以发现图书馆哲学研究在21世纪第一个十年的末期发展缓慢，情报学的哲学基础研究更是停滞不前，而信息哲学却呈现出蓬勃发展的趋势。因此，在21世纪图书馆哲学、情报学的哲学基础研究如果能够吸收信息哲学的研究成果、借鉴信息哲学的研究方法，那么必将会促进图书馆哲学、情报学的哲学基础研究的发展。

（二）信息哲学应成为21世纪图书馆哲学研究的新范式

在21世纪，图书馆哲学应该加强信息哲学研究，把信息哲学作为图书馆哲学研究和图书情报学哲学基础研究的主要内容和学科范式，主要有以下几点原因：

1. 信息论的产生、信息科学与信息技术的发展，是信息哲学作为21世纪图书馆哲学研究新范式的学术背景

20世纪后半叶以来，随着申农信息论的提出，信息科学与信息技术（IST）的发展引起了一场新的技术革命——信息革命，从而导致了信息经济、知识经济的崛起，进而导致了信息社会、知识社会、学习型社会的出现，人类进入了信息时代和知识经济时代。这是信息哲学兴起的背景，也是传统学科（自然科学、社会科学、思维科学等）转向"以信息认识范式为主导的现代信息科学"的背景，同时也是图书馆哲学研究转向信息哲学范式的背景。1948年，美国贝尔电话公司的应用数学家申农（C. E. Shannon）发表了《通讯的数学理论》一文。同年，控制论的创始人维纳（N. Weiner）的《控制论———动物和机器中的通讯与控制问题》问世。这两篇论文的发表标志着信息论的诞生。申农提出"信息就是消除了不确定性"的定义，给出了信息量的申农公式，建立了通信过程的信息系统模式。维纳超越了申农的狭义信息论，提出了"信息既不是物质，也不是能量，信息就是信息"的命题，提出了信息的本质问题、运动规律问题，以及效用价值问题。1959年，美国宾夕法尼亚大学莫尔电子工程学院提出了"信息科学"的概念，这一概念既包括了信息理论又包括了信息技术。之后，学术界形成了信息科学的三种体系："以计算机为代表的'计算机信息科学'、以文献处理自动化为代表的'图书馆信息科学'和以申农通讯信号计量理论为核心的'全信息信息科学'。"[1] 20世纪80年代以来，化学信息学、生物信息学、经济信息学等

---

[1] 黄小寒. 从信息本质到信息哲学——对半个世纪以来信息科学哲学探讨的回顾与总结[J]. 自然辩证法, 2001 (3): 16.

部门信息学相继诞生。在部门信息学、一般信息论的发展的同时，第三次科技革命——信息革命也于20世纪中叶开始爆发。信息革命分为三个阶段：第一阶段是20世纪四五十年代，主要标志是计算机技术与空间技术的诞生；第二阶段是20世纪七八十年代，主要标志是微电子技术、生物工程、海洋开发技术的产生；第三阶段是20世纪90年代至今，主要标志是信息高速公路、多媒体技术、网络技术等的发展。信息革命不仅带动了信息科学和信息技术的发展，引起了人类生产方式、生活方式、思维方式的变革，而且引起了人类社会结构的改变，带来了人类社会的全面信息化。

信息科学与信息技术（IST）迅速发展，互联网日益普及，多媒体技术日趋成熟，"使图书馆作物理实体的存在前景更加不确定，从而在很大程度动摇了已经建立的对图书馆学基本概念及研究对象的认识。"❶ 图书馆的物理形态由传统实体图书馆转向数字图书馆、虚拟图书馆等新形态，图书馆学的研究对象也由纸质文献资源管理转向数字信息资源建设和管理。信息社会概念的普及引发了社会学、传播学、经济学等学科有关信息基础设施建设、信息商品化、信息分化等的大讨论。然而，图书情报学在关于信息社会问题的讨论中却表现出一定的学术惰性。基于此，图书情报学应更多地关注信息科学与信息技术（IST）给图书馆发展带来的机遇与挑战，加强对信息科学和信息哲学的研究。图书馆哲学研究对象、研究内容应该向信息哲学转移。在方法论上，图书馆哲学应更多地使用信息哲学的研究方法和研究范式来开展图书馆哲学研究和图书情报学哲学基础研究。

2. 图书情报学的信息转向，是信息哲学作为21世纪图书馆哲学研究新范式的必要条件

20世纪90年代以来，由于信息科学和信息技术（IST）的迅速发展和长足进步，计算机得到了广泛的应用，互联网、搜索引擎、Web2.0、云计算等信息技术的迅速发展，使人们的生产方式、生活方式朝着自动化的方向急速地转变、更新。进入21世纪，人类正在步入一个全新的时代——信息时代，正在进入一个全新的社会——信息社会。信息社会、网络社会的出现，不仅改变了人类的思维方式和价值观念，同时也给作为人类文明载体、知识仓储、信息中心的图书馆的发展带来了机遇与挑战，引起了图书馆情报学向信息资源管理学的转向。具体而言，信息社会的种种变革，给图书馆实践和理论（图书情报学）带来了深远的影响，构造出了当代图书情报学发展的新意境，一系列新思想、新方法、新技

---

❶ 于良芝. 图书馆学导论［M］. 北京：科学出版社，2003：145.

术应运而生。图书情报学的研究由传统的以纸质为载体的文献转变为以数字形式存储和传递的信息。网络环境下，实现信息与知识的有效组织与管理正成为图书情报学研究的新问题，信息资源管理、知识管理、数字图书馆等方面的理论和实践正成为当今图书情报学研究的重点。

与此同时，信息科学与信息技术（IST）的发展使得图书情报学（Library and Information Science，LIS）与信息、信息科学的联系更加密切。20世纪90年代初期，一场以"信息"代替"情报"、以信息资源管理的概念体系代替图书情报概念体系的浪潮席卷了我国图书情报界。1992年，为应对信息化浪潮，原国家科委做出在翻译"information"时一律用"信息"替代"情报"的决定。之后，许多机构名称、学校系名、文献中的"情报"一词被"信息"一词代替。1992年，中国科学技术情报研究所更名为中国科学技术信息研究所。同年，北京大学图书馆学情报学系更名为信息管理系，南京大学文献情报学系更名为信息管理系。1993年，华中师范大学图书情报系更名为信息管理系。1994年，南开大学图书馆学情报学系更名为信息资源管理系。2001年，武汉大学图书情报学院更名为信息管理学院。随着高校图书馆系更名的进行，图书情报学也开始逐渐吸收信息科学的相关研究成果，与信息科学走向交叉与融合。南京大学叶继元教授在《图书馆学、情报学与信息科学、信息管理学等学科的关系问题》一文中指出："图书情报学是一门实践性很强的学科，核心内容是信息资源选择和分类标引、信息检索、信息系统设计、信息服务和信息教育培训等。图书情报学的一个主要领域是从各种数据库、因特网和图书馆中查找信息，包括在各种系统中查找有序化了的信息。"❶ 因此，在图书馆学情报学转向信息资源管理的背景下，图书情报学的学科范式实现了由图情学（LIS）向信息管理学（information management science，IMS）的转换。图书馆哲学及情报学哲学基础的研究也应转向信息哲学研究，把信息哲学作为图书情报学的哲学理论基础和主要研究内容，作为开展图书馆哲学、图书情报学哲学基础研究的主要范式。

3. 图书情报学范式由"图书馆服务范式"向"信息范式"的转换，是信息哲学作为21世纪图书馆哲学研究新范式的内在动因

在21世纪，随着图书情报学范式由"图书馆服务范式"向"信息范式"的转换，图书馆哲学研究范式也应由图书馆哲学向信息哲学转换。"范式"（para-

---

❶ 叶继元. 图书馆学、情报学与信息科学、信息管理学等学科的关系问题［J］. 中国图书馆学报，2004 (3)：16－17.

digm）一词，是由美国科学哲学家托马斯·库恩（Thomas Kuhn）提出，指在特定历史时期被某一学科领域普遍接受的规范、理论、方法等。图书馆学范式是指在某一特定的历史时期内被图书馆学所普遍接受的图书馆哲学思想、理论和方法等。美国学者瑞蒙德（Boris Raymond）认为，图书情报学界存在两大方式：一种是图书馆服务范式（library service paradigm），另一种是信息范式（information paradigm）。20世纪90年代以来，随着信息科学与信息技术（IST）的迅速发展，传统的图书馆服务方式已不能适应新的社会背景和技术条件，已经不利于图书馆职业的发展。信息技术的发展及在图书馆的广泛应用，必然要求图书馆服务范式更加关注信息及其管理，必然要求图书馆职业在更大程度上应该采用"信息范式"。信息范式是指"体现在各类型专业图书馆和各类信息中心工作中的范式，其基本特征表现为注重情报交流过程，视图书馆和信息中心为这一过程的重要环节；强调图书馆职业的技术色彩，注重新技术的应用，视技术手段为图书馆工作和信息服务工作的最重要因素；注重从职业外部吸收新的理论。"❶ 信息范式起源于20世纪初期的"文献运动"（documentation movement）。20世纪中叶以来，信息范式受到了申农（C. E. Shannon）的"狭义信息论"和丹尼尔·贝尔（D. Bell）关于"后工业社会"的理论的极大影响。进入21世纪，随着信息被视为社会的重要资源和信息技术被广泛应用于信息处理，图书馆员的身份逐渐转向信息管理人员。在此背景下，图书情报学的许多有识之士开始采用信息范式来改造图书馆实践和进行图书馆学研究。信息范式也就成为了图书馆学研究和图书馆实践的新范式。正如美国图书情报学家兰卡斯特（F. W. Lancaster）所言，传统图书馆服务的范式是以实体机构和纸质文献为基础的，而信息时代的图书馆（即数字图书馆）的范式则是以非机构化的、无纸的、信息管理范式。传统图书馆服务范式向信息范式的转化是图书馆职业在信息社会的主要出路之一，它不仅可以提高信息时代图书馆的地位，而且可以为图书馆的跨越式发展提供新的途径。在此基础上，图书馆哲学研究、图书情报学哲学基础研究应该改变旧有的范式和研究方法，把关注重点从图书馆本质的讨论转向对信息本质的考察，转向信息哲学。

4. 信息哲学作为21世纪图书馆哲学研究新范式的作用和价值

在21世纪，把信息哲学作为图书馆哲学研究的新范式，不仅有其学术背景、内在动因和必要条件，而且有着巨大的作用和重要的意义。通过对相关文献的研

---

❶ 于良芝. 图书馆学导论 [M]. 北京：科学出版社，2003：187.

究表明，国内外学者是从对信息哲学与图书情报学的关系入手，揭示出了信息哲学作为图书馆哲学研究新范式的作用和价值。

意大利哲学家弗洛里迪在《关于把图书情报学定义为应用信息哲学》一文中，分析了信息哲学、图书情报学、社会认识论之间的关系，提出了"图书情报学是应用信息哲学"的观点。❶ 美国图书情报学家K.R.赫罗尔德在《图书馆学与信息哲学》一文中，从信息的属性分析、图书馆学的历史发展及向信息科学的转变、信息哲学与图书馆工作实践的关系几个方面进行了论证，提出"图书馆员应该积成为信息哲学辩论的积极参与者"的观点。❷ 我国学者张福学在《信息哲学论要》（2003）一文中指出，"信息哲学自身也是一种图书情报哲学，这就意味着图书情报学可以被看作是应用信息哲学，而信息哲学就可以成为图书情报学的理论基础。"他还指出，信息哲学可以成为图书情报学的理论基础，主要基于以下四点原因：第一，"像信息哲学一样，图书情报学认可后笛卡尔哲学方法，强调分布式智能和多代理交互的动态框架。"第二，"像信息哲学一样，图书情报学不是纯理论性的，而是在一个偏重现象的层次上，有一个全盘的百科式的规模，缺乏明确的或唯一的理论。"第三，"图书情报学的研究对象是信息，但不是技术意义上的信息，而是记录数据或文献意义上的信息。"第四，"以信息哲学为基础，图书情报学就可以明确自己的研究对象和对这些研究对象的处理方式。"❸ 曹文娟、赖茂生在《信息哲学研究综述》（2004）一文中指出："作为图书情报学的哲学理论基础的信息哲学直到20世纪90年代才被正式地提出来。学术界认为，图书情报学是一门应用信息哲学，这就意味着图书情报学可以被看作是应用信息哲学，而信息哲学就可以成为图书馆情报学的理论基础。通过分析图书情报学的研究方法、层次、研究对象与规模和研究目标，我们可以得出信息哲学能够作为图书情报学的理论基础这样的结论。"❹ 陈忆金在《现代情报学的理论基础——信息哲学》（2005）一文中指出，信息哲学可以作为情报学的理论基础，原因有三：第一，信息哲学与情报学有着共同的研究对象和范畴；第二，信息哲学可以为情报学研究提供方法

---

❶ Floridi, L. On defining library and information science as applied philosophy of information. Social Epistemology, 2002, 16 (1): 37–49.
❷ Herold, K. R.. Librarianship and the Philosophy of Information. Library Philosophy and Practice, 2001, 3 (2): 1–15.
❸ 张福学. 信息哲学论要 [J]. 情报理论与实践, 2003 (2): 125.
❹ 曹文娟, 赖茂生. 信息哲学研究综述 [J]. 情报理论与实践, 2004 (3): 332.

论指导；第三，信息哲学为情报学提供理论规范。王知津在《情报学理论的哲学研究进展》（2009）一文中对作为情报学基础的几种哲学观点进行了归纳，指出："20世纪末信息哲学的兴起为解决信息社会各种问题提供了哲学基础，也为情报学带来了一个建立自身理论基础的机遇。"❶

（三）结语

在信息科学与信息技术（IST）迅速发展的21世纪，数字化信息资源急剧增长，互联网日趋普及，信息用户剧增，这些都预示着信息时代的来临和信息社会的形成。在信息时代和信息社会，信息化浪潮给图书情报学的发展带来了全新的机遇和严峻的挑战。在复杂多变的信息环境中，图书情报学研究重点应更多地集中于知识、情报、信息的挖掘、管理和利用，多样化交互式信息服务的提供，以及学习型图书馆的创建等方面。信息哲学作为一种全新的研究范式，不仅可以作为图书情报学的哲学理论基础，而且可以作为现代图书馆哲学研究的新范式，为图书情报学研究提供新的世界观和方法论，促进图书情报学建立起新的科学理论体系，在信息时代实现更快地发展。

---

❶ 王知津. 情报学理论的哲学研究进展［J］. 图书情报工作，2009（11）：6.

二、1984—2009年我国图书馆哲学研究述评

图书馆哲学这一术语，最早是由美国图书情报学家丹顿于1934年在《呼唤图书馆哲学》一文中提出的。之后，英国情报学家包菲尔德于1949年发表《图书馆哲学》一书，1971年Louis Shores著有《图书馆哲学》，1975年《美国图书馆哲学文选》出版[1]。

我国学者庄义逊于1984年发表的《图书馆学的哲学研究述评》一文，开我国图书馆哲学研究之先河。我国台湾学者高锦雪于1985年出版《图书馆哲学之研究》一书，赖鼎铭教授于1993年出版专著《图书馆学的哲学》。1987年，《大学图书馆通讯》发表了美国图书馆学家谢拉（J. H. Shera）的《图书馆哲学》（Philosophy of librarianship）一文。之后，国内学者对图书馆哲学展开了各种研究。2000年以后，图书馆哲学研究成为我国图书情报界的一个研究热点，发表了许多研究论文。表1计了1984年至2009年中国知网（CNKI）收录的有关图书馆哲学的论文篇数（以图书馆哲学和图书馆学哲学为检索词进行的篇名检索），共计70篇。

表1 1984—2009年图书馆哲学论文数量

年份	1984	1987	1990	1991	1994	1995	1996	1997	1998	1999
篇数	1	1	2	1	1	1	1	2	4	2
年份	2000	2001	2002	2003	2004	2005	2006	2007	2008	2009
篇数	6	6	4	5	7	6	7	8	4	2

---

[1] 吴慰慈. 图书馆学新探[M]. 北京：北京图书馆出版社，2007：30.

（一）图书馆哲学的内涵解析

1. 图书馆哲学，还是图书馆职业哲学——对"图书馆哲学"的词义考察

关于丹顿提出的"philosophy of librarianship"一词的译法，国内学术界一直存在着争论。有的学者将它译为"图书馆哲学"，如卿家康、詹新文就把美国图书馆学家谢拉的"Philosophy of librarianship"一文翻译为《图书馆哲学》；有的学者把它翻译为"图书馆职业哲学"，如南开大学于良芝教授在《图书馆学导论》一书专章谈论了"图书馆职业哲学"，北京大学张广钦副教授也说："图书馆事业哲学概念的提出，也是国际图书馆学交流的需要，它基本等同于国外提出的'philosophy of librarianship'"。❶"图书馆哲学"这一概念之所以出现上面诸多的术语混乱，关键在于对"librarianship"一词的不同理解和翻译。"librarianship"一词有多种含义，如图书馆、图书馆事业、图书馆学等。通过对国内相关研究文献的考察可以看出，国内绝大多数学者都使用"图书馆哲学"这一译法。例如，1984年至2009年中国知网（CNKI）一共收录图书馆哲学方面的论文有70篇，其中使用"图书馆哲学"这一译法的有64篇，占到90%。因此，把"Philosophy of librarianship"翻译为"图书馆哲学"更为通用、合理，也更有影响力。

2. 什么是图书馆哲学——对"图书馆哲学"的内涵解析

什么是图书馆哲学，学术界尚未达成一致，代表性的观点主要有以下几种：

第一，根本问题说。于良芝认为，"图书馆职业哲学（也称图书馆哲学）讨论图书馆职业的根本问题，如图书馆的性质、图书馆职业的使命、图书馆职业对知识及真理的态度、图书馆职业的价值观等。"❷ 第二，本质规律说。周文骏认为，"图书馆哲学是关于图书馆本质规律和方法论的学科。它一方面是图书馆实践和图书馆学理论研究的总结、提炼和升华，另一方面也是哲学原理在图书馆领域的应用。"❸ 第三，感悟理解说。蒋永福认为，"图书馆哲学就是图书馆人深思图书馆现象时获得的一种思维深处的感悟与理解。"❹ 第四，实践提炼说。李明华认为，"图书馆哲学是对图书馆实践、对图书馆的认识，对图书馆精神与图书馆文化的高度提炼和升

---

❶ 张广钦. 试论图书馆的哲学内涵 [J]. 图书情报工作, 2000 (5): 16.
❷ 于良芝. 图书馆学导论 [M]. 北京: 科学出版社, 2003: 166.
❸ 周文俊. 编后——我们研究些什么 [A]. 周文俊, 倪波. 图书馆学研究论文集 [C]. 北京: 书目文献出版社, 1996: 367.
❹ 蒋永福. 图书馆哲学散思 [J]. 图书情报工作, 1998 (9): 17.

华。"❶ 第五,基础理论说。黄宗忠认为,"所谓图书馆学基础理论,也可以叫图书馆哲学。两者在本质上是一回事。"❷第六,"三层含义说"。翟秀云认为,图书馆哲学包含三层含义:"第一,图书馆哲学是对图书馆现象进行哲学思维的产物;第二,图书馆哲学研究探讨的是图书馆理论与实践中的本质问题;第三,图书馆哲学是一种理论思维方式,是一种价值观和方法论。"❸

通过对上面的六种"图书馆哲学"定义的考察,可以得出这样的结论:图书馆哲学是研究图书馆现象与图书馆实践的本质属性、普遍规律、基本原理的科学,是哲学方法论在图书馆实践创新与理论研究的具体应用。图书馆哲学不同于图书馆学基础理论的地方在于,它是对图书馆本质规律的探讨,是指导图书馆实践发展的科学发展观和方法论。

(二)图书馆哲学的内容和特征

1. 图书馆哲学的研究内容

马恒通认为,图书馆哲学的研究内容主要包括图书馆学发展规律、图书馆学研究规律、图书馆学的理论价值观这三个方面❹。于良芝则把图书馆哲学的研究内容概括三个方面:第一,图书馆哲学中的"形而上学",即"对图书馆和图书馆职业的性质、使命、目标、价值的认识。"第二,图书馆哲学中的认识论,即"图书馆职业队伍对于一般哲学的认识论立场所做出的相应和选择。"第三,"图书馆职业伦理(职业道德)"。❺

通常而言,哲学是关于世界观和方法论的学说,是关于人类思维及规律的学说,哲学一般包括本体论、认识论、价值论、方法论几个部分。按照哲学的内容划分,图书馆哲学的研究内容可以划分为图书馆哲学的本体论或形而上学,图书馆哲学的认识论或认识规律,图书馆哲学的价值论(即图书馆职业伦理)、图书馆哲学的方法论四个方面。

2. 图书馆学哲学的特征

于良芝认为,图书馆哲学具有以下几个特征:第一,"图书馆哲学对职业根

---

❶ 李明华. 大众图书馆哲学探讨 [J]. 中国图书馆学报, 1999 (2): 3.
❷ 黄宗忠. 浅论图书馆学基础理论的研究与发展趋势 [J]. 图书馆杂志, 1999 (1): 6.
❸ 翟秀云. 我国图书馆哲学研究述评 [J]. 中国图书馆学报, 2003 (3): 67.
❹ 马恒通. 图书馆学哲学论纲 [J]. 大学图书馆学报, 1998 (4): 24 - 26.
❺ 于良芝. 图书馆学导论 [M]. 北京: 科学出版社, 2003: 166 - 167.

本问题的回答通常是基于一般哲学提供的世界观、认识论和价值观，体现着一般哲学思想在图书馆职业的应用。"第二，"图书馆哲学是对图书馆活动的实质以及图书馆职业基本原则的表述。"第三，"作为一般世界观在图书馆领域的应用，图书馆哲学思想无法像科学理论那样被经验数据所验证。"第四，"图书馆哲学与其所处社会的观念与信仰密切相关，反映着这个社会整体的世界观。"[1] 张广钦认为，图书馆哲学具有4个特征：（1）内涵的广泛性；（2）研究内容的层次性；（3）研究过程的阶段性；（4）研究方法的复杂性。[2]

因此，图书馆哲学的特征是指它的普遍性和指导性，即图书馆哲学是对图书馆的本质与功能、图书馆活动的实质以及图书馆职业的基本原则的根本认识，是对图书馆实践的高度抽象和系统概括，是指导图书馆科学发展的方法论。

（三）图书馆哲学的目的、任务与意义

1. 图书馆学哲学的研究目的和任务

周庆山认为，"透过图书馆具体机构来认识图书馆现象的本质，这正是图书馆哲学追求的目标。"[3] 张广钦认为，"从科学的维度看，图书馆哲学应扬起科学主义大旗，努力构建一种科学的图书馆学理论，这是图书馆哲学研究的目标之一。从精神的维度上看，图书馆哲学研究的重要目的之一就是树立起一种人文主义的图书馆学精神。"[4] 郑全太认为，图书馆哲学"所要解决的是来自图书馆实践中有关什么是图书馆、图书馆的价值，什么是图书馆精神的问题。"[5]

由上可知，图书馆哲学的研究目的可以归纳为：寻找图书馆工作的根本规律，把握图书馆现象的本质，实现图书馆和图书馆学的科学发展。

2. 图书馆哲学的研究意义

张广钦认为，图书馆哲学的研究意义包括两个方面：一是有助于提高图书馆学的学术地位，增强图书馆学理论的解释力。二是有助于增强图书馆人的理论观念[6]。翟秀云认为，图书馆哲学"能够为人们提供观察图书馆现象的理论视野、

---

[1] 于良芝. 图书馆学导论［M］. 北京：科学出版社，2003：165-166.
[2] 张广钦. 试论图书馆的哲学内涵［J］. 图书情报工作，2000（5）：17.
[3] 周庆山. 关于图书馆哲学的思考［J］. 图书情报工作，1997（11）：8.
[4] 张广钦. 试论图书馆的哲学内涵［J］. 图书情报工作，2000（5）：17.
[5] 郑全太. 图书馆哲学的实践意识探析［J］. 图书馆建设，2000（5）：9-11.
[6] 张广钦. 试论图书馆的哲学内涵［J］. 图书情报工作，2000（5）：19-20.

价值观和方法论，能够为图书馆实践提供哲学指导。"❶

对于我们广大图书情报工作者来说，加强图书馆哲学研究具有非常重要的意义。首先，有助于我们正确认识图书馆的作用和价值。其次，有助于提高图书馆学的学术地位。最后，有助于深化图书馆学基础理论研究。总之，开展图书馆哲学研究，不仅有助于我们认识到图书馆运动的客观规律，而且可以为广大图书馆员提供认识工具和精神支柱，更有助于推动图书馆事业和图书馆理论的蓬勃发展。

（四）图书馆哲学学科性质探讨

图书馆哲学性质的探讨，就是要回答下面的问题：图书馆哲学是一门独立的学科吗？图书馆哲学属于哪一门学科？关于这些问题，学术界主要存在以下几种观点：

1. 图书馆哲学属于哲学分支学科

蒋永福认为，"图书馆哲学就是专门揭示和解释图书馆现象本质的部门哲学"。❷ 翟秀云认为，"图书馆哲学既是人们对图书馆现象进行哲学思维而产生的哲学门类，又是哲学原理和方法在图书馆领域中应用而产生的哲学门类。所以图书馆哲学既是一种部门哲学或专业哲学，又是一种应用哲学。"❸

2. 图书馆哲学是图书馆学分支学科

张广钦认为，"图书馆哲学并不是哲学的分支学科，而是具有浓烈图书馆学个性特征的图书馆学分支学科的内容。"❹ 于明镝认为，图书馆哲学"是图书馆学的一个分支学科，是图书馆人应用哲学原理解决图书馆根本问题的理论化和系统化。"❺

3. 图书馆哲学是图书馆学和哲学的交叉学科

何长青认为，"图书馆哲学既是哲学范畴的一门具体应用哲学或部门哲学学科，又是图书馆学的基础理论学科。"❻ 刘君、易长芸认为，"图书馆哲学是图书馆学和哲学内在结合而产生的一门新兴交叉科，是关于图书馆的哲学理论。"❼

---

❶ 翟秀云. 我国图书馆哲学研究述评 [J]. 中国图书馆学报，2003（3）：67-68.
❷ 蒋永福. 图书馆哲学是什么 [J]. 图书情报工作，2001（10）：5.
❸ 翟秀云. 我国图书馆哲学研究述评 [J]. 中国图书馆学报，2003（3）：68-69.
❹ 张广钦. 试论图书馆的哲学内涵 [J]. 图书情报工作，2000（5）：16.
❺ 于明镝. 图书馆哲学研究述评 [J]. 图书馆工作与研究，2005（2）：4.
❻ 何长青. 图书馆哲学论纲 [J]. 四川图书馆学报，1994（4）：11-14.
❼ 刘君，易长芸. 关于图书馆哲学两个问题的探讨 [J]. 图书情报工作，2000（7）：10-13.

4. 图书馆哲学既不是哲学的分支学科，又不是独立的图书馆学学科

陈维军认为，从信息哲学的角度看，"图书馆学显然根本不具备成为哲学分支的基本条件"，"'图书馆哲学'不具备一个独立学科应有的体系结构和理论特征，并且缺乏文献、学术界各方面的支持，它也无法独立地指导图书馆学和图书馆实践。图书馆哲学并不符合成为独立学科的基本条件，并不是一门独立的学科。"❶

综上，关于图书馆哲学的学科性质探讨，学术界至今还没有达成统一，还需要展开进一步的研究和讨论。

（五）从信息哲学的角度看图书馆哲学的定义与学科属性

1. 从信息哲学的角度谈图书馆哲学的定义

信息哲学是继图书馆哲学、情报学的哲学基础之后，在图书情报学领域产生的第三种哲学理论形态，是21世纪初期产生的一门新型哲学分支。信息哲学的创始人弗洛里迪（Luciano Floridi）在《什么是信息哲学》一文中给信息哲学下了定义："信息哲学（PI）是一哲学领域，涉及（1）信息的概念本质和基本原理，包括其动态学、利用和科学的批判性研究；（2）信息的理论和计算机方法论对哲学问题的详细阐述和应用。"❷

从弗洛里迪对信息哲学的定义来看，我们认为，图书馆哲学的定义应该包括两个方面：第一，图书馆的本质、图书馆工作的普遍规律、图书馆学的基本原理；第二，图书馆学理论和图书馆实践方法论对哲学问题的详细阐述和应用。对于"图书馆的本质是什么"的问题，图书馆哲学做出了明确的解释，即"图书馆是社会记忆（通常表现为书面记录信息）的外存和选择传递机制，是社会知识、信息、文化的记忆装置、扩散装置。"❸ 此外，图书馆哲学在图书情报学领域引入了一种创新的方法论——哲学方法，为我们进一步探讨图书馆学研究对象、范式特征、学科理论及其终极目的等"元问题"提供了有力的工具。

2. 从信息哲学的角度看图书馆哲学的学科性质

弗洛里迪提出，一门新的哲学研究领域要成为一门独立的哲学分支学科，需要具备以下四个条件："（1）它不仅能够对正统哲学的主题做出详尽、明确和清

---

❶ 陈维军. 图书馆哲学辨析［J］. 中国图书馆学报，2006（5）：79.
❷ ［意］弗洛里迪主编. 计算与信息哲学导论［M］. 刘钢，主译. 北京：商务印书馆，2010：38.
❸ 吴慰慈. 图书馆学概论［M］. 北京：国家图书馆出版社，2008：54.

晰的解释，而且还要对经典的'ti esti'（是什么）做出同样的交代，从而使之成为一种特殊的'××哲学'（philosophy of）；（2）新领域能够成为有效的收敛吸引子，即在这个领域产生的成果足以吸引大量的资源，包括人力的和财力等；（3）新领域要有足够的影响力，能够将各种资源聚拢起来形成合力，而且还要能够从已经成熟的研究领域'挖'资源；（4）新领域研究内容要极为丰富，这样便可以组织起泾渭分明的子领域或下属学科。"[1]

按照上述标准，弗洛里迪对信息哲学是否能成为哲学的一门独立分支学科进行了分析，他说："它（信息哲学）代表一个独立的研究领域（独特的话题）；它能为传统的和新的哲学话题提供一种创新的方法（原创性的方法论）；它能与其他哲学分支比肩并立，为信息世界和信息社会的概念基础提供系统论证（新的理论）。从我们目前的研究看，信息哲学作为一个独立的研究领域能够满足上述四个条件。"[2]

从弗洛里迪关于信息哲学是一门独立分支学科的标准看，图书馆哲学显然不完全具备成为哲学的独立分支学科的所有条件。第一，图书馆哲学从本体论的角度对图书馆的概念内涵、本质属性、社会功能进行了明确的解释，成为一种特殊的"图书馆哲学"（philosophy of librarianship），满足了条件一。第二，图书馆哲学还没有"成为有效的收敛吸引子"，图书馆哲学研究产生的成果还没有引起图书情报学领域研究者的足够重视，没有吸引大量的研究者和研究资源，不满足条件二。第三，图书馆哲学还没有"足够的影响力"，还不能够将各种资源聚拢起来形成合力，不满足条件三。第四，图书馆哲学的研究内容还不太丰富，还没有组织起泾渭分明的子领域或下属学科，没有专门从事图书馆哲学的研究队伍、教学队伍以及应用领域的合理人才配置，不满足条件四。

因此，图书馆哲学虽然代表了一个独立的研究领域，拥有独特的话题，但是却不具备成为独立的哲学分支学科的条件。而且，图书馆哲学目前还只局限在图书情报学领域，没有得到哲学领域学者的认可，还不能与其他哲学分支（如科技哲学、法律哲学、信息哲学等）比肩并立。所以，图书馆哲学还不是一门独立的哲学分支学科。然而，图书馆哲学毕竟是从图书馆学中产生出来的研究图书馆活动的本质规律的学科，自然属于图书馆学的一个研究领域或是一门分支学科。

---

[1] 刘钢. 当代信息哲学的背景、内容与研究纲领［J］. 哲学动态，2002（9）：19.
[2] 刘钢. 当代信息哲学的背景、内容与研究纲领［J］. 哲学动态，2002（9）：20.

三、2001—2009 年我国信息哲学研究述评

信息的哲学问题由来以来，但是信息哲学作为一个概念提出却是在 20 世纪 90 年代。20 世纪 90 年代以来，随着信息科学和信息技术（IT）的发展，互联网的普及，信息化成为支撑经济发展的一大动力，随着信息经济和信息社会的出现，信息哲学这门新兴的、交叉学科诞生了。

（一）信息哲学的形成与发展

在国际哲学界，信息哲学的形成与发展经历了三个阶段，即 20 世纪 50 年代开始的探索阶段、20 世纪 80 年代的徘徊阶段和 20 世纪 80 年代末开始的确立阶段。[1] 1996 年，意大利籍哲学家、牛津大学教授弗洛里迪（Luciano Floridi）提出了信息哲学这一概念，并在其著作《哲学与计算导论》一书中阐述了信息哲学的研究对象和任务。2002 年，弗洛里迪在国际权威哲学刊物《元哲学》（Metaphilosophy）上发表了论文《什么是信息哲学》[2]，该文第一次系统地论述了信息哲学的性质、内涵、基本原理以及信息哲学作为第一哲学的理由，从而标志着信息哲学作为哲学的一门独立的分支学科在国际哲学界的诞生。2004 年，弗洛里迪在《元哲学》上发表了论文《信息哲学的若干问题》[3]，对信息哲学研究的 18 个问题进行了罗列。弗洛里迪的这两篇文章被认为是信息哲学的奠基之作。2003—2004 年，美国著名人工智能哲学期刊《心智与机器》（Minds and Machines）连续两期出版了以信息哲学为主题的专刊。2004 年，英国著名的 Blackwell 出版公司出版了弗洛里迪主编的《布莱克维尔计算与信息哲学导论》（Blackwell Guide to the Philosophy of Computing

---

[1] 刘钢. 信息哲学探源 [M]. 北京：金城出版社，2007：34 - 35.
[2] Floridi, L. What is the Philosophy of Information? Metaphilosophy, special issue edited by T. W. Bynum and J. H. Moor with the title CyberPhilosophy: The Intersection of Philosophy and Computing, 2002, 33 (1/2): 123 - 145.
[3] Floridi, L. Open Problems in the Philosophy of Information. Metaphilosophy, 2004, 35 (4): 554 - 582.

and Information），该书全面系统地论述了当代信息哲学的各个研究领域以及理论基础等方面的主要问题，是信息哲学几十年研究的集大成者。荷兰的 Elsevier 公司则组织编写了《信息哲学手册》一书。

目前，国外研究信息哲学的学者来自不同的学术领域，其中包括哲学与宗教学、科学哲学、逻辑学和认识论、社会学、计算机科学、通信学、信息学、工程与应用科学等。同时，国际学术界举办了多次信息哲学领域的学术会议。

（二）国内信息哲学研究综述

国内学者对信息哲学的研究，开始于20世纪80年代。但当时研究的重点在于对信息的哲学内涵和本质属性的界定，并没有把信息哲学作为一门独立的领域或学科进行研究，也没有提出"信息哲学"这一术语。2002 年，我国学者、中国社科院研究员刘钢翻译了弗洛里迪的《什么是信息哲学》一文，发表在《世界哲学》上。2004 年，他又翻译了弗洛里迪的《信息哲学的若干问题》，发表在《世界哲学》上。从刘钢对弗洛里迪的信息哲学的译介开始，国内学术界开始逐渐关注这一领域。目前，国内的信息哲学研究主要集中于翻译和介绍国外的相关研究成果以及对信息哲学在图书情报学、教育学、经济管理学等方面应用的探讨。从下表（表2）可以看出：国内信息哲学研究的代表人物和成果有：刘钢的《当代信息哲学的背景、内容与研究纲领》（2002）、《从信息的哲学问题到信息哲学》（2003）、《科学技术背景的转移与信息哲学的兴起》（2003）、《信息哲学的诞生》（2004）、《哲学的信息转向》（2004）、《信息哲学——科技哲学的新范式》（2004）、《通向信息哲学的东方进路》（2005）等，阐述了信息哲学的发展历程、研究纲领和具体内涵。北京大学黄小寒的《从信息本质到信息哲学》一文，对半个世纪以来的信息科学探讨问题做了回顾与总结，指出信息科学从申农信息论到虚拟现实已经走过了半个世纪的历程，而哲学的反思也从信息本质发展到信息哲学，因此建立信息哲学是非常必要的。[1] 西安交通大学邬焜的《亦谈什么是信息哲学与信息哲学的兴起——与弗洛里迪和刘钢先生讨论》（2003）、《信息哲学的基本理论及其对哲学的全新突破》（2006）等对信息哲学的基本理论进行了阐释。同时，国内学术界还举办了多次信息哲学领域的学术会议。例如，从2000 年到2005 年，北京大学交叉信息科学研讨班先后举办了16 场专题报告。

---

[1] 黄小寒. 从信息本质到信息哲学——对半个世纪以来信息科学哲学探讨的回顾与总结［J］. 自然辩证法，2001（3）：15-19.

2005年，在北京师范大学召开了"信息科学交叉研究研讨会"，出版了论文集《信息科学交叉研究》，总结了我国目前在信息概念、一般信息理论、部门信息科学、信息哲学等领域的主要研究成果。2007年，北京信息文化论坛在北京理工大学举行，该论坛围绕信息文化概念，就信息哲学、信息科学技术与人文社会科学以及当今生活方式的关系展开了理论议题和应用议题的讨论。2008年9月21日至30日，当代国际信息哲学创始人弗洛里迪教授访问中国，先后在中国社会科学院、北京理工大学、中国人民大学、北京大学以及西安交通大学做了六场系列学术讲演。2010年6月，由弗洛里迪主编、刘钢主译的《计算与信息哲学导论》中文版出版，标志着信息哲学（PI）这门学科在中国有了第一部引进的中文指导书和工具书。

下表（表1和表2）统计了2001年至2009年中国知网（CNKI）收录的有关信息哲学论文篇数（以信息哲学为检索词进行的篇名检索），共计56篇。

表1　2001—2009年国内信息哲学论文数量

年份	2001	2002	2003	2004	2005	2006	2007	2008	2009
篇数	1	2	5	8	7	9	7	9	8

表2　2001—2009年国内信息哲学主要研究成果及所属学科一览表

作者名称	论文题目	所著学科领域
刘钢	《当代信息哲学的背景、内容与研究纲领》（2002） 《从信息的哲学问题到信息哲学》（2003） 《信息哲学——科技哲学的新范式》（2004） 《通向信息哲学的东方进路》（2005） 《国内外信息哲学最新研究动态》（2009）	科技哲学
邬焜	《亦谈什么是信息哲学与信息哲学的兴起——与弗洛里迪和刘钢先生讨论》（2003） 《信息哲学的基本理论及其对哲学的全新突破》（2006） 《信息哲学的若干基本理论》（2008）	科技哲学
肖峰	《信息主义与信息哲学：差异中的关联与包容》（2008）	科技哲学
王胜兵	《信息哲学与哲学基本问题》（2007）	科技哲学
杨丽梅，张艳娥	《略论当代哲学中的信息哲学范式》（2006）	科技哲学
程现昆，王续琨	《信息哲学：从历史走向现实》（2005）	科技哲学

续表

作者名称	论文题目	所著学科领域
黄小寒	《从信息本质到信息哲学——对半个世纪以来信息科学哲学探讨的回顾与总结》(2001)	马克思主义哲学
潘兴强、刘汉杰	《技术的本质与信息哲学》(2004)	马克思主义哲学
张福学	《信息哲学论要》(2003)	图书情报学
曹文娟，赖茂生	《信息哲学研究综述》(2004)	图书情报学
陈忆金	《现代情报学的理论基础——信息哲学》(2005)	图书情报学
周雪华	《信息哲学与图书情报学》(2008)	图书情报学
王知津	《情报学理论的哲学研究进展》(2009)	图书情报学
余洪滨	《从信息经济在认识信息的哲学属性》(2006)	经济学
吴全会	《关于信息素养及信息哲学素养的思考》(2008)	教育学

（三）信息哲学的内涵以及研究纲领

1. 信息哲学的内涵

弗洛里迪在《什么是信息哲学》一文中，给信息哲学下了定义："信息哲学（PI）是一哲学领域，涉及 a）信息的概念本质和基本原理，包括其动态学、利用和科学的批判性研究，以及 b）信息的理论和计算机方法论对哲学问题的详细阐述和应用。"[1] 弗洛里迪接着指出，信息哲学的定义涉及两个方面，定义的前半部分涉及对"信息的本质是什么"的回答，以及对信息的概念与原理、动态学与利用的解释。定义的后半部分表明，信息哲学作为一个新兴的领域，还引入了一种创新的方法论。信息哲学不仅可以指导"知识环境有目的的建构"，而且可以"为当代社会的概念基础提供系统性处理"；不仅影响到"我们处理新老哲学问题的整个方式"，而且会"引起哲学体系的实质性创新"，标志着"哲学的信息转向"[2]。所以，信息哲学不仅已经成为一门成熟的领域，而且将会发展成为"第一哲学"。

2. 信息哲学的研究纲领

哲学在人类历史的发展进程中一共经历了三次转向：第一次转向是17世纪从形而上学转向认识论。第二次转向是20世纪从认识论转向语言哲学。第三次

---

[1] [意] L. 弗洛里迪. 计算与信息哲学导论 [M]. 刘钢，主译. 北京：商务印书馆，2010：38.
[2] [意] L. 弗洛里迪. 什么是信息哲学 [J]. 刘钢，译. 世界哲学，2002 (4)：80.

转向则是从语言哲学转向信息哲学。信息哲学的产生，标志着哲学的第三次转向——信息转向（information turn）。20世纪90年代以来，随着人类步入信息时代和信息社会，以及信息圈（infosphere）的出现，"信息"逐渐上升为与"存在""知识""意义"同等重要的基本概念。刘钢在《当代信息哲学的背景、内容与研究纲领》一文中，把信息哲学的研究纲领归纳为以下四个方面：

（1）核心，即信息哲学研究的"硬核"：寻求统一信息理论（Unified Theory of Information，UTI）。其基本问题就是对信息本质进行反思，并对信息与存在、信息与意识、信息与知识、信息与实在、信息与意义等诸多关系的研究；同时对信息的动力学和利用进行分析、解释和评价，重点关注在信息环境中引发的系统问题。

（2）创新，即信息哲学研究的主要目的：以（1）为基础，为各种新老哲学问题和诸多哲学领域（如人工智能哲学、计算机科学哲学、信息伦理学等）提供信息理论的哲学方法（Information - theoretic Philosophical Method，IPM）。

（3）体系，即信息哲学的研究体系：属于原信息哲学（proto - Philosophy of Information）理论体系的基础。它以（2）为基础，利用信息的概念、方法、工具和技术来对传统和新的问题进行建模、阐释和提供解决方案。

（4）方法论，即信息哲学研究的方法论：以（2）为基础，对信息与计算机科学和信息与通信技术及其相关学科中的概念、方法和理论进行系统梳理，为其提供元理论分析框架。❶

概括起来，信息哲学的研究不仅为哲学提供了崭新的信息理论的哲学方法，而且为信息社会的理论基础提供了系统论证，形成了与其他哲学分支并立的新的理论体系，引导并规范着信息社会的思想观念、价值取向和行为准则。

（四）信息哲学与图书情报学的关系探讨

通过对信息哲学相关文献的研究表明，国内外学者不仅从哲学层面研究信息哲学，而且也看到了信息哲学与图书情报学的关系，把信息哲学与图书情报学联系起来进行研究。

国外对信息哲学与图书情报学关系的研究成果主要有：弗洛里迪的《关于把图书情报学定义为应用信息哲学》一文，分析了信息哲学、图书情报学、社会认

---

❶ 刘钢. 当代信息哲学的背景、内容与研究纲领［J］. 哲学动态，2002（9）：20.

识论之间的关系，提出了"图书情报学是应用信息哲学"的观点。❶美国图书情报学家 K. R. 赫罗尔德的《图书馆学与信息哲学》一文，从信息的属性分析、图书馆学的历史发展及向信息科学的转变、信息哲学与图书馆工作实践的关系几个方面进行了论证，提出"图书馆员应该积成为信息哲学辩论的积极参与者"的观点。❷国际图书情报学核心期刊《Library Trends》于 2004 年出版了一期有关信息哲学的专刊，其中收录了 Bernd Frohmann 的《文献综述：信息哲学的前言》，Amanda Spink 和 Charles Cole 的《通向信息哲学的人类信息行为》，弗洛里迪的《后记：对图书情报学作为应用信息哲学的重新评估》等文章。

国内学者大多从哲学角度对信息哲学进行研究，从图书情报学的角度对信息哲学开展研究的成果非常少（见表3）。

表3 2001—2009 年国内信息哲学主要研究成果从属学科分布表

学科领域	论文数	所占比例（%）
科技哲学	32	57.1
马克思主义哲学	3	5.4
图书情报学（档案学）	12	21.4
经济学与工商管理学	6	10.7
教育学	3	5.4

国内最早对信息哲学与图书情报学关系进行研究的是张福学。他在《信息哲学论要》（2003）一文中指出，"信息哲学自身也是一种图书情报哲学，这就意味着图书情报学可以被看作是应用信息哲学，而信息哲学就可以成为图书情报学的理论基础。"他还指出，信息哲学可以成为图书情报学的理论基础，主要基于以下四点原因：第一，"像信息哲学一样，图书情报学认可后笛卡尔哲学方法，强调分布式智能和多代理交互的动态框架。"第二，"像信息哲学一样，图书情报学不是纯理论性的，而是在一个偏重现象的层次上，有一个全盘的百科式的规模，缺乏明确的或唯一的理论。"第三，"图书情报学的研究对象是信息，但不是技术意义上的信息，而是记录数据或文献意义上的信息。它并不能涵盖所有的信息哲学领域，而只注重更专门化的文献生命周期。"第四，"以信息哲学为基

---

❶ Floridi, L. On defining library and information science as applied philosophy of information. Social Epistemology, 2002, 16 (1): 37 - 49.

❷ Herold, K. R.. Librarianship and the Philosophy of Information. Library Philosophy and Practice, 2001, 3 (2): 1 - 15.

础，图书情报学就可以明确自己的研究对象和对这些研究对象的处理方式。"[1]

曹文娟、赖茂生在《信息哲学研究综述》（2004）一文中指出："作为图书情报学的哲学理论基础的信息哲学直到20世纪90年代才正式地提出来。学术界认为，图书情报学是一门应用信息哲学，这就意味着图书情报学可以被看作是应用信息哲学，而信息哲学就可以成为图书馆情报学的理论基础。通过分析图书情报学的研究方法、层次、研究对象与规模和研究目标，我们可以得出信息哲学能够作为图书情报学的理论基础这样的结论。"[2]

陈忆金在《现代情报学的理论基础——信息哲学》（2005）一文中指出，信息哲学可以作为情报学的理论基础，原因有三：第一，信息哲学与情报学有着共同的研究对象和范畴，即"信息哲学对信息本质的探讨、对'信息客体'概念的深入研究、对信息动力学的研究……分别与情报学中'情报是什么'、'情报如何表现'以及'情报学的基础是什么'等问题密切相关，在研究对象上的一致使信息哲学能作为情报学本体论的基础。"第二，信息哲学可以为情报学研究提供方法论指导，即"情报学必须解决的基本问题是'情报在哪里'和'把情报放在哪里'，同时还要处理情报工作与制造知识之间的关系等问题。信息哲学对信息动力学理论和概念分析的研究使情报学的这些问题都能迎刃而解。"第三，信息哲学为情报学提供理论规范，即"在信息域中，情报学研究和情报工作过程所涉及的道德伦理问题都需要得到解决、需要情报伦理学为情报工作者提供道德伦理的规范和引导，而信息哲学引导并规范着信息社会的思想观念、价值取向和行为准则。"[3]

周雪华在《信息哲学与图书情报学》（2008）中指出："图书情报学是一门应用信息哲学的观点，还需要更加有说服力的理由。我们需要一个更成熟而且能敏锐地意识到图书情报学是什么，如何区分图书情报学与图书馆管理实践工作的哲学理论。"[4]

王知津在《情报学理论的哲学研究进展》（2009）一文中对作为情报学基础的几种哲学观点进行了归纳，指出："20世纪末信息哲学的兴起为解决信息社会各种问题提供了哲学基础，也为情报学带来了一个建立自身理论基础的机遇。"[5]

---

[1] 张福学. 信息哲学论要[J]. 情报理论与实践，2003（2）：125.
[2] 曹文娟，赖茂生. 信息哲学研究综述[J]. 情报理论与实践，2004（3）：332.
[3] 陈忆金. 现代情报学的理论基础——信息哲学[J]. 图书情报工作，2005（8）：55-58.
[4] 周雪华. 信息哲学与图书情报学[J]. 农业图书情报学刊，2008（7）：20-21.
[5] 王知津. 情报学理论的哲学研究进展[J]. 图书情报工作，2009（11）：6.

(五) 结语

作为一门新兴的研究领域与分支学科,信息哲学不仅可以作为哲学研究的新范式,标志着哲学的信息转向,而且已经对图书情报学产生了深远的影响。它不仅可以作为图书情报学的哲学基础,而且可以作为图书馆哲学研究的新范式,为图书馆哲学研究、图书情报学的哲学理论基础研究带来全新的观念和方法。

四、信息哲学与信息时代的图书馆哲学

图书馆哲学是图书馆学理论的重要组成部分之一,是对图书馆实践活动和图书馆学理论成果做高度的抽象和系统的概括。"图书馆哲学、电子图书馆和图书馆方法是图书馆事业的三大基石,也是图书馆学理论和图书馆学教育的三大支柱。"❶ 开展图书馆哲学研究,"对于推动图书馆事业建设和图书馆学研究的发展,培养人们的正确的图书馆价值观,促进图书馆学和哲学的共同繁荣都具有重大的现实意义。"❷ 新世纪十年我国图书情报界对图书情报学领域存在的三种不同形态的哲学理论,即图书馆哲学、情报学的哲学基础,和信息哲学进行了不同程度的研究,涌现出了许多优秀的研究成果,极大推动了图书馆哲学研究和图书馆学理论的发展与进步。

(一)新世纪十年我国图书馆哲学研究总结与回顾

1. 新世纪十年我国图书馆哲学研究进展

图书馆哲学是图书情报学领域第一种形态的哲学理论。图书馆哲学产生于20世纪30年代。美国图书情报学家丹顿(J. Periam Danton)于1934年在《呼唤图书馆哲学》一文中最早提出"图书馆哲学"(philosophy of librarianship)这一概念,标志着图书馆哲学的诞生。之后,英国情报学家包菲尔德(A. Broadfield)于1949年发表《图书馆哲学》一书,1975年《美国图书馆哲学文选》出版。❸ 我国最早对图书馆哲学开始研究的是庄义逊,他于1984年发表了《图书馆学的哲学研究述评》一文,正式开我国图书馆哲学研究之先河。我国台湾学者高锦雪于1985年出版《图书馆哲学之研究》一书。1987年,《大学图书馆通讯》刊登

---

❶ 周文骏. 图书馆学情报学丛稿 [M]. 北京:国家图书馆出版社,2011:130.
❷ 周文骏. 图书馆学情报学丛稿 [M]. 北京:国家图书馆出版社,2011:127.
❸ 吴慰慈. 图书馆学新探 [M]. 北京:北京图书馆出版社,2007:30.

了美国图书馆学家谢拉（J. H. Shera）的《图书馆哲学》一文。

新世纪以来，图书馆哲学研究逐渐成为我国图书情报学领域的一个研究热点，发表了许多研究成果（数量统计见表1），主要有：张广钦的《试论图书馆的哲学内涵》（2000），刘君、易长芸的《关于图书馆哲学两个问题的探讨》（2000），蒋永福的《图书馆哲学是什么》（2001），王梅的《试论图书馆哲学的人文转向》（2001），郑全太的《图书馆哲学与图书馆实践关系研究》（2003），翟秀云《我国图书馆哲学研究述评》（2003）、叶鹰《图书馆哲学的学理与精神》（2004）、刘中威的《图书馆哲学的应用研究》（2005），陈维军的《图书馆哲学辨析》（2006）等。

表1　2000—2009年中国知网（CNKI）收录的图书馆哲学论文数量

年份	2000	2001	2002	2003	2004	2005	2006	2007	2008	2009
篇数	6	6	4	5	7	6	7	8	4	2

吴慰慈先生在《图书馆学新探》一书中对近20年来我国图书馆哲学的研究成果进行了总结，指出加强图书馆哲学研究非常必要，因为它"有助于我们更清楚地认识图书馆的作用和价值，有助于提高图书馆学在学术界的地位，有助于深化图书馆学基础理论研究，发展出具有普遍意义的学术思想和理论。"[1]

2. 新世纪十年我国情报学的哲学基础研究进展

情报学的哲学基础是图书情报学领域第二种形态的哲学理论。情报学的哲学基础研究开始于20世纪80年代。1980年，英国图书情报学家布鲁克斯（B. C. Brookes）发表了《情报学的基础》一文，首先提出了"情报学的哲学基础"这一问题。他把英国科学哲学家卡尔·波普尔（K. Popper）的"三个世界"的哲学理论作为情报学的理论基础。我国学者王崇德、邓亚桥等于1983年翻译了布鲁克斯的《情报学的基础》一文，发表在《情报科学》上。之后，国内外学者对情报学的哲学基础开展了各种研究。

21世纪以来，情报学的哲学基础的研究成为情报学理论研究的一个重要组成部分，有了许多研究成果（数量统计见表2），主要有：赵蓉英、侯经川的《近十年来情报学的发展及其哲学思考》（2003），俞传正的《论科学哲学对情报学理论方法的影响》（2005），谢先江、张国骥的《波普尔科学哲学核心思想及情报学应用再探》（2006），许志强、张亚君的《再论情报学的哲学基础》（2008），陈忆金

---

[1] 吴慰慈. 图书馆学新探［M］. 北京：北京图书馆出版社，2007：31.

的《现代情报学的理论基础——信息哲学》（2008），王知津的《情报学理论的哲学研究进展》（2009）等。

表2　2000—2009年中国知网（CNKI）收录的情报学的哲学基础论文数量

年份	2000	2001	2002	2003	2004	2005	2006	2008	2009
篇数	0	0	1	1	0	1	1	2	1

王知津教授在《情报学理论的哲学研究进展》一文中对新世纪十年关于情报学哲学基础的观点进行了总结，探讨了图书情报学领域认可度较高的三种哲学基础，即（1）波普尔的"三个世界"理论；（2）刘植惠和秦铁辉的"四个世界"理论；（3）弗洛里迪的"信息哲学"。王知津教授认为，国内学者应该对情报学的哲学基础进行深入、细致的研究，明确情报学的哲学理论基础。因此，开展情报学的哲学基础研究对于图书情报学建立自身理论基础、实现科学发展具有非常重要的意义。

3. 21世纪十年我国信息哲学研究进展

信息哲学是继图书馆哲学、情报学的哲学基础之后，在图书情报学领域产生的第三种形态的哲学理论。信息哲学产生于20世纪90年代。1996年，意大利哲学家、牛津大学教授弗洛里迪（Luciano Floridi）提出了"信息哲学"这一概念。2002—2004年，弗洛里迪在国际权威哲学刊物《元哲学》上先后发表了《什么是信息哲学》和《信息哲学的若干问题》两篇论文，标志着信息哲学作为哲学的一门独立的分支学科在国际哲学界的诞生。国内最早对弗洛里迪的信息哲学进行介绍的是中国社会科学院刘钢研究员，他于2002年和2004年翻译了弗洛里迪的《什么是信息哲学》和《信息哲学的若干问题》，先后发表在《世界哲学》上。从刘钢对弗洛里迪信息哲学的译介开始，国内学术界开始逐渐关注这一领域，发表了一系列的研究成果（数量统计见表3，学科分布见图1）。

表3　2000—2009年中国知网（CNKI）收录的信息哲学论文数量

年份	2000	2001	2002	2003	2004	2005	2006	2007	2008	2009
篇数	0	1	2	5	8	7	9	7	9	8

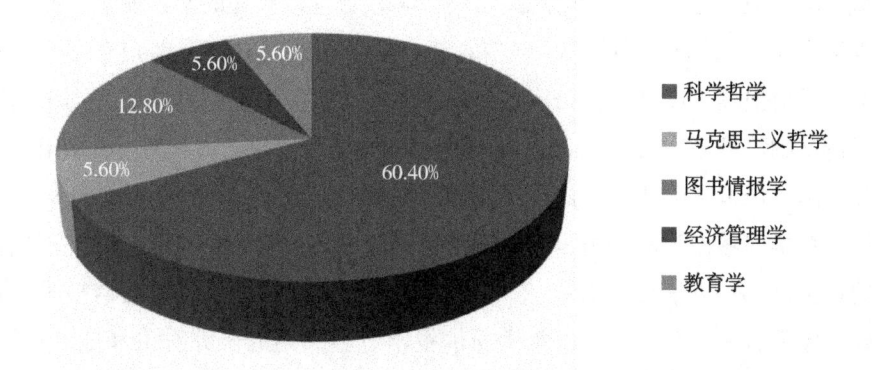

图1 2000—2009年国内信息哲学主要研究成果从属学科分布表

与此同时，国内学术界举办了多次信息哲学领域的学术会议。从2000—2005年，北京大学交叉信息科学研讨班先后举办了16场专题报告。2005年，在北京师范大学召开了"信息科学交叉研究研讨会"，出版了论文集《信息科学交叉研究》，总结了我国目前在信息概念、一般信息理论、部门信息科学、信息哲学等领域的主要研究成果。2007年，北京信息文化论坛在北京理工大学举行，该论坛围绕信息文化概念，就信息哲学、信息科学技术与当今生活方式的关系展开了议题讨论。2008年9月21—30日，信息哲学创始人弗洛里迪教授访问中国，先后在中国社会科学院、北京理工大学、中国人民大学、北京大学以及西安交通大学做了六场系列学术讲演。

在国际学术界，最早把信息哲学引入图书情报学领域开展研究的是弗洛里迪，他在《关于把图书情报学定义为应用信息哲学》（2002）中分析了信息哲学、图书情报学、社会认识论之间的关系，提出了"图书情报学是应用信息哲学"的观点。[1] 美国图书情报学家K. R. 赫罗尔德的《图书馆学与信息哲学》一文，从信息的属性分析、图书馆学向信息科学的转变、信息哲学与图书馆工作实践的关系几个方面进行了论证，提出"图书馆员应该积成为信息哲学辩论的积极参与者"的观点。[2] 国际图书情报学核心期刊《Library Trends》于2004年出版了一期有关信息哲学的专刊，其中收录了Bernd Frohmann的《文献综述：信息哲学的前言》，Amanda Spink 和 Charles Cole 的《通向信息哲学的人类信息行为》等

---

[1] Floridi, L. On defining library and information science as applied philosophy of information. Social Epistemology, 2002, 16 (1): 37 - 49.

[2] Herold, K. R.. Librarianship and the Philosophy of Information. Library Philosophy and Practice, 2001, 3 (2): 1 - 15.

文章。国内最早把信息哲学引入图书情报学领域进行研究的是张福学,他在《信息哲学论要》(2003)中指出,"信息哲学自身也是一种图书情报哲学,这就意味着图书情报学可以被看作是应用信息哲学,而信息哲学就可以成为图书情报学的理论基础。"❶ 曹文娟、赖茂生在《信息哲学研究综述》(2004)中指出:"通过分析图书情报学的研究方法、层次、研究对象与规模和研究目标,我们可以得出信息哲学能够作为图书情报学的理论基础这样的结论。"❷ 陈忆金在《现代情报学的理论基础——信息哲学》(2005)中指出,信息哲学可以作为情报学的理论基础,原因有三:第一,信息哲学与情报学有着共同的研究对象和范畴;第二,信息哲学可以为情报学研究提供方法论指导;第三,信息哲学为情报学提供理论规范。❸ 王知津在《情报学理论的哲学研究进展》(2009)中指出:"20 世纪末信息哲学的兴起为解决信息社会各种问题提供了哲学基础,也为情报学带来了一个建立自身理论基础的机遇。"❹

4. 新世纪十年三种不同形态的图书馆哲学研究比较

图书馆哲学、情报学的哲学基础、信息哲学这三种不同形态的图书馆哲学,在新世纪的前十年(2000—2009 年)经历了不同的发展轨迹。通过对 2000—2009 年中国知网(CNKI)收录的有关图书馆哲学、情报学的哲学基础、信息哲学的相关论文的研究分析和比较(见图 2 和图 3),我们可以得出这样的结论:图书馆哲学研究在新世纪前十年的发展较为平稳,但是发展缓慢;情报学的哲学基础研究在新世纪前十年的发展一直在较低水平线上徘徊,甚至停滞不前;而信息哲学在新世纪前十年发展非常迅速,一直呈现出蓬勃发展的趋势。

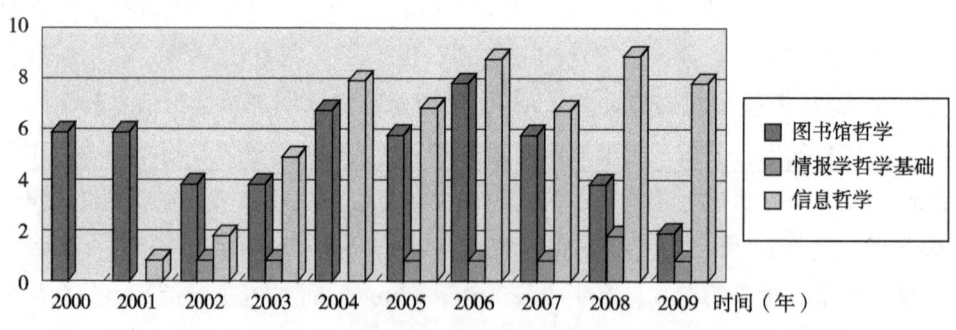

图 2 2000—2009 年图书馆哲学、情报学的哲学基础、信息哲学论文数量

---

❶ 张福学. 信息哲学论要 [J]. 情报理论与实践, 2003 (2): 125.
❷ 曹文娟, 赖茂生. 信息哲学研究综述 [J]. 情报理论与实践, 2004 (3): 332.
❸ 陈忆金. 现代情报学的理论基础——信息哲学 [J]. 图书情报工作, 2005 (8): 55 – 58.
❹ 王知津. 情报学理论的哲学研究进展 [J]. 图书情报工作, 2009 (11): 6.

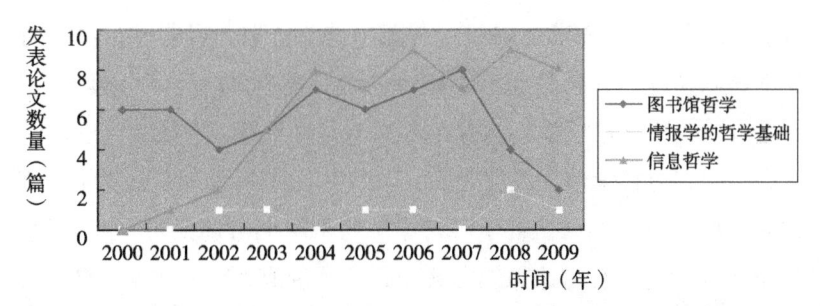

图3 2000—2009年图书馆哲学、情报学的哲学基础、信息哲学发文数量变化趋势图

从对上面图表的观察与分析，可以得出这样的结论：新世纪十年图书馆哲学研究的现状不容乐观，"图书馆哲学这一研究议题并没有成为图书馆学的研究重点，没有形成丰富的研究成果，也没有形成一个核心作者群。"❶ 在信息技术和信息化浪潮主导的21世纪，随着"图书馆学的研究轴心从过去的'图书馆'开始向'信息'发生转移"，"信息"逐步成为图书馆学的核心概念，成为"统摄图书馆学概念体系的轴心"。❷ 在这种背景下，图书馆哲学研究应该与时俱进，充分吸收信息哲学的研究成果，把信息哲学作为图书馆哲学研究和图书情报学哲学基础研究的新范式，从而为图书情报学建立起全新的哲学理论基础，促进图书馆哲学、图书情报学建立起新的科学理论体系，在信息时代实现科学发展。

（二）信息时代的图书馆哲学内涵新探

1. 新世纪十年我国图书馆哲学内涵研究综述

什么是图书馆哲学，学术界尚未达成一致，代表性的观点主要有以下几种：第一，根本问题说。于良芝认为，"图书馆职业哲学（也称图书馆哲学）讨论图书馆职业的根本问题，如图书馆的性质、图书馆职业的使命、图书馆职业对知识及真理的态度、图书馆职业的价值观等。"❸ 第二，本质规律说。周文骏认为，"图书馆哲学是关于图书馆本质规律和方法论的学科。它一方面是图书馆实践和图书馆学理论研究的总结、提炼和升华，另一方面也是哲学原理在图书馆领域的应用。"❹ 第三，感悟理解说。蒋永福认为，"图书馆哲学就是图书馆人深思图书馆现象时获得的一种思维深处的感悟与理解。"❺ 第四，实践提炼说。李明华认

---

❶ 吴慰慈. 图书馆学新探 [M]. 北京：北京图书馆出版社，2007：31.
❷ 王子舟. 图书馆学是什么 [M]. 北京：北京大学出版社，2008：123.
❸ 于良芝. 图书馆学导论 [M]. 北京：科学出版社，2003：166.
❹ 周文骏. 图书馆学情报学丛稿 [M]. 北京：国家图书馆出版社，2011：127-128.
❺ 蒋永福. 图书馆哲学散思 [J]. 图书情报工作，1998（9）：17.

为,"图书馆哲学是对图书馆实践、对图书馆的认识,对图书馆精神与图书馆文化的高度提炼和升华。"❶ 第五,基础理论说。黄宗忠认为,"所谓图书馆学基础理论,也可以叫图书馆哲学。两者在本质上是一回事。"❷第六,三层含义说。翟秀云认为,图书馆哲学包含三层含义:"(1)图书馆哲学是对图书馆现象进行哲学思维的产物;(2)图书馆哲学研究探讨的是图书馆理论与实践中的本质问题;(3)图书馆哲学是一种理论思维方式,是一种价值观和方法论。"❸

2. 从哲学及其分支学科的内涵看图书馆哲学的定义

在探讨"图书馆哲学"的定义之前,我们可以先考察一下哲学的内涵以及其分支学科的定义,从中找出一些可供借鉴的规律。

哲学是什么?"哲学"(philosophy)一词来自希腊语 philosophia,由"爱"(philo)和"智慧"(sophia)两词组成,意思是"爱智慧"。汉语"哲"字亦为"智慧""明智"的意思。19世纪日本最早的西方哲学传播者西周首次借用汉语的"哲""学"两字指称源于古希腊罗马的西方哲学学说。1896年前后,中国学者黄遵宪(1848—1905年)将这一名称介绍到中国,为中国学术界所接受。概括地说,哲学是"关于世界观的学说",是"人们对整个自然界、社会和思维的根本观点的体系",是"系统化、理论化的世界观"。❹

通常而言,哲学包括自然哲学、社会哲学、经济哲学、政治哲学、历史哲学、法哲学、教育哲学、管理哲学等分支学科和研究领域。经济哲学是"经济学和哲学结合而产生的跨学科交叉科学。"❺ 经济哲学研究"从经济学结束和尚未开始的地方起步,对经济学的逻辑前提、研究方法、认识旨趣、价值取向等进行哲学澄清和透视。"❻ 历史哲学是指"研究社会历史最一般规律或研究认识这些规律的方法的学科"。❼ 从广义上来讲,"历史哲学系指关于历史研究和历史叙述结果的价值评价,即不是关于历史的事实评价,而是关于历史的价值评价。历史哲学探求历史的统一性、历史的意义、结构和目标,历史的认识乃至形而上学问题。"❽

---

❶ 李明华. 大众图书馆哲学探讨 [J]. 中国图书馆学报, 1999 (2): 3.
❷ 黄宗忠. 浅论图书馆学基础理论的研究与发展趋势 [J]. 图书馆杂志, 1999 (1): 6.
❸ 翟秀云. 我国图书馆哲学研究述评 [J], 中国图书馆学报, 2003 (3): 67.
❹ 冯契. 哲学大辞典 [Z]. 上海: 上海辞书出版社, 2007: 1.
❺ 冯契. 哲学大辞典 [Z]. 上海: 上海辞书出版社, 2007: 4.
❻ 张雪魁, 吴瑞敏. "六个转向"折射经济哲学研究新图景 [J]. 人文杂志, 2011 (1): 1.
❼ 冯契. 哲学大辞典 [Z]. 上海: 上海辞书出版社, 2007: 5.
❽ 金寿铁. 历史哲学更关注未来的历史 [N]. 社会科学报, 2010 - 12 - 30.

通过对哲学、经济哲学、历史哲学定义的研究，我们可以把图书馆哲学定义为：图书馆哲学是研究图书馆现象与图书馆实践的本质属性、普遍规律、基本原理的科学，是哲学方法论在图书馆实践创新与理论研究的具体应用。图书馆哲学不同于图书馆学基础理论的地方在于，它是对图书馆本质规律的探讨，是指导图书馆实践发展的科学发展观和方法论。❶

3. 从信息哲学的角度看图书馆哲学的定义

马克思曾说："任何真正的哲学是自己时代精神的精华。"从这层意义上来说，信息时代精神的精华应该是把信息作为核心概念和研究范畴的信息哲学。如果说图书馆经营时代（20 世纪）的轴心是图书馆，信息技术时代（20 世纪末至 21 世纪初）的轴心是信息；那么，处在信息技术和信息化浪潮主导的 21 世纪的图书馆哲学要想保持旺盛的活力，就需要不断吸收和借鉴国内外哲学社会科学研究的有益成果，就需要把握当代人类社会实践的深刻变化以及当今世界的总体特征和时代精神。具体而言，处在信息时代的图书馆哲学应该充分吸收当代信息哲学的研究成果，在研究方法、研究范式等方面吸取信息哲学的有益之处，实现图书馆哲学的信息转向。从信息哲学的角度定义图书馆哲学就是这种转向的具体表现之一。

信息哲学的创始人、意大利著名哲学家弗洛里迪在《什么是信息哲学》一文中这样定义"信息哲学"，他说："信息哲学（PI）是一哲学领域，涉及 a) 信息的概念本质和基本原理，包括其动态学、利用和科学的批判性研究，以及 b) 信息的理论和计算机方法论对哲学问题的详细阐述和应用。"❷ 弗洛里迪指出，作为一门新领域的信息哲学，不仅对"信息的本质是什么"这一问题进行了回答，而且提供了不同于数据通信的定量理论（信息论）的批判性研究，"引入了一种创新的方法论。从信息与计算科学与信息与通信技术的方法论和理论提供的有利一面入手，将它的研究触角深入到信息的概念本质、动态学以及利用。"❸ 所以，"信息哲学大有希望成为我们这个时代最令人激动和最富有成果的哲学研究领域。它将影响到我们处理新老哲学问题的整个方式，引起哲学体系的实质性创新。这将代表哲学的信息转向。"❹

从弗洛里迪对信息哲学的定义看，我们认为，信息时代的图书馆哲学应该与

---

❶ 赵玥，许亮. 新世纪 10 年我国图书馆哲学研究进展 [J]. 高校图书馆工作，2010（6）：13.
❷ [意] 弗洛里迪主编. 计算与信息哲学导论 [M]. 刘钢，主译. 北京：商务印书馆，2010：38.
❸ [意] 弗洛里迪主编. 计算与信息哲学导论 [M]. 刘钢，主译. 北京：商务印书馆，2010：40.
❹ [意] 弗洛里迪主编. 计算与信息哲学导论 [M]. 刘钢，主译. 北京：商务印书馆，2010：43 – 44.

时俱进,紧跟"哲学的信息转向"的步伐,从信息哲学的角度来重新思考和界定的图书馆哲学的内涵。具体而言,信息时代的图书馆哲学的内涵应该包括两个方面:"第一,图书馆的本质、图书馆工作的普遍规律、图书馆学的基本原理;第二,图书馆学理论和图书馆实践方法论对哲学问题的详细阐述和应用。"❶

(三) 信息时代的图书馆哲学学科性质新探

1. 新世纪前十年我国图书馆哲学学科性质探讨综述

图书馆哲学性质的探讨,就是要回答下面的问题:图书馆哲学是一门独立的学科吗? 图书馆哲学属于哪一门学科? 关于这些问题,学术界主要存在以下几种观点:

(1) 图书馆哲学属于哲学分支学科。蒋永福认为,"图书馆哲学就是专门揭示和解释图书馆现象本质的部门哲学"❷。翟秀云认为,"图书馆哲学既是人们对图书馆现象进行哲学思维而产生的哲学门类,又是哲学原理和方法在图书馆领域中应用而产生的哲学门类。所以图书馆哲学既是一种部门哲学或专业哲学,又是一种应用哲学。"❸

(2) 图书馆哲学是图书馆学分支学科。张广钦认为,"图书馆哲学并不是哲学的分支学科,而是具有浓烈图书馆学个性特征的图书馆学分支学科的内容。"❹ 于明镝认为,"图书馆哲学到底是什么性质的学科? 以本人愚见,它是图书馆学的一个分支学科,是图书馆人应用哲学原理解决图书馆根本问题的理论化和系统化。"❺

(3) 图书馆哲学是图书馆学和哲学的交叉学科,既属于图书馆学又属于哲学。何长青认为,"图书馆哲学既是哲学范畴的一门具体应用哲学或部门哲学学科,又是图书馆学的基础理论学科。"❻ 刘君、易长芸认为,"图书馆哲学是图书馆学和哲学内在结合而产生的一门新兴交叉学科,是关于图书馆的哲学理论。"❼

(4) 图书馆哲学既不是哲学的分支学科,又不是独立的图书馆学学科。陈

---

❶ 许亮,赵玥. 1984~2009 年我国图书馆哲学研究述评 [J]. 情报杂志,2010 (S2): 22.
❷ 蒋永福. 图书馆哲学是什么 [J]. 图书情报工作,2001 (10): 5.
❸ 翟秀云. 我国图书馆哲学研究述评 [J]. 中国图书馆学报,2003 (3): 68-69.
❹ 张广钦. 试论图书馆的哲学内涵 [J]. 图书情报工作,2000 (5): 16.
❺ 于明镝. 图书馆哲学研究述评 [J]. 图书馆工作与研究,2005 (2): 4.
❻ 何长青. 图书馆哲学论纲 [J]. 四川图书馆学报,1994 (4): 11-14.
❼ 刘君,易长芸. 关于图书馆哲学两个问题的探讨 [J]. 图书情报工作,2000 (7): 10-13.

维军认为，从信息哲学的角度看，"图书馆学显然根本不具备成为哲学分支的基本条件"，因为它"不具备一个独立学科应有的体系结构和理论特征，并且缺乏文献、学术界各方面的支持，它也无法独立地指导图书馆学和图书馆实践。图书馆哲学并不符合成为独立学科的基本条件，并不是一门独立的学科。"❶

2. 从信息哲学的角度看图书馆哲学的学科性质

弗洛里迪提出，一门新的哲学研究领域要成为一门独立的哲学分支学科，需要具备以下四个条件："（1）它不仅能够对正统哲学的主题做出详尽、明确和清晰的解释，而且还要对经典的'tiesti'（是什么）做出同样的交代，从而使之成为一种特殊的'××哲学'（philosophy of）；（2）新领域能够成为有效的收敛吸引子，即在这个领域产生的成果足以吸引大量的资源，包括人力的和财力的等；（3）新领域要有足够的影响力，能够将各种资源聚拢起来形成合力，而且还要能够从已经成熟的研究领域"挖"资源，而不是相反；（4）最后，新领域研究内容要极为丰富，这样便可以组织起泾渭分明的子领域或下属学科，只有这样才能满足专业化的需求，这包括研究队伍、教学队伍以及应用领域的合理人才配置。"❷按照上面的标准，弗洛里迪对信息哲学是否能成为哲学的一门独立分支学科进行了分析，他认为，"它（信息哲学）代表一个独立的研究领域（独特的话题）；它能为传统的和新的哲学话题提供一种创新的方法（原创性的方法论）；它能与其他哲学分支比肩并立，为信息世界和信息社会的概念基础提供系统论证（新的理论）。从我们目前的研究看，信息哲学作为一个独立的研究领域能够满足上述四个条件。"❸

从弗洛里迪关于信息哲学是一门独立分支学科的标准看，图书馆哲学显然不完全具备成为哲学的独立分支学科的所有条件。第一，图书馆哲学从本体论的角度对图书馆的概念内涵、本质属性、社会功能进行了明确的解释，成为一种特殊的'图书馆哲学'（philosophy of librarianship），满足了条件一。第二，图书馆哲学还没有"成为有效的收敛吸引子"，图书馆哲学研究产生的成果还没有引起图书情报学领域研究者的足够重视，没有吸引大量的研究者和研究资源，不满足条件二。第三，图书馆哲学具备了一定的影响力，但是还没有"足够的影响力"，还不能够将各种资源聚拢起来形成合力，不满足条件三。第四，图书馆哲学的研

---

❶ 陈维军. 图书馆哲学辨析 [J]. 中国图书馆学报，2006（5）：79.
❷ 刘钢. 当代信息哲学的背景、内容与研究纲领 [J]. 哲学动态，2002（9）：19.
❸ 刘钢. 当代信息哲学的背景、内容与研究纲领 [J]. 哲学动态，2002（9）：19.

究内容不太丰富，不可能组织起泾渭分明的子领域或下属学科，不能满足专业化的需求，没有专门从事图书馆哲学的研究队伍、教学队伍以及应用领域的合理人才配置，不满足条件四。因此，图书馆哲学虽然代表一个独立的研究领域，拥有独特的话题，但是却不能为传统的和新的哲学话题提供一种原创性的方法论。而且，图书馆哲学目前还只局限在图书情报学领域，没有得到哲学领域学者的认可，还不能与其他哲学分支（如经济哲学、法律哲学、历史哲学等）比肩并立。所以，图书馆哲学还不完全具备弗洛里迪所提出的"一门新的哲学研究领域要成为一门独立的哲学分支学科需要具备的四个条件"，还不是一门独立的哲学分支学科。

同时，《中华人民共和国国家标准学科分类与代码表 GB/T13745－92》（简称《学科分类与代码》）规定，一门成熟学科应该具备的四个条件：（1）理论体系和专门方法的形成；（2）有关科学家群体的出现；（3）有关研究机构和教学单位以及学术团体的建立并展开有效的活动；（4）有关专著和出版物的问世。如果按这一标准来衡量图书馆哲学，图书馆哲学显然还不是一门严格意义上成熟的学科。然而，图书馆哲学毕竟是从图书馆学中产生出来的研究图书馆活动的本质规律的学科，自然属于图书馆学的一个研究领域或一门分支学科。

3. 图书馆哲学应属于科学技术哲学

通过对哲学各二级学科的分析，可以得出这样的结论：从学科性质上看，图书馆哲学应该属于科学技术哲学这门二级学科的研究范围。《学科分类与代码》指出：学科是相对独立的知识体系，学科群是具有某一共同属性的一组学科，每个学科群包含了若干个分支学科。学科分类要把握科学性原则，即根据学科研究对象的客观的、本质的属性和主要特征及其之间的相关联系，划分不同的从属关系和并列次序，组成一个有序的学科分类体系。在最新修订的《中华人民共和国学科分类与代码国家标准 GBT 13745－2009（人文社科类）》中，哲学这门一级学科被划分为 9 个二级学科：马克思主义哲学、自然辩证法（亦称科学技术哲学）、中国哲学史、东方哲学史、西方哲学史、现代外国哲学、逻辑学、伦理学、美学。

科学技术哲学（philosophy of science and technology）作为哲学的一个二级学科，是当代自然辩证法的新范式。自然辩证法（dialectics of nature）原本是 19 世纪中叶由恩格斯在概括和总结自然科学最新成果的基础上创立的一种自然哲学理论，是研究自然界和自然科学发展一般规律以及人类认识自然和改造自然的一般规律和方法的学科。随着 20 世纪科学技术突飞猛进的辉煌发展，自然辩证法被拓展为一门新兴的综合性的研究领域——科学技术哲学。[1]科学技术哲学是研究自然科学及人文社会科学（包括图书馆学、情报学）的性质和特点、产生的社会条件、发展的历史和现状，揭示其发展的内在根据，阐明其发展的规律性和社会功能的学科。它主要研究一般的哲学方法、逻辑方法在自然科学及人文社会科学研究中的具体运用，探讨各门具体学科的经验认识方法和理论思维方法的性质、特点、类型及其在科学研究中的地位和作用，阐明其研究方法的一般认识论原理。段伟文在《科技哲学30年》中指出，"从自然辩证法发展而来的科技哲学始终保留了'处于自然科学和哲学社会科学的边缘与交叉地带'这一百科全书派的基本特征。中国的科技哲学由自然辩证法研究发展而来，经过至少50余年的探索，已经形成了自然哲学、科学哲学、技术哲学、科技伦理、信息哲学、工程哲学等子学科群，从而在内涵上拓展为关于科技的哲学与人文社会科学研究。"[2]弗洛里迪在《关于把图书情报学定义为应用信息哲学》一文中提出了"图书情报学是应用信息哲学"的观点。这些都表明，图书馆哲学（包括信息哲学）在学科性质上应该属于科技哲学这门二级学科的研究范畴，是科技哲学的一个重要的研究领域。

4. 图书馆哲学是一门应用哲学

应用哲学是指"运用基础哲学的理论和方法对特定对象（科学部门或实践课题）的哲学反思。它是哲学走向现实的中介，是哲学功能得以实现的一种途径。现代西方哲学发展进程包含着应用哲学学科的兴起，表现为对文化哲学、教育哲学、经济哲学、管理哲学、技术哲学等新学科的研究。"[3]广义的图书馆哲学（包括信息哲学）作为科技哲学的分支之一，是研究图书情报学中的哲学问题的学科，是图书情报学与哲学之间的交叉学科和边缘学科，其研究内容主要包括：（1）图书情报学认识论：研究关于文献信息、情报、图书馆的各种看法，对图书情报机构的服务对象、服务过程、服务目的及其与读者的关系的总体认识；（2）图书情报学伦理学：研究图书情报机构在提供文献信息服务的过程中馆员与读者之间、馆员之间、图书馆与社会大众之间的相互关系和道德规范，探讨现代信息技术和网络技术所引起的伦理问题；（3）图书情报学逻辑学：研究逻辑推理、演绎的原理和方法在图书情报学中的运用，正确发现和把握图书情报

---

[1] 冯契. 哲学大辞典[Z]. 上海：上海辞书出版社，2007：942.
[2] 段伟文. 科技哲学30年. 光明日报[N]. 2008-11-25.
[3] 冯契. 哲学大辞典[Z]. 上海：上海辞书出版社，2007：7.

工作和信息服务工作中的客观规律；（4）图书情报学方法论：研究人类在认识和利用文献信息资源的过程中的方法的地位和作用，图书情报学方法论的内容、体系及各种方法之间的相互关系，以及信息论方法、控制方法等在图书情报学中的具体应用。

因此，广义的图书馆哲学（包括情报学的哲学基础、信息哲学）应该属于应用哲学的范畴，是运用基础哲学的理论和方法对图书情报理论及实践的哲学反思，是研究图书情报学中的哲学问题的学科，是介于图书情报学与哲学之间的交叉学科。

（四）信息哲学应成为新世纪图书馆哲学研究的新范式

新世纪图书馆哲学应该加强信息哲学研究，把信息哲学作为图书馆哲学研究的主要内容和学科范式。这是因为：

第一，信息论的产生、信息科学与信息技术的发展是信息哲学作为新世纪图书馆哲学研究新范式的学术背景。20世纪后半叶以来，随着申农信息论的提出，信息科学与信息技术（IST）的发展引起了一场新的技术革命——信息革命，从而导致了信息经济、知识经济的崛起，进而导致了信息社会、知识社会的出现，人类进入了信息时代和知识经济时代。这是信息哲学兴起的背景，也是传统学科（自然科学、社会科学、思维科学等）转向"以信息认识范式为主导的现代信息科学"的背景，同时也是图书馆哲学研究转向信息哲学范式的背景。信息科学与技术迅速发展，互联网日益普及，图书馆的物理形态由传统实体图书馆转向数字图书馆等新形态，图书馆学的研究对象也由纸质文献资源管理转向数字信息资源建设和管理。为应对信息科学与技术给图书馆发展带来的机遇与挑战，图书情报界应加强对信息科学和信息哲学的研究。具体而言，图书馆哲学的研究对象、研究内容应该向信息哲学转移。在方法论上，图书馆哲学应更多地使用信息哲学的研究方法和研究范式来开展图书馆哲学研究和图书情报学哲学基础研究。❶

第二，图书情报学的信息转向是信息哲学作为新世纪图书馆哲学研究新范式的必要条件。20世纪90年代以来，由于信息科学和技术的迅速发展和长足进步，计算机得到了广泛的应用，互联网、搜索引擎、Web2.0、云计算等信息技术的迅速发展使人们的生产方式、生活方式朝着自动化的方向急速地转变、更新。新世纪以来，信息社会、网络社会的出现不仅改变了人类的思维方式和价值观念，

---

❶ 许亮，赵玥．信息哲学：21世纪图书馆哲学研究的新范式［J］．图书情报研究，2010（4）：3-4．

同时也给作为人类文明载体、知识仓储、信息中心的图书馆的发展带来了机遇与挑战，引起了图书馆情报学向信息资源管理学的转向。具体而言，信息社会的种种变革给图书馆实践和理论（图书情报学）带来了深远的影响，构造出了当代图书情报学发展的新意境，一系列新思想、新方法、新技术应用而生。图书情报学的研究由传统的以纸质为载体的文献转变为以数字形式存储和传递的信息。网络环境下，实现信息与知识的有效组织与管理正成为图书情报学研究的新问题，信息资源管理、知识管理、数字图书馆等方面的理论和实践正成为当今图书情报学研究的重点。与此同时，信息科学与技术的发展使得图书情报学（Library and Information Science，LIS）与信息、信息科学的联系更加密切。图书情报学开始逐渐吸收信息科学的相关研究成果，与信息科学走向交叉与融合。叶继元教授在《图书馆学、情报学与信息科学、信息管理学等学科的关系问题》一文中指出："图书情报学是一门实践性很强的学科，核心内容是信息资源选择和分类标引、信息检索、信息系统设计、信息服务和信息教育培训等。"❶ 因此，在图书情报学（LIS）的学科范式转向信息管理学（Information Management Science，IMS）的背景下，图书馆哲学研究也应转向信息哲学研究，把信息哲学作为开展图书馆哲学研究的主要范式。❷

第三，图书情报学范式由"图书馆服务范式"向"信息范式"的转换是信息哲学作为新世纪图书馆哲学研究新范式的内在动因。新世纪以来，随着图书情报学范式由"图书馆服务范式"向"信息范式"的转换，图书馆哲学研究范式也应由图书馆哲学向信息哲学转换。"范式"（paradigm）一词是由美国科学哲学家托马斯·库恩提出，指在特定历史时期被某一学科领域普遍接受的规范、理论、方法等。图书馆学范式是指在某一特定的历史时期内被图书馆学所普遍接受的图书馆哲学思想、理论和方法等。美国学者瑞蒙德认为，图书情报学界存在两大方式：一种是图书馆服务范式（library service paradigm），另一种是信息范式（information paradigm）。20世纪90年代以来，随着信息科学与技术的迅速发展，传统的图书馆服务方式已不能适应新的社会背景和技术条件，已经不利于图书馆职业的发展。信息技术的发展及在图书馆的广泛应用，必然要求图书馆服务范式更加关注信息及其管理，必然要求图书馆职业在更大程度上应该采用"信息范

---

❶ 叶继元. 图书馆学、情报学与信息科学、信息管理学等学科的关系问题 [J]. 中国图书馆学报，2004 (3)：16.

❷ 许亮，赵玥. 信息哲学：21世纪图书馆哲学研究的新范式 [J]. 图书情报研究，2010 (4)：4.

式"。新世纪以来，随着信息被视为社会的重要资源和信息技术被广泛应用于信息处理，图书馆员的身份逐渐转向信息管理人员。在此背景下，图书情报学的许多有识之士开始采用信息范式来改造图书馆实践和进行图书馆学研究。信息范式也就成为图书馆学研究和图书馆实践的新范式。在此基础上，图书馆哲学研究、图书情报学哲学基础研究应该改变旧有的范式和研究方法，把关注重点从图书馆本质的讨论转向对信息本质的考察，转向信息哲学。[1]

（五）结语

新世纪前十年是人类步入信息时代和信息社会的重要时期。在这短短的十年里，信息革命狂飙突进，信息科学与技术迅速发展，数字化信息资源急剧增长，互联网日趋普及，信息化浪潮席卷全球，这些都给图书情报学的发展带来了全新的机遇和严峻的挑战。在这样的时代背景下，图书馆哲学（包括图书情报学的哲学基础、信息哲学）的相关研究经历了不同的发展进程，有的蒸蒸日上，有的日趋衰落，有的停滞不前。在复杂多变的信息环境中，在图书情报学研究重点转向知识、情报、信息的挖掘、管理和利用以及多样化交互式信息服务的提供的学科背景下，作为信息时代的图书馆哲学新范式的信息哲学不仅可以为图书情报学提供坚实的哲学理论基础，而且可以为图书馆哲学研究提供新范式，更可以为图书情报学研究提供新的世界观和方法论，促进图书情报学建立起新的科学理论体系，在信息时代实现更快地发展。

---

[1] 许亮，赵玥. 信息哲学：21世纪图书馆哲学研究的新范式 [J]. 图书情报研究，2010 (4)：5.

五、"信息"词源新探

当今,人类社会已进入信息时代,信息无处不在、无时不有。人们对"信息"的研究也随着信息化进程的加快而掀起了新一轮热潮,出现了诸如"信息科学""信息管理学""信息哲学"等一系列新兴学科。不同的学者从不同的研究角度出发,对"信息"这一概念的源流及内涵进行了不同的解读,为信息科学及其相关学科的发展提供了坚实的基础。通过对历史文献的研究,笔者发现当今学术界对"信息"的词源问题主要有以下五种代表性观点:西晋陈寿《三国志》说、南北朝之梁朝说、唐代崔备说、唐代鱼玄机说、南唐李中说。文章从文献考据学的角度对"信息"一词的起源作了新的考察和分析,以便纠正当前相关学术成果中关于"信息"词源的误解,促进当下信息科学及相关学科的发展。

(一)西晋陈寿《三国志》说辨析

这一观点的主要代表人物有郑开琪和司有和。郑开琪在1989年发表的论文《关于信息的定义及其分类》(以下简称"郑文")中提出:"'信息'一词是我国汉语的固有词汇,并非外来语。在我国古代的诗词歌赋、小说野史中早已有人使用,只是用于'消息,音信'之意,并没有赋予信息以严格的科学定义。如西晋《三国志》中记载:'诸葛恪围合肥新城,城中遣士刘整出围传消息。王子俭期曰:正数欲来,信息甚大。'句中'信息'即指'消息'之意。"[1] 司有和在2002年出版的著作《信息管理学》(以下简称"司文")中指出:"'信息'一词在汉语中古已有之。据考证,最早见于《三国志》:'诸葛恪围合肥新城,城中遣士刘整出围传消息。王子俭期曰:正数欲来,信息甚大。'《三国志》的作者陈寿是西晋史学家,生于公元233年,卒于公元297年。就是说信息一词最

---

[1] 郑开琪.关于信息的定义及其分类[J].上海社会科学院学术季刊,1989(8):114.

早出现于公元 3 世纪。"❶

郑文和司文中所引的那段话的前半句"诸葛恪围合肥新城,城中遣士刘整出围传消息"是《三国志》中的原文;而"王子俭期曰:正数欲来,信息甚大"则并非出自《三国志》。《三国志·卷四·魏书四·三少帝纪第四》的原文如下:

> 六年春二月己丑,镇东将军毌丘俭上言:"昔诸葛恪围合肥新城,城中遣士刘整出围传消息,为贼所得,考问所传……终无他辞。"

从《三国志》的原文中,我们只发现了"昔诸葛恪围合肥新城,城中遣士刘整出围传消息"这句话,而未找到"王子俭期曰:正数欲来,信息甚大"的相关记载。通过查阅其他古籍,我们发现"王子俭期曰:正数欲来,信息甚大"这句话出自清代王之春的《椒生笔记》。王之春(公元 1842 年—?),字椒生,清泉人,曾任山西巡抚等,著有《椒生笔记》等。在《四库全书·清代笔记·椒生随笔·卷八》中,王之春在解释"消息、信息"时说:

> 消息、信息同义,皆俗语也。诸葛恪围合肥新城,城中遣士刘整出围传消息。见《三国志》。王子真期曰:"正叔欲来,信息甚大。"嵩前隐者董五经谓明道曰:"先生欲来,信息甚大。"见《二程外书》。

王之春《椒生随笔·卷八》中"正叔欲来,信息甚大"的引文,则出自北宋程颢、程颐所著《二程外书·卷十二》,原文如下:

> 王子真(佺期)来洛中,居于刘寿臣园亭中。……是日,伊川来,款语终日,盖初未尝夙告也。刘诘之。子真曰:"正叔欲来,信息甚大。"又嵩山前有董五经,隐者也,伊川闻其名,谓其为穷经之士,特往造焉。董平日未尝出庵,是日不值。还至中途,遇一老人负茶果以归,且曰:"君非程先生乎?"伊川异之。曰:"先生欲来,信息甚大,某特入城置少茶果,将以奉待也。"

上文中所提到的"伊川""正叔"皆指程颐。程颐(公元 1033—1107 年),字正叔,北宋洛阳伊川人,人称"伊川先生",北宋著名的理学家。上文中那段话主要讲述程颐去拜访王子真、董五经的故事,由于程颐在当地很有名气,所以他要拜访王子真、董五经的消息便不胫而走,传播开来,早早地传到了王、董二人那里,所以才说"正叔/先生欲来,信息甚大"。清人王之春在引述《二程外书》中的话来解释"信息"词源及含义时,引用的原文是"正叔欲来,信息甚大",而郑文和司文在引述时却把"正叔"误引为"正数",把"王子真"误引

---

❶ 司有和. 信息管理学 [M]. 重庆:重庆出版社,2001:1.

为"王子俭期",所以才得出"信息"一词最早出自西晋陈寿《三国志》的结论。这是一种误读和误解,犯了严重的引证错误,也误导了后来的许多研究者和读者。

(二)南北朝之梁朝说辨析

这一观点的主要代表人物是王英玮,他在《"信息"一词源流考》(以下简称"王文")中指出:"'信息'一词的辞源,当不晚于南北朝时期的梁朝,即公元502—557年。经过查找,我们在清代学者严可均编纂的《全梁文·卷五十二》中发现了'信息'一词的记录。原文为:'玲珑绮构,无风自响,不拂而净,耽耽肃肃,信息心之胜地。'"❶

王文所引的那段话,最早出自唐代欧阳询(公元557—641年)所编《艺文类聚·卷七十七·内典下》,原文如下:

梁王僧孺中寺碑曰:夫玉律追天,故躔次之期不变;缇室候景,则发敛之气罔踰。……无风自响,不拂而净。耽耽肃肃,信息心之胜地;穆穆愔愔,固忘想之嘉所。

清代严可均辑《全梁文·卷五十二》也记载了这段话,原文如下:

赫然霞立,信以填金可堮,引绳斯拟,写妙金楼……无风自响,不拂而净,耽耽肃肃,信息心之胜地,穆穆愔愔,固忘想之嘉所。

《艺文类聚·卷七十七·内典下》和《全梁文·卷五十二》所记载的"信息心之胜地"的断句都应该是"信/息心/之/胜地",这样正好与下句"固/忘想/之/嘉所"相对仗。"信息心之胜地"中的"信息"并非是一个词,"息心"才是一个词。"信"在这里指确实,"息"在这里指休息、平息。"息心"是佛教用语,指消除妄想执着心,心无杂念,后来引申为排除俗念的干扰,使内心平静。所以,"信息心之胜地"的正确读法应是"信/息心/之/胜地",意思是"确实是使内心清净的好地方"。这里并未真正出现消息意义上的"信息"一词,而只是"信"和"息心"两个词的连用。

(三)唐代崔备说辨析

这一观点的主要代表人物是吕建新和李晋瑞。他们在《"信息"的源流发展及内涵详考》(以下简称"吕文")中指出:"目前有据可查的、最早使用'信

---

❶ 王英玮."信息"一词源流考[J].档案学研究,2004(4):45.

息'一词的文献当为崔备《清溪路中寄诸公》中的'别来无信息，可谓井瓶沉'。"[1]

崔备，生卒年不详，唐许州（今河南许昌）人，唐德宗建中二年（公元781年）进士及第，唐宪宗元和六年（公元811年）任礼部员外郎，终工部郎中。清代彭定求等编《全唐诗》收其诗6首。崔备在其所撰《清溪路中寄诸公》诗中提到了"信息"一词，原文如下：

偏郡隔云岑，回溪路更深。少留攀桂树，长渴望梅林。野笋资公膳，山花慰客心。别来无信息，可谓井瓶沉。

通过检索《全唐诗》得知，唐代诗人中使用"信息"一词的还有马戴、杜牧、许浑、陆龟蒙、唐彦谦等。按照生活年代来讲，崔备、马戴略早，杜牧、许浑、陆龟蒙、唐彦谦等稍晚，但都生活于中晚唐。在这六位诗人中，崔备是最早使用"信息"一词的。但是，崔备并不是中国历史上最早使用"信息"一词的，这一点在第六节中予以说明。

（四）唐代鱼玄机说辨析

这一观点的主要代表人物是周宏仁。他在其著作《信息化论》（以下简称"周文"）中指出："'信息'这个词的使用，在中国至少可以追溯到唐朝时期。唐武宗（公元814—846年）时期的著名女诗人鱼玄机（公元842—868年）就曾经在诗《闺怨》中写道：……春来秋去相思在，秋去春来信息稀。……可见信息一词的使用并不是现在才有的，在我国至少已有1200年的历史。"[2]

据《唐诗百科大辞典》记载，鱼玄机（约公元844—871年），女，唐长安（今陕西西安）人，字幼薇，唐懿宗咸通初嫁于李亿为妾，咸通七年（公元867年）出家于长安咸宜观，为女道士，并改名为鱼玄机。《全唐诗》存其诗50多首。鱼玄机的《闺怨》诗原文如下：

蘼芜盈手泣斜晖，闻道邻家夫婿归。别日南鸿才北去，今朝北雁又南飞。春来秋去相思在，秋去春来信息稀。扃闭朱门人不到，砧声何事透罗帏。

生活于晚唐的女诗人鱼玄机（约公元844—871年）使用"信息"一词，比崔备、马戴等诗人要晚。所以，鱼玄机并不是唐代诗人中最早使用"信息"一词的。

---

[1] 吕建新，李晋瑞．"信息"的源流发展及内涵详考［J］．图书情报工作，2009（8）：48．
[2] 周宏仁．信息化论［M］．北京：人民出版社，2008：1-2．

（五）南唐李中说辨析

这一观点是学术界最为流行的观点，也是许多学者在文章和著作中普遍认同的一种观点。新版《辞源》是这一观点的最早提出者。在1983年新版《辞源》中，收有"信息"一词，解释为"消息"。据新版《辞源》考证，"信息"一词出自唐李中《暮春怀故人》诗中的"梦断美人沉信息，目穿长路倚楼台。"❶ 李中的《暮春怀故人》诗全文如下：

池馆寂寥三月尽，落花重叠盖莓苔。惜春眷恋不忍扫，感物心情无计开。梦断美人沈信息，目穿长路倚楼台。琅玕绣段安可得，流水浮云共不回。

我国著名信息学家钟义信教授也持这一观点，他在其著作《社会动力学与信息化理论》（以下简称"钟文"）一书中说："作者本人曾经考证，在我国浩瀚的历史文献中，信息一词最早见于唐代诗人李中《暮春怀故人》的诗句'梦断美人沉信息，目穿长路倚楼台'。"❷ 国内学者之所以都认为"信息"一词出自唐代诗人李中，显然是受到新版《辞源》的影响。因为《辞源》作为我国查考古今常用字词最为重要的大型综合性词典之一，在字词释义和词语溯源方面具有权威性。"《辞源》在字词释义上，结合书证，重在溯源，通过对文献证据（尽可能是出自'始见书'的证据）的梳理分析追溯词语意义发展演变的源流。"❸ 国内学者在追溯"信息"一词的源流时，引证《辞源》的解释，本无可厚非。然而，随着历史的发展和研究的深入，《辞源》在字词溯源方面的某些观点已过时。就拿"信息"一词来说，经过20多年的研究，国内学者们不断把"信息"的源流往前推，从南唐李中，溯源到唐代诗人崔备等。

此外，李中（约公元920—974年）是五代时期的南唐诗人，而并非如新版《辞源》、钟文等说的那样——"信息"一词在我国最早出自唐代诗人李中。唐代的历史是从公元618年到公元907年。唐朝瓦解之后，中国历史进入五代十国时期。五代十国时期的南唐是从公元937年到公元975年，由李昪于公元937年在金陵创立。唐、南唐是两个不同的朝代和政权，不可混为一谈。据《全唐诗·卷737》记载，李中，字有中，陇西人。南唐中宗李璟时，李中任下蔡县令，后主李煜在位期间，李中先后出任吉水县尉等，官终水部郎中。宋太祖开宝六年

---

❶ 辞源（修订本）[M]．北京：商务印书馆，1983：231．
❷ 钟义信．社会动力学与信息化理论[M]．广州：广东教育出版社，2007：58．
❸ 李国新．中国文献信息资源与检索利用[M]．北京：北京大学出版社，2004：58．

(公元973年）在任淦阳宰时编成诗集《碧云集》，共有二百余篇，《全唐诗》编为4卷。"显而易见，我国最早使用信息一词的诗人李中，不是唐人而是五代时期南唐人。"❶

（六）"信息"词源新探

"信息"一词最早出现在哪里呢？通过检索《四库全书》《册府元龟》等古籍，笔者发现，就目前所能查到的文献而言，"信息"一词最早出自唐玄宗开元年间王晙所作《请移突厥降人于南中安置疏》。

据后晋刘昫等撰《旧唐书·卷九十三》记载，王晙，沧州景城人，唐中宗景龙末（公元710年左右）充朔方军副大总管，唐玄宗开元十一年（公元723年）充朔方军节度使，开元二十年（公元732年）卒，赠尚书左丞相。据考证，王晙于唐玄宗开元三年（公元715年）所作《请移突厥降人于南中安置疏》中使用了"信息"一词。《请移突厥降人于南中安置疏》在后晋刘昫等撰《旧唐书·卷九十三》、宋代王钦若等编《册府元龟·卷三百六十六》、清代董诰等编《全唐文·卷二百九十八》中都有记载，原文如下：

王晙，沧州景城人，徙家于洛阳。……开元二年（公元714年），吐蕃精甲十万寇临洮军，晙率所部二千人卷甲倍程，与临洮两军合势以拒之。……明年（公元715年），突厥默啜为九姓所杀，其下酋长多款塞投降……晙上疏曰：突厥时属乱离，所以款塞降附。其与部落，非有仇嫌，情异北风，理固明矣，养成其衅，虽悔何追。……臣料其中颇有三策。若盛陈兵马，散令分配，内获精兵之实，外袪黠虏之谋，暂劳永安，此上策也。若多屯士卒，广为备拟，亭障之地，蕃、汉相参，费甚人劳，此下策也。若置之朔塞，任之来往，通传信息，结成祸胎，此无策也。（《旧唐书·卷九十三·列传第四十三·娄师德王孝杰唐休璟张仁愿薛讷王晙》）

由上可知，"信息"一词最早出现在唐代著名军事将领王晙于公元715年上呈唐玄宗的《请移突厥降人于南中安置疏》中。这里的"信息"一词已经超越了"消息""音信"等日常用语中的含义，具有了军事情报的意思。对于如何处置投降唐朝的突厥人，王晙提出了三条建议："第一条是'盛陈兵马，散令分配，内获精兵之实，外袪黠寇之谋，暂劳永安'，也就是在淮南、河南等南中之

---

❶ 赵毅. 信息一词何时开始使用［J］. 人文杂志，1995（5）：19.

地安置他们，让他们在当地畜牧为生，同时充实兵卒；第二条是'多屯士卒，广为备拟，亭障之地，蕃汉相参，费甚人劳'，也就是在河曲等地屯兵，以备突厥降人谋反叛乱。第三条是'置之朔，任之来往，通传信息，结成祸胎'，也就是把突厥降人安置在朔方（今山西朔州、大同一带），任他们与突厥旧部通传军事信息，这样会埋下里应外合、一同谋反的祸根。"❶

通过追本溯源，我们可以得出这样的结论：据目前可以查考的文献而言，"信息"一词的最早词源，既不是西晋时期的陈寿、南北朝之梁朝，也不是唐代崔备、鱼玄机，更不是南唐李中，而是出现在唐玄宗开元三年（公元715年）王晙所作《请移突厥降人于南中安置疏》中。当然，随着文献的日益丰富，"信息"一词溯源仍有待进一步考证。

---

❶ 许亮.《辞源》"信息"词条勘误［J］. 博览群书，2011（12）：116.

六、我国"微博问政"的现状、问题及解决策略

微博，作为一种新兴的以 Web2.0 技术为主导的网络工具，由于其具有即时性、互动性、传播范围广的特点，所以近年来不仅受到越来越多用户的青睐和广大网民的欢迎，而且引起政府、媒体和学术界的热烈关注，成为当下中国最热门的网络工具。据 2011 年 7 月 19 日中国互联网络信息中心（CNNIC）发布了《第 28 次中国互联网络发展情况统计报告》显示，截至 2011 年 6 月底我国微博用户数量达到 1.95 亿，半年内增长了 208.9%。微博在中国的迅速发展以及微博问政的兴起，为身处社会底层的普通百姓表达意见提供了一条便利的渠道，构建了一个信息发布、舆论引导、政民互动的新平台，成为民意表达和公民网络问政的一种新工具。另一方面，微博问政在一定程度上影响了中国社会舆论的导向，对政府的舆论宣传提出了新的挑战。因此，加强对我国微博问政的研究，解决我国微博问政存在的问题，积极探索规范微博问政之策就变得非常重要。

（一）微博与微博问政

当今，人类已经进入信息时代。在信息时代，各种新信息技术（IT）层出不穷。作为一种新型的 Web2.0 技术，微博成为继 IM（Instant Message，即时通信）、博客（Blog）、开心网等诸多社交工具之后发展起来的一种新型网络社交工具。微博，全称为微型博客（Microblog），是一个基于用户关系的信息分享、传播以及获取平台。用户可以用电脑、手机或其他移动终端记录自己想要表达的一段文字（140 个字符）或一张图片，通过电脑或手机把信息发送到自己的网络空间上，供他人分享、交流和讨论。微博具有即时性、简洁性、互动性、草根性、现场感等特点。微博的功能和应用非常丰富，具有信息分享、新闻推送、手机和即时通信工具绑定等功能，成为当下中国又一具有网络问政特色的优质平台。

微博问政是一种新兴的网络问政形式，是指通过微博这种新型的网络工具和

虚拟手段来进行参政、议政、处理政务的活动。早在 2010 年的"两会"期间，微博就成为人大代表和政协委员们倾听民声、了解民意的重要途径之一。之后，微博问政逐渐在全国迅速发展起来，成为网络问政的一种新途径，在惩治腐败、城市建设、社会管理、舆论宣传等方面发挥了积极的作用。所以，2010 年又被称为"中国微博元年"。微博问政具有涉及面广、参与者众、现场感互动性强、信息发布迅速、草根性和平民化、公众议政影响力强等特点[1]。

（二）微博问政的作用以及对我国民主政治建设的影响

在信息时代，网络已经完全改变了传统的话语权掌握方式和舆论引导方式，是政府部门了解民意、倾听民声、改进工作、制定决策的重要参考渠道之一。近年来，微博问政等网络问政方式带来了政府信息透明度的增加，形成了强大的舆论引导力，在某种程度上影响着公共事务和公共政策的进程。所以，在网络时代，政府部门应该健全网络舆论引导机制，重视微博等新兴网络工具在推进公民参政议政和民主政治建设方面的重大作用。

第一，微博问政为政府开辟了征集民意、问计于民的新通道，有助于政府决策的科学化、民主化。2010 年"两会"期间，微博为代表委员们参政议政、征集民意的主要工具之一。微博为"两会"代表委员们开辟了一个全天候的民意通道，让他们能够更加全面地了解民意、倾听民声，替人民说话，为人民办事。微博问政"给中国公民进行政治参与提供了更方便的渠道，应该被视为'两会'更加开放和民主、政府政治沟通更加有效的例证。"[2] 此外，近年来社会上的一些重大问题最早也是通过微博等网络渠道披露才引起传统媒体的重视，得到公开的报道。一些最基本的公众诉求也是通过微博等网络渠道浮出水面，为政府了解这些诉求提供了便利。通过微博等网络渠道，网民可以不受时空限制自由地表达自己的意见和建议，使人人都拥有了话语权，在民情民意的表达和收集方面具有传统媒体无可比拟的优势。鉴于中国有 4.85 亿网民、1.95 亿微博用户的现状，微博问政无疑成为中国各级政府和职能部门了解民意、汇集民间智慧的重要途径之一。

第二，微博问政为政府提供了发布信息和宣传政策法规的新平台。微博为政府提供了一条处理公共事件、紧急突发事件、群体性事件的信息公开渠道。政府

---

[1] 张晋升，黎宇文. 两会报道的微博效应［J］. 中国记者，2010（4）：32.
[2] 余伟利. 从博客到微博：网络问政"两会"的媒体应对［J］. 现代传播，2010（6）：39.

通过微博可以及时向社会公布政务信息，宣传介绍政府的各项政策和法规。同时，当重大公共事件或群体性事件发生时，政府可以通过微博辟谣并公布事实真相和事件进展，正确引导网上舆论。

第三，微博问政提高了公民参政议政、共商国是的积极性和有效性，对于我国公共领域的构建具有积极意义。微博问政"作为公众参与的新形式，体现了民主的原则和人民主权的具体要求。"❶ 公民利用微博进行问政，对人大代表、政府机构和政府官员进行监督、批评、建议、检举，是公民依法行使《宪法》规定的监督权的具体表现。同时，作为一种反映民意的便捷途径，微博问政"既弥补了传统媒体对舆论反映的不足，也能更好地促进社会意见的汇集和对社会决策的考量"。❷ 微博问政"推动了体制外民意表达机制与体制内民意表达机制前所未有的高度融合"❸，使那些与人民群众利益密切相关的社会问题迅速转为公共议题，从而得到中央和地方各级政府的高度重视，对"改善政府治理结构，建立长远有效公共政策体系"具有深远的意义。

因为微博问政对我国民主政治建设具有积极意义，所以"党政部门应该加强对微博的学习与利用，将微博管理作为将强创新社会管理的重要抓手和突破口，通过管理创新，营造健康、绿色的网络氛围，为全面建设小康社会创造良好的网上舆论环境。"❹

（三）我国微博问政存在的主要问题

微博问政作为一种新兴的问政方式，其发展尚处于起步阶段，目前只在部分省市地区、部分政府机构和行业部门进行了应用，而且尚未形成一种成熟的发展模式，因而我国网络问政仍存在以下一些问题。

第一，微博问政中存在"民意的被代表"问题，不能真正全面地代表民意、反映民声。"在网络的虚拟世界里，网民基础决定言论权重，网民阶层决定言论走向。网络发展的'数字鸿沟'，客观上制约了网络舆情反映民意的充分性和全面性"。❺ 由于互联网在全国各地发展的不平衡性，微博等新兴网络工具在中西部偏远地区和农村还没有普及，广大农民和生活在不发达地区的百姓还无法通过

---

❶ 李少文，秦前红. 论微博问政的规范化 [J]. 河南社会科学，2011（4）：102.
❷ 刘国峰. 微博的两会作为及发展前景 [J]. 中国记者，2010（6）：30.
❸ 郭昭如. 微博"网络问政"新路径的热与冷 [J]. 上海信息化，2010（6）：17.
❹ 陈宝生. 加强和创新社会管理应重视微博 [N]. 学习时报，2011-09-12.
❺ 郭昭如. 微博"网络问政"新路径的热与冷 [J]. 上海信息化，2010（6）：18.

微博来表达民意和诉求，所以微博上体现的并不是社会的全部民意。

第二，微博问政中可能造成公众政治参与的无序甚至失控。"有序是发挥参与式民主优势和功用的基本前提，如果民众的参与失控，那就极容易陷入'大民主'的危险中，也容易导致'多数人的暴政'。"❶ 由于微博等网络问政方式缺乏足够的秩序和有效的监督，所以当微博成为组织和动员人民的工具时，民意就有可能流向错误的方向，甚至容易被伪造和操纵。而且，"网民也存在着集群行为，当一种错误的声音通过网络迅速放大汇成舆论时，往往会把真相所掩盖，甚至会导致网络暴力的出现"❷。例如，2011年8月，英国伦敦等地发生的严重的社会骚乱就是一场利用Twitter微博来散布谣言、组织骚乱的有组织、有预谋的行动。

第三，微博问政缺乏必要的运行机制和法律约束。目前，我国缺乏规范微博问政等网络问政方式的专门法律、法规。各级政府部门也没有专门制定规范微博问政等网络问政方式的政策、规章和制度。即使是许多政府部门的官方微博也处于不规范状态：首先，没有规范的名称，微博注册时所选择的门户网站不统一；其次，微博上发布信息不及时、发布数量不均；最后，对于用户提出的评论意见和建议，相关政府机构和职能部门不能及时有效地给予回复和解决，互动功能不强。

（四）规范我国微博问政的主要措施

微博问政对于我国民主政治建设和社会管理创新具有积极意义，同时，我国微博问政也存在"不能全面客观代表民意""公众政治参与的无序性""缺乏必要的运行机制和法律制度约束"等问题，因此，必须加强对微博问政的研究，制订解决我国微博问政主要问题、促进其良性发展的策略和措施。

第一，解决网络问政的机制体制问题，为微博问政提供必要的制度保障。良好的运行机制是规范我国微博问政的首要措施。只有建立起各种规范和制约微博问政的体制机制，才能为微博问政健康发展提供牢固的制度保障。其一，强化微博问政的程序，促进网络民意表达程序化。进一步完善立法，规定政府机构具有开通网络互动平台、听取公众意见、回复网民反馈的法定义务和相应责任。其二，建立和健全各种政府信息公开制度，如网络新闻发言人制度、网络舆情分析制度、网络听证制度等，保障公民的知情权。其三，建立和完善网络问政问责制

---

❶ 李少文，秦前红. 论微博问政的规范化 [J]. 河南社会科学，2011（4）：103.
❷ 蒋东旭，严功军. 微博问政与公共领域建构 [J]. 新闻研究导刊，2010（4）：42.

度，把微博问政的参与、处理情况纳入政府绩效考核。"将微博问政与网络公众参与引入政府绩效评价模式中，突破单一的GDP数字游戏，以公共产品'消费者'——公众的意见作为衡量标准，一方面能够清楚行政行为的效果，另一方面也能够扩大政府对民众的'影响力和凝聚力'，以加强政府活动的合法性基础。"❶

第二，制定相关的法律、法规，管理和约束微博问政。目前，我国网络传播立法进程大大落后于信息技术（IT）和网络媒体的发展，同时也落后于西方发达国家的网络立法进程。所以，规范微博问政等网络问政方式，需要对微博等新兴网络媒体和工具的现状和特点进行调研分析，制定一些规范网络问政的专门法律法规。其一，建立和健全网络问政的相关法律法规，"在遵循网络立法适时性、整体性、针对性和国际性原则的基础上，创制一部结合网络技术和政治民主的基本法律。内容上看，既要规范网络秩序，又不能妨碍公民政治参与的自由，为公民网络参政行为提供一个法制化的渠道，实现网络问政的有序化。"❷其二，学习国外先进经验，建立规范微博问政的管理条例。英国政府为了推动微博问政的规范化，于2009年制定和发布了《政府部门Twitter使用指南》，供各级政府部门参考。我们应该学习英国政府的先进经验，制定具有我国特色的规范微博问政的管理条例。"管理条例应该明确本部门政务微博的总负责人，明确信息发布的具体人，信息浏览、收集负责人，及其三者之间的相互关系。"❸对于微博信息发布的时效以及反馈用户诉求的时效，要有明确的责任和奖惩措施。

第三，加强网络伦理建设，提高微博用户的道德自律意识。规范我国微博问政不仅需要通过法律法规来管理和约束，而且需要通过网络伦理建设来提高微博用户和广大网民的道德自律意识，营造一个绿色、健康、和谐的网络氛围。其一，加强网络伦理建设，对公民进行网络道德教育，提高其网络道德责任感和政治责任意识，营造良好的网络文化氛围。其二，提高微博用户的道德自律意识，强化其主体意识、责任意识和规范意识。由于微博用户生活在网络等虚拟世界中，所以感受不到直接的道德舆论约束，从而导致其道德责任感下降，容易放纵自我做出一些违背道德和法律的事情。所以，规范微博问政需要提高微博网络主

---

❶ 李少文，秦前红．论微博问政的规范化［J］．河南社会科学，2011（4）：103．
❷ 陈家喜．网络问政：模式与方向［J］．特区实践与理论，2011（4）：44－47．
❸ 崔学敏．我国政务微博存在的问题和对策［N］．学习时报，2011－09－19．

体的道德自律意识,强化其主体意识、责任意识和规范意识。"所谓主体意识,是指利用微博来增强自身的道德判断、推理和选择能力;所谓责任意识,是指在享受微博带来的便利的同时,应该本着审慎的态度,严把信息关,主动承担起对他人和社会的责任和义务;所谓规范意识,是指在使用微博时要注意网络礼仪,同时要尽量保证言语表达的内容与形式的规范性。"❶

---

❶ 黎福羽. 微博问政的发展对策 [J]. 领导科学, 2010 (8): 26.

七、论图书馆学"核心论域"的当代内涵及创新意义

任何一门学科都有自己独特的研究对象和基本问题,都有自己集中研究的问题领域,图书馆学也不例外。作为图书馆学"基石"的基础理论研究,也客观存在着自己的核心论域。熊伟先生在《当代图书馆学基础理论的客观知识本体论转向》一文中通过对中西方图书馆学基础理论研究史的回顾,描绘出了"图书馆学基础理论研究的进化谱系"及其三类"发展趋势",发掘出所有图书馆学基础理论学说共同关注的、有着自己独特性的"研究对象集合"。这一共同的、特定的研究对象的集合,就是图书馆学基础理论研究的"核心论域"。

由于图书馆事业或职业包括图书馆实践活动和图书馆理论研究两种形态,所以,图书馆学基础理论研究的"核心论域"也相应包括两种形态:一种是"图书馆实践形态上的核心论域",另一种是"图书馆学理论形态上的核心论域"。研究、探索和确立图书馆学基础理论研究的"核心论域"具有非常重要的意义,它不仅可以为各种图书馆学派及学说确立统一的"对象集合"与"认识框架",而且有助于早日建立起全新的图书馆学学科体系。

(一) 本体论——图书馆学基础理论研究的认识框架

熊伟先生在对图书馆学基础理论研究的"核心论域"进行探索时,首先引入了"广义本体论的框架"。

"本体"首先是一个哲学概念,是指"在我们的意识之外独立存在的客体,即自在之物。"[1] 本体论(ontology),又叫"存在论",作为一个哲学范畴在西方哲学中指关于"存在"研究的理论。"存在"(to on/to be)一词是希腊语中系词"是"(einai)的中性现在分词,自从巴门尼德把它作为真理的对象加以研究以来,"存在"变成了一个众说纷纭、含义广泛的最高哲学范畴,甚至演变出一

---

[1] 冯契. 哲学大辞典 [M]. 上海:上海辞书出版社,2007:18.

门长期支配西方哲学走向的学问——本体论（ontology，即关于存在的学说）。亚里士多德在《形而上学》第五卷中对"存在"进行了说明："'存在'（'是'）本身不可定义，只可说明，即我们说不出它是什么，只说它怎样是。"亚里士多德区分了两种意义的"存在"（"是"）：一种是"由于偶性的存在"，另一种是"由于自身的存在"。"由于偶性的存在"是指某种属性偶然而不是必然地属于某一事物，"由于自身的存在"是指在本性上属于主体自身的东西。哲学要研究后一种存在即"由于自身的存在"。亚里士多德还认为，"存在着一种研究作为存在的存在，以及就自身而言依存于它们的东西的科学"，这门科学就是第一哲学，亦即后人所说的"形而上学"（metaphysics）。"存在的存在"（on he on）是指存在本身而不是存在的表现或部分。❶ "本体论"本来是一个外来的名词和概念，引入中国之后它主要是指"研究现象世界存在的原因、本质、根据、规律等的学问"。中国哲学本体论的研究归属于"形而上下问题的讨论"，即《周易·系辞上》所说的"形而上者谓之道，形而下者谓之器"。"形而下的器"是指有具体形象的能够被人察知的天地万物，"形而上的道"则指没有具体形象的不可察知的阴阳对立变化的规则。❷

　　与"本体"这一概念相联系的哲学范畴还有"主体与客体"。哲学概念里的"主体"（subject）是指实践活动和认识活动的承担者；"客体"（object）是指主体实践活动和认识活动的对象，即同认识主体相对立的外部世界。❸ 希腊哲学家亚里士多德在本体论（存在论）意义上使用"主体"一词，用它"表示某种特性、状态和作用的承担者"。近代西方哲学发生认识论转向之后，"主体和客体及其相互关系"成为哲学认识论研究的中心问题。法国哲学家笛卡尔明确地把"主体自我意识"（即"我思"）同"客观现实世界"（"我在"）相对立，提出著名的"我思，故我在"的哲学命题。德国哲学家康德提出"先验主体"，认为主体能动性是人先天具有的一种功能。黑格尔则提出"实体在本质上是主体"的思想，并把"绝对精神"看作是活的主体——它能动地外化为客体（自然界），又扬弃了这一客体，最终归于精神自身。马克思和恩格斯在批判德国古典哲学和费尔巴哈的基础上建立起了科学的主客体理论，认为"主体是人，客体是自然。""主体"是有头脑、能思维、从事社会实践活动和认识活动的个体或社会

---

❶ 张志伟. 西方哲学史 [M]. 北京：中国人民大学出版社，2002：125-126.
❷ 宋志明等. 中国古代哲学研究 [M]. 北京：中国人民大学出版社，1998：91.
❸ 冯契. 哲学大辞典 [M]. 上海：上海辞书出版社，2007：30.

集团；"客体"是主体活动所指向的对象，是人的实践和认识的对象和结果。主体和客体是对立统一的关系，它们同时存在、同步发展。❶对本体论及相关概念的梳理，有助于我们深入理解熊伟先生的"客观知识本体论转向"理论。

(二) 基于"广义本体论"分析框架的图书馆学基础理论"核心论域"

虽然本体论首先是一个哲学概念，但当它被其他学科引入之后便具有了广泛的意义。熊伟先生把"本体论"概念引入了图书馆学研究中，建构了基于"广义本体论"分析框架的图书馆学基础理论"核心论域"。熊伟先生的广义本体论中的"本体"是指"被人们表达或表证的能够在运动变化中保持其独特性相对不变的对象事物整体"，即"凡是可以被人类表达或表证的，能够在运动变化中保持其独特性相对不变的世界一切事物。狭义本体论即哲学本体论认为，形而上者是本体或本质，形而下者是器物和现象。熊伟先生的"广义本体论"则把二者统一了起来，主张"一切'本体'都是人类'形而上'与'形而下'的意识或思维对象统一体"。在他看来，人类面对的大千世界是"最大本体"，具有能动性的本体部分被定义为"主体"，具有受动性本体的部分被定义为"客体"，具有传动性的本体部分被定义为"中介"，支持"主体""中介"和"客体"运动的本体部分被定义为"背景"。❷

通过对历代图书馆学基础理论代表性学说所关注研究对象本质要素的分析和总结，熊伟先生归纳出了图书馆学基础理论研究对象的本质要素集合：(1)"主体"类要素的集合——"人类"；(2)"客体"类要素的集合——"以客观知识为核心的社会记忆信息"；(3)"中介"类要素的集合——"社会公共记忆"；(4)"背景"类要素的集合——"社会形态"。接着，熊伟先生按照"广义本体论"的"背景—主体—中介—客体"的一般结构规则重新定义了一个关于历代图书馆学基础理论学说史的"研究对象集合"，即"人类永久记忆以客观知识精华为核心的社会记忆信息的社会机制"（简称为"人类永久记忆客观知识精华社会机制"），这就是今后图书馆学基础理论的"核心论域"❸。

(三) 研究、确立图书馆学"核心论域"的创新性和重要性

在《当代图书馆学基础理论的客观知识本体论转向》一文中，熊伟先生通

---

❶ 冯契. 哲学大辞典 [M]. 上海：上海辞书出版社，2007：31.
❷ 熊伟. 当代图书馆学基础理论的客观知识本体论转向 [J]. 图书馆杂志，2011 (12)：3.
❸ 熊伟. 当代图书馆学基础理论的客观知识本体论转向 [J]. 图书馆杂志，2011 (12)：3-4.

过对"广义本体论"的四个本质要素即"背景—主体—中介—客体"的一般结构规则重新定义，确立了今后图书馆学基础理论的"核心论域"。这一研究具有很大的创新性和深远的意义，它不仅是"通过积极转变思维方式"获得的创新成果，而且由于引入了新的研究范式，所以极大地推进了当代图书馆学基础理论研究。

第一，熊伟先生对"广义本体论"的引进、吸收和变革，突破了以往图书馆学基础理论研究的旧范式，带来了当今图书馆学基础理论研究的新范式，因此才能够从纷繁复杂的图书馆流派及学说中建构出全新的图书馆学基础理论的"核心论域"即"人类永久记忆客观知识精华社会机制"。众所周知，研究范式和思维方式的转换是推动科学理论研究创新的重要手段之一。美国科学哲学家托马斯·库恩认为，范式（paradigm）是指在特定历史时期被某一学科领域普遍接受的规范、理论、方法等。图书馆学范式是指在某一特定时期被图书馆学研究所普遍接受的思想、理论和方法等❶。"本体论"的研究方式本是哲学的主要研究领域之一，当它被熊伟先生引入图书馆学基础理论研究后便极大地推动了图书馆学基础理论研究的发展。

第二，熊伟先生基于客观知识论的综合创新，提出图书馆学的研究对象不仅是客观知识或文献信息资源，而且是"人类永久记忆客观知识精华的社会机制"，实现了哲学与图书馆学的交叉研究，具有很大的创新性。客观知识论本是英国哲学家卡尔·波普尔（Karl Popper，1902—1994年）提出的著名理论，他在《客观知识：一个进化论的研究》（Objective knowledge：An evolutionary approach）一书中提出了著名的"三个世界"的理论：世界1是物理世界，包括物质、能量、一切生物的机体等；世界2是人的心理现象，包括意识、感觉等心理状态和过程，即哲学所说的主观世界；世界3是思想的内容，即客观知识的世界。熊伟先生对波普尔的客观知识理论进行了综合创新，实现了当代图书馆学基础理论的客观知识本体论转向。

第三，熊伟先生提出，新时期图书馆学基础理论的研究内容主要包括"确立知识本体观思维""积极培育人文精神""重点发展社会机制""探索建立专属智慧科学"四个方面。这一研究内容的确立，不仅丰富了新时期图书馆学基础理论研究的"核心论域"，而且融合了当今图书馆领域技术主义和人文精神的冲突，实现了工具理性与价值理性、科学精神与人文精神的高度统一。

---

❶ 许亮等. 信息哲学与信息时代的图书馆哲学 [C]. 刘兹恒，张久珍. 图书馆学理论的使命与担当：第六次全国图书馆学基础理论研讨会论文集 [A]. 北京：国家图书馆出版社，2011：59.

八、图书馆学进行解释学研究的意义

——以"图书馆核心价值研究"为例

解释学是一门起源于西方的古老学科,先后经历了古典解释学、近代解释学、现当代解释学三个阶段。解释学重点研究解释者与被解释者(即文本)之间的关系、前理解与历史展开、语言的言说和世界存在的沟通等。解释学对于语言学、哲学、阅读学等人文社会科学有重要的方法论意义。我国的图书馆学是一门从西方引进之后经过本土化的过程最终确立的学科,图书馆学的许多理论和概念都是从西方引进和移植过来的。我国的图书馆学研究者在译介和吸收西方理论时必然涉及理解和解释的问题,这就需要使用解释学理论来开展图书馆学研究,构建解释学视域下的图书馆学理论。

(一)"解释学"的起源、历史发展及主要理论

解释学(hermeneutics),又译作阐释学、诠释学,它最早起源于古希腊时期人们对神谕的解释。到中世纪,解释学演变成一门对《圣经》经文进行解释的专门学问。19世纪到20世纪初,在德国哲学家施莱尔马赫和狄尔泰的共同努力下,解释学发展成为一种适用于整个人文学科的方法论,进入传统解释学阶段。这一时期的解释学主要包括语法的解释技艺(即订正词句的原义)和心理学的解释技艺(即探求作者写作"文本"时的具体心理)。施莱尔马赫认为,解释学就是恢复某一文本中原作者的本义,解释学的核心问题是避免误解。狄尔泰则认为,解读者通过自己对文本的"生命体验"重新返回到文本由之产生的富有生气的生命体之中,恢复原作者的本义。这样,解释就变成了一种心理学过程。

在传统解释学之后,解释学进入了本体论解释学或哲学解释学阶段。这一阶段的主要代表人物有:德国存在主义哲学家海德格尔、德国解释学大师伽达默尔,以及法国解构主义大师德里达等。海德格尔开启了传统解释学向本体论解释

学的转变。海德格尔对"解释"的本体论意义的揭示是解释学理论的转折点。在他看来,"解释"不再是一个心理学概念,而是"此在"(即作为个体存在的人)在世存在的一种方式。对"存在"的追问唯一适用的方法是解释学的现象学。在这种方法中,"解释"本质上是作为"此在"在世存在的存在方式。"解释"不是为了寻求新知识,而是为了解释我们存身其间的世界,它构成了"此在"在世的呈现方式,即人的存在方式。"知识"则成为这种呈现方式的结果。

作为海德格尔的学生,伽达默尔接受了海德格尔的本体论解释学,创作了《真理与方法》和《哲学解释学》等著作,开创了哲学解释学的新阶段,确立了哲学解释学的三条著名原则:理解的历史性,视域融合,效果历史。

第一条原则:"理解的历史性"。它是指没有超历史的理解,任何理解都是在历史之中进行的,并且是历史地展开的。"历史性"是人类生存的基本事实,人总是历史地存在着。无论是理解者(或解释者)还是被理解的对象(即文本)都内在地嵌入历史之中。"理解的历史性"包括两个方面的内容:第一,任何理解都具有理解者所处历史的当前性和过去历史交付于他的前理解的规定性,这就是"理解的先行结构"。理解的历史性,构成了我们的"偏见"。"偏见"是我们对世界敞开的倾向性。在历史性的理解中,真正的问题不在于抛弃偏见,而是对"理解的合法偏见"和"歪曲理解的错误偏见"加以区别。这是因为,"理解的合法偏见"是进行理解的前提和出发点,它为解释者提供了通向文本的最初敞开,使过去和现在交织融合。伽达默尔认为,只有充分揭示出"偏见"的这种创造性力量,才能充分彰显解释(或理解)活动在本质上是实存的行为,而非简单地获得客观知识的理智行为。第二,理解总是处于历史的进程中并由一系列的理解事件所构成。在一次次理解事件所构成的历史进程中,最重要的并不是认识的客观性,而是"存在"本身,而"存在"永远不可能完全地展示出来。

第二条原则:"视域融合"。伽达默尔认为,在"理解的历史性"中发生的是"视域融合"(或视界融合)。"视域"分为"现今视域"和"初始视域"。"现今视域"是指解释者的前理解的先行结构和现今时代所形成的特殊的视域,是原作者在文本中敞开的整个世界。"初始视域"是指文本作为一个已有原作者揭示的意向性构成事件,具有原作者的"最初视域"。"现今视域"和"初始视域"之间总是存在着由时间间距和历史情景的变迁所引起的各种差距,这些差距是任何解释者都无法消除的。因此,在理解(或解释)过程中发生的,并不是"现今视域"消除"初始视域",也不是"初始视域"消除"现今视域",而是达成两种视域的融合,从而使理解者(或解释者)的视域和文本视域都超越原有各自的界限,达到一种全新视域。在视域融合中形成的共同的观点就是"意义",它是文本和解释者共同关注的对象。

第三条原则:"效果历史"。它是指"意义"在流动过程中的不断形成。"效果历史"是历史学真正的研究对象。伽达默尔说:"真正的历史对象根本就不是对象,而是自己和他者的统一体,或一种关系。在这种关系中同时存在着历史的实在以及历史理解的实在。一种名副其实的解释学(诠释学)必须在理解本身中显示历史的实在性。因此,我就把所需要的这样一种东西称作'效果历史',理解就按其本性乃是一种效果历史事件。"❶视域融合为一切意义在转换中的形成过程提供了一个更为真实的图景,这一图景改变了我们对文本的看法:文本不再是研究的消极对象,而是一种永远无法穷尽的可能性的源泉。在不同的境遇下,文本就会说出不同的内容,而解释者也会发现自己的视域在对文本的解释中发生了改变。

伽达默尔还认为,在视域融合达到顶点的理解过程中,理解更像是人与人之间的对话。在解释者和文本之间进行的解释学对话,预先设定了对话双方都考虑的一个问题,双方就这个问题展开对话。对话使问题得以揭示和敞开,使理解成为可能。所以,我们只有破除了主客体之间的认识关系,代之以"我"与"你"(主体与主体)之间的平等对话关系,才能倾听那个准主体(即文本)向我们诉说的言语。伽达默尔说:"只有当解释者倾听文本、让文本坚持它的观点,从而使自己真正向文本开放时,解释学的对话才能开始。"❷解释学的对话关系意味着解释者的视域与文本中的他者视域之间的相互融合,这种融合克服了解释者的视域和文本视域的独断和偏见,带来了新的可能性视域,使敞开转让中的真理得以鲜明地表达出来。

(二) 以"图书馆核心价值研究"为例说明图书馆学进行解释学研究的意义

众所周知,我国的图书馆学是一门从西方引进之后经过本土化的过程最终确立的学科。我国图书馆学的许多理论,例如波普尔的世界 3 和客观知识论、托马斯·库恩的范式理论、弗洛里迪的信息哲学、图书馆核心价值等,都是从西方引进和移植过来的。我国的图书馆学研究者在译介和吸收西方理论时必然涉及理解

---

❶ [德] 伽达默尔. 真理与方法(上)[M]. 上海:上海译文出版社,1999:384-385.
❷ [德] 伽达默尔. 哲学解释学[M]. 上海:上海译文出版社,1994:11.

和解释的问题，这就需要使用解释学理论来开展图书馆学研究，构建基于解释学视域的图书馆学理论。笔者以近年来图书馆界热烈讨论的"图书馆核心价值研究"为例来说明这一问题。

1. 国外"图书馆核心价值"研究综述

国外图书馆界对"图书馆核心价值"研究开始于20世纪80年代。20世纪80年代初，美国图书馆协会（ALA）主席William Summers呼吁重新评估图书馆永恒的价值。1986年，美国大学与研究图书馆协会（ACRL）主席Griffin将"信息平等获取、馆藏平衡发展"等作为学院图书馆的价值标准。2004年6月，美国图书馆协会（ALA）发布了《图书馆工作核心价值》：公平取用、隐私、民主、多样性、教育及终身学习、知识自由、公共利益、保存、专业性、服务、社会责任。2002年，澳大利亚图书馆和信息协会（ALIA）发布了其核心价值：保证自由开放获取知识的记录、信息、创作；促进人们的思想交流；致力于提高人们的信息素质；尊重读者的多样性；保存人类的记录等。2003年8月，国际图书馆联合会（IFLA）在柏林发布了其核心价值：认可被包括在《世界人权宣言》第19条中的自由获取信息、思想、想象力作品的原则，以及表达自由的原则；人们相信，为了他们的社会、教育、文化、民主和经济的健康发展，社区和组织需要普遍平等地获取信息、思想和想象力作品；我们确信提供高质量的图书馆和信息服务能确保其有效获取；承诺使所有参与IFLA的成员参与并从中获益，而不论其公民身份、种族、性别、地理、语言、政治哲学、宗教信仰。此外，美国夏威夷大学图书馆、普林斯顿大学图书馆、芝加哥大学图书馆等高校图书馆也公布了其核心价值。

2. 国内"图书馆核心价值"研究综述

国内图书馆界对"图书馆核心价值"的研究比国外晚20年左右，开始于21世纪初期。2002年，程亚男在《再论图书馆服务》一文中第一次明确提出了图书馆核心价值。2006年12月，中国图书馆学会第一次提出了"图书馆核心价值再认识"的议题。2007年2月，范并思、倪晓健共同申报的项目"中国图书馆的核心价值与《图书馆服务宣言》研究"获得批准。2007年，范并思在《核心价值：图书馆学的挑战》中指出中国图书馆界确立核心价值的意义。2007年，王知津等在《当代中国语境下的图书馆核心价值》指出图书馆的核心价值是"保证知识自由"。2007年，黄宗忠在《论图书馆核心价值》中指出图书馆核心价值是一个不断发展增值的体系。2008年，蒋永福在《图书馆核心价值及其中国语境表述》中提出了适合中国语境的图书馆核心价值"1＋4"模型。2008年，在重庆召开的中国图书馆年会上，发布了以展示中国图书馆界核心价值体系的《图书馆服务宣言》，指出："图书馆是通向知识之门，它通过系统收集、保存与组织文献信息，实现传播知识、传承文明的社会功能。中国图书馆人经过不懈的追求与努力，逐步确立了对社会普遍开放、平等服务、以人为本的基本原则。我们的目标是：1. 图书馆是一个开放的知识与信息中心，图书馆以公益性服务为基本原则。2. 图书馆向读者提供平等服务。3. 图书馆在服务与管理中体现人文关怀。4. 图书馆提供优质、高效、专业的服务。5. 图书馆开展信息资源共建共享。6. 图书馆努力促进全民阅读。7. 图书馆人与一切关心图书馆事业的组织和个人真诚合作。"[1]

3. 解释学视域下的"图书馆核心价值"研究

在梳理国内外图书馆核心价值研究时，笔者发现国内学者在开展有关这一主题的研究中普遍存在的一些共性问题有：第一，国内的许多研究者是对国外图书馆核心价值的简单移植，没有开展深入的本土化研究；第二，国内的许多研究者以西方社会主流价值观（如自由、民主）为参照，重在对美国等西方国家图书馆核心价值的引介，没有结合中国国情以及中国图书馆界的实际情况来建立以社会主义核心价值体系和核心价值观为基础的具有中国特色的中国图书馆核心价值。

之所以出现上述问题，主要是因为国内的研究者在进行图书馆核心价值研究时未能基于解释学的视域或很好地融合解释学的理论。解释学理论认为，解释是由解释者、被解释者（即文本）、解释者和文本之间的关系、前理解和历史展开，以及语言的言说和世界存在的沟通等因素组成的过程。解释者是指以其自身的存在参与到解释活动中的人。被解释者（即文本）是指历史流传物以及书写和言谈的语词。文本在本质上是他者的语言，是一种有待理解的意向性事件，是一个包括了过去、现在和将来三维向度的"在世存在"之展开的演化。解释的真正目的在于认识和沟通文本所建构的暂存世界与解释者由他的在世存在所敞开的世界。

任何解释活动都预先设定了进入解释的先行结构——"前理解"。解释者的前理解主要包括解释者先行具有的存在方式、语言知识体系和历史文化传统等。前理解是解释者对文本敞开的一种最基本方式，解释者通过自己的前理解使自己

---

[1] 中国图书馆学会. 图书馆服务宣言 [EB/OL]. http：//www. lsc. org. cn/c/cn/news_ 2771. html，2013 - 10 -01.

向文本敞开，重建已经断裂了的解释者与文本之间的主体间性关系，达成不同主体之间的敞开转让。解释并不是重建隐藏于文本中的客观化的含义，而是一种"调解"——即通过解释者把过去的意义置于当前情境之中的一种调解。解释学认为，理解活动是一种对话式的、超主体的历史事件，是文本与解释者之间达成的对话。理解的本质是此在的时间性敞开和文本的敞开之间的转换。

对"图书馆学核心价值"这一主题开展基于解释学视域的研究，我们可以把国外图书馆确立的核心价值作为"文本"，可以把国内的研究者作为"解释者"。国内图书馆核心价值研究就是揭示文本视域与解释者视域之间的意义关系。解释者（即国内的研究者）在解释文本（即国外图书馆核心价值）的过程中，必然会带有某种前理解或合法偏见，即解释者先行具有的存在方式、语言知识体系和历史文化传统等。国内研究者在研究图书馆核心价值时，必然身处具体特殊的历史境遇（即中国国情）和文化传统（即中国特色社会主义文化）之中，具有自己特殊的语言知识体系和思维方式（如汉语言说方式和中国人的思维方式）等。因此，开展图书馆核心价值就是两种视域融合的过程，即解释者的现今视域和文本的初始视域融合的过程。文本的初始视域是指国外图书馆核心价值提出的历史背景和在西方文化中特有的意义所指。解释者的现今视域是指国内研究者对图书馆核心价值的前理解中所具有的先行结构和自己时代所形成的特殊的视域，如肇始于2006年党的十六届六中全会提出的"社会主义核心价值体系"和2012年党的十八大提出的"社会主义核心价值观"。

在"图书馆核心价值"这一主题的"初始视域"（即国外情况）和"现今视域"（即中国国情）之间，必然存在着由时间间距和历史情景的变迁所引起的各种差距。这些差距是任何解释者都无法消除的。例如，由于世情国情和历史文化传统的差异，国内外研究者对"自由""民主"等的理解就存在着巨大的视域差距。国内的研究者在对国外图书馆的各种核心价值进行研究、理解、解释时，要想真正达成视域融合，就必须使解释者的视域和文本视域都超越原有各自的界限，达到一种"全新视域"——基于社会主义核心价值体系和核心价值观的中国图书馆核心价值，形成一种"效果历史"——"图书馆核心价值的意义"在古今中外历史过程中的不断形成和自身敞开。

（三）结语

由于视域融合总是处于不断的流动、形成过程中，所以，视域融合所形成的意义也是不断流动、形成的。文本不再是研究的消极对象，而是一种永远无法穷尽的可能性的源泉。在不同的境遇下，文本就会说出不同的内容，而解释者也会发现自己的视域在对文本的解释中发生了改变。基于此，在进行基于社会主义核心价值体系和核心价值观的中国图书馆核心价值研究时，就需要以社会主义核心价值体系和核心价值观为指导，运用马克思主义唯物辩证法，对国内外各类型图书馆的核心价值研究成果进行对比分析和归纳总结，从马克思主义哲学、组织管理学、图书情报学、心理学等多个角度对核心价值的本质内涵、构成要素、功能作用，以及在图书馆界的应用开展解释学视域下的研究，构建具有中国特色和时代特征的中国图书馆核心价值。

九、基于知识经济时代的学习型高校图书馆建设

在知识经济时代，知识的更新速度加快，知识和信息的生产以几何型的级数增加，学习与创新已经成为个人和组织适应高速发展的社会的必然要求。高校图书馆是知识和信息的集散中心，承担着为高校科研、教学提供智力支持和信息服务的重任。因此，如何提高自身的学习能力和创新能力，成为知识经济时代高校图书馆面临的一大难题。借鉴利用学习型组织理论和知识管理理论，建设崇尚学习、注重创新的学习型高校图书馆，是破解这一难题的有效途径。

（一）学习型高校图书馆的理论渊源和理论内涵

1. 学习型高校图书馆的理论渊源和产生背景

学习型图书馆，是根据学习型社会、学习型组织理论而提出的一种新概念。1968年，美国学者罗伯特·哈钦斯（Robert M. Hutchins）提出了"学习型社会"的概念。他认为，学习型社会是以实现人的终身学习和全面发展为目标，强调学习是所有公民的社会责任，注重基于个人兴趣和发展需要的自主学习和个性化学习，保证所有公民平等接受教育的机会。1972年，联合国教科文组织发表《学会生存——教育世界的今天和明天》报告，提出"向学习型社会前进"的目标。1990年，美国麻省理工学院彼得·圣吉（Peter M. Senge）教授明确提出了"学习型组织"这一概念。在《第五项修炼——学习型组织的艺术与实践》一书中，彼得·圣吉指出，"学习型组织是一个不断创新、不断进步的组织，是一个大家通过不断共同学习得以突破自己的能力上限，创造真心向往的结果，培养全新、前瞻而开阔的思想方式，全力实现共同抱负的组织。"[1]

在彼得·圣吉提出建立学习型组织这一理论之后，世界各地掀起了建设学习

---

[1] 彼得·圣吉. 第五项修炼：学习型组织的艺术与实务［M］. 北京：中信出版社，2009：10.

型企业、学习型政府、学习型社会的热潮。学习型组织理论引进我国之后，引起了国家和政府的高度重视。2002年，江泽民同志在党的十六大报告中，把"形成全民学习、终身学习的学习型社会，促进人的全面发展"列为全面建设小康社会的重要奋斗目标。在江泽民同志的号召下，许多政府部门、企事业单位、社会组织开展了学习型组织建设实践，涌现出了宝钢、海尔、联想等学习型企业和上海、大连、杭州等40多个学习型城市，营造出了一个重视终身学习、与时俱进、不断创新的学习型社会。在这一背景下，建设学习型图书馆，就成为图书馆界、尤其是高校图书馆的一种必然选择。

2. 学习型高校图书馆的理论内涵

学习型图书馆，是在借鉴吸收学习型组织理论的基础上建立的新型图书馆，是一个通过采用"系统思考"为核心的五项修炼方法，促进图书馆的集体学习，获得不断创新的能力，从而增强图书馆的活力，以适应快速变化的环境，实现图书馆的可持续发展的组织。它是知识经济时代和学习型社会出现的一种全新的模式，其核心是强调图书馆组织内部的终身学习、全员学习、全过程学习与团队学习。学习型高校图书馆，是一种崇尚学习、注重创新，通过建立共同愿景和改善心智模式，通过系统思考和团队学习来实现自我超越，具备可持续发展能力和创新能力，在知识经济时代具有较强竞争力的新型高校图书馆。

（二）建设学习型高校图书馆的必要性和重要性

1. 建设学习型图书馆，是适应知识经济时代和学习型社会的必然要求

进入21世纪，人类已步入知识经济时代和学习型社会。1996年世界经济合作与发展组织（OECD）在《以知识为基础的经济》的年度报告中指出："知识经济是指建立在知识和信息的生产、分配和使用基础上的经济。"知识经济时代是以知识经济为主导的时代。在这样的时代，知识不仅是"力量"，而且是生产力，是支撑经济发展的重要基础。知识经济时代的主要特征包括社会信息化、经济知识化、市场全球化等，其最重要的特征是创造性知识成为社会的主导资源，知识创新对经济增长的贡献越来越大。图书馆是人类的知识宝库和信息中心，收藏着丰富的知识、信息资源。开发这些文献信息资源、知识智力资源，并把它们转化为信息生产力，为学校的教学研究提供保障，是处于知识经济时代的高校图书馆的题中之意。

学习型社会强调终身学习和全社会的学习。在学习型社会，知识更新的速度非常快，人们只有不断地加强学习、完善自己，才能跟上时代的步伐。图书馆是社会文明进步的标志，是重要的公共文化服务机构，应该承担起为人们的终身学习提供新方式和新手段的重任。因此，为适应知识经济时代和学习型社会，高校图书馆必须不断地加强创新，建设成一个持续性学习的组织——学习型图书馆。

2. 建设学习型图书馆，是高校图书馆改革创新和科学发展的必然要求

创新是一个民族不断发展的灵魂。高校图书馆是为高校科研、教学提供智力支持和信息服务的机构。随着科技和信息的发展，各学科的知识结构和内容发生了很大的变化，图书馆所提供的信息服务也需要发生变化，这就要求馆员不断提高自身的学科专业素质、综合信息素质和科研创新能力。广大馆员如果不提高自身的综合信息素质和科研创新能力，就无法为读者提供一流的服务，就无法为学校的发展提供强劲的智力支持，图书馆自身的可持续发展也会受到限制。学习型图书馆，是高校图书馆改革创新的必然要求。

高校图书馆发展不仅需要建设一流的硬件，还需要建设一流的软件。近年来，许多高校图书馆在自动化、数字化、网络化建设方面取得了很大的进步，但是在组织制度建设、图书馆文化建设、知识管理等方面却相对滞后。有了一流的硬件，还需要有一流的组织管理和高素质的馆员，这样才能实现图书馆的科学发展。建设学习型高校图书馆是实现图书馆科学发展的必然要求。

3. 建设学习型高校图书馆，是应对各种挑战、提高综合竞争力和影响力的必然要求

在知识经济时代，图书馆的发展面临许多重大的挑战。一是因特网的普及，Google、百度等网络搜索引擎的发展，改变了人们获取信息的途径，对图书馆传统的文献流通功能提出了挑战；二是电子书刊和网络阅读的发展，纸质图书和期刊费用的上涨，改变了人们的阅读方式。电子书阅读、网络阅读既便捷又实惠，而且信息更新速度快，比起传统地到图书馆借阅图书要方便得多；三是信息产业的发展及向图书馆领域的渗透，数字图书馆的兴起，弱化了图书馆的职业特性，使得图书馆传统的服务方式日益边缘化。所以，面对各种冲击，图书馆正面临着走向边缘化的危险，正如美国图书情报专家兰卡斯特所言："我们正在迅速地不可避免地走向无纸社会"，"图书馆主要是处理机读文献资源。读者几乎没有必

要再去图书馆，地方图书馆已无足轻重……再过 20 年现在的图书馆可以消失。"❶

面对如此严峻的各项挑战，高校图书馆只有变革其组织管理模式，建立学习型图书馆，才能提高综合竞争力和影响力。

（三）如何建设学习型高校图书馆

1. 转变观念，提高认识

建设学习型高校图书馆，首先应该转变已有的观念，提高对学习型组织、学习型图书馆的认识。在图书馆内开展有关学习型组织、学习型图书馆理论的各项专题学习，让广大馆员明白学习型组织、学习型图书馆的含义和特征，明白建设学习型图书馆的必要性和重要性，明白建设学习型图书馆的方法和途径，树立学习型图书馆的理念，找准自己在构建学习型图书馆中的角色定位。

在树立学习型图书馆理念之后，还应积极引导广大馆员转变过去有关图书馆要素、图书馆功能、图书馆服务方式的观念，从以文献为本转变到以知识为本，注重知识、信息的开发利用；从以书刊为本转变到以读者为本，注重对读者信息需求的满足；从传统的收藏、借阅图书，转变到信息资源建设和知识库建设，注重图书馆在建设研究型大学中的作用；从传统的服务方式与封闭式管理转变到现代化服务与开放式管理，注重馆员对新知识、新技能的吸收和掌握。

2. 改变现有管理模式，实施知识管理

在知识经济时代，知识成为组织的核心资产，建设学习型高校图书馆应该改变传统的管理模式，对文献信息资源进行知识管理，建立知识库。清华大学经济管理学院陈国权教授提出了学习型组织实行知识管理过程模型——"6P－1B"模型，很有借鉴意义。该模型由"发现""发明""选择""执行""推广""反馈"这 6 个"阶段"（6P：6 Processes）和 1 个"知识库"（1B：1Knowledge Base）组成，简称"6P－1B"模型（见图1）❷。

---

❶ ［美］兰卡斯特. 情报检索系统：特性、试验与评价（第二版）［M］. 北京：书目文献出版社，1984：5.
❷ 陈国权. 学习型组织的过程模型、本质特征和设计原则［J］. 中国管理科学，2002（4）：86－87.

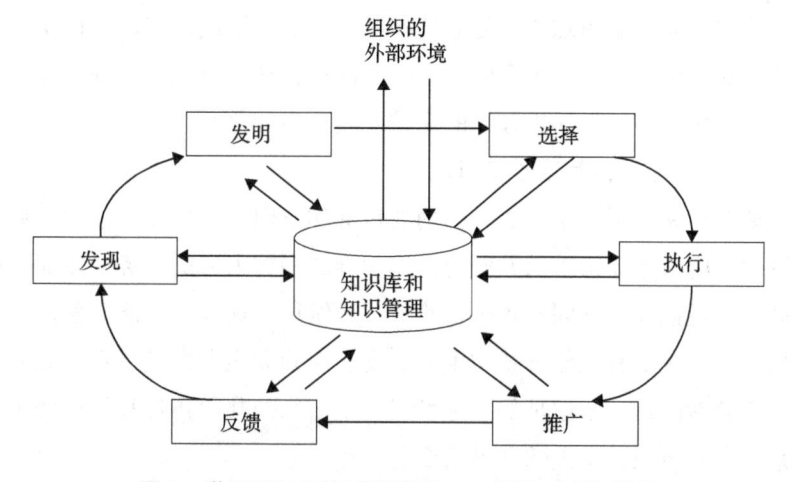

图1 学习型组织的过程模型——"6P-1B"模型

学习型组织进行学习的根本原因来自于它感受了内外环境的变化，所以，必须建立必要的流程、系统来监测各种变化，发现各种对组织发展重要的预警或微弱的信号，认清各种挑战和机会；在发现内外环境变化之后，学习型组织必须能够发明新的行为，提出新管理方法和竞争策略来应付这些变化；在"发明"阶段之后，学习型组织还必须建立起相应的选择机制，从各种创新方案中选出最佳的方案；新选择出的方案必须得以有效的"执行"才能真正使组织学习发生；在"推广"阶段，注重学习的分享和推广，个人学习要扩展到团队学习，团队学习要扩展到组织学习；在"反馈"阶段，组织需要对其执行的结果进行评价，以调整和改进组织的运作方法、改善学习过程，使学习不断得到改进和深入。学习型组织在上述六个学习阶段都会产生知识，所以，需要建立必要的流程、方法和手段来积累和存贮各个阶段产生的知识到知识库（Knowledge Base）中，使学习成为一个不断上升的过程；另外，组织也要利用知识库中的知识作用于每一个阶段。在建立和利用知识库时，学习型组织需要注意以下三点：（1）知识库中的"知识"必须与当前的内外环境相适应；（2）要让知识库中不同类型的知识之间相互转化，要让不同人共享知识，使知识真正流动起来；（3）要对核心知识加以保护。总之，对知识的积累、转化、共享、保护、利用是知识管理的基本职能。

对于图书馆而言，应用上面的模型，实施知识管理，要注重对显性知识（如书刊、光盘等知识）和隐性知识（如储存于人脑而未开发出来的知识）进行开发和利用，建立起本馆的知识库，使知识充分发挥作用，更好地为教学科研服务。具体而言，在实施知识管理、建设学习型图书馆的过程中，高校图书馆应该树立危机意识，树立创新意识，建立共同愿景，建立反馈机制，提倡全员参与和团队学习，赋予馆员和读者更多的自主权，注重管理层与执行层的沟通，注重信息的收集、分析与传递，注重知识的保护、共享与转化。

3. 确立共同愿景，打造学习团队

建设学习型高校图书馆，要有明确的目标和方向。在确立图书馆发展方向和办馆宗旨时，应该建立组织的共同愿景，明确图书馆未来的任务、发展方向、价值与信仰，并且把这一共同愿景传达给每一个馆员。这样，才能激发广大馆员的潜能和积极性，改变其工作方式和生活态度。在确立图书馆发展目标和共同愿景时，应该充分考虑每一个馆员的个性发展，把组织的共同愿景和馆员的个人愿景结合起来，实现组织、个人的和谐发展。

在建立图书馆的共同愿景之后，就要打造学习团队。学习型组织理论认为，组织学习的基本单元是工作团队，重点是培养团队的核心学习力。把高校图书馆建设成学习型组织，必须改变现有的组织结构和管理模式，打破以部门为主的管理方式，建立各种学习小组、科研小组，从各个方向开展理论学习和业务实践，实现图书馆的发展和创新。通过举办读书活动、开展基于个人兴趣和爱好的小组学习和科学研究，鼓励广大馆员积极创新，培养其主动学习的精神与热爱读书的习惯。此外，图书馆还应该定期开展学习研讨会，便于不同的学习团队、科研小组进行探讨和交流。

4. 建立有效的绩效评估机制

为激励广大馆员积极投身于学习型图书馆建设，图书馆应该建立相应的绩效评估机制，通过激励和引导，充分调动大家的学习积极性，保持学习科研工作的健康有序进行。实行岗位目标责任制和聘任制，使全体馆员竞争上岗。将馆员的工作业绩与岗位津贴、年终考核、职称晋升结合起来，激励馆员主动、长期地进行学习，全身心地投入到学习型图书馆的建设中。对于那些已经投身于学习研究、并且发表研究成果的馆员，要给予物质和精神的奖励。对于那些不太重视学习、还没有找到兴趣点和落脚点的馆员，要积极引导，鼓励他们重视学习、迎头赶上，从而在全馆营造出一个良好的学习氛围。

（四）结语

学习型高校图书馆的建设是一项长期而艰巨的任务。要把这项工作做好，需要馆领导和广大馆员的共同努力。在充分认清学习型图书馆建设的必要性和重大意义的基础上，应用学习型组织理论，结合各馆自身的特点，找准发展方向，办出特色。对于知识经济时代的高校图书馆来说，只有构建不断变革、勇于创新的学习型图书馆，才能迎接知识经济和信息革命的挑战，在知识经济时代保持强大的竞争力和旺盛的生命力。

十、论高校图书馆学习型基层党组织的建设

党的十七届四中全会通过了《中共中央关于加强和改进新形势下党的建设若干重大问题的决定》，指出：建设马克思主义学习型政党，是全面推进中国特色社会主义伟大事业和党的建设新的伟大工程的一项重大战略任务。把各级党组织建设成为学习型党组织，是建设马克思主义学习型政党的基础工程。各地区各部门要切实把建设学习型党组织的任务落实到基层。基层党组织要积极开展各种形式的创建学习型党组织活动，动员广大党员投身到学习型党组织建设中来，努力使建设学习型党组织的任务覆盖到每个基层党组织、每个党员。高校图书馆党支部作为高校基层党组织，是党在高校工作的基础和战斗力的源泉，是高校党建工作的重要组成部分。高校图书馆党支部应认真贯彻落实党的十七届四中全会精神和学校党委"创先争优"的具体要求，积极开展学习型基层党组织建设的实践和探讨。

（一）高校图书馆党支部开展学习型基层党组织建设的重要意义

高校图书馆党支部作为高校基层党组织，对开展学习型党组织建设具有非常重要的意义。

第一，高校图书馆党支部建设学习型基层党组织，是对高校创建先进基层党组织的积极响应，可以为高校学习型基层党组织建设提供有益的借鉴。党的基层组织是党全部工作和战斗力的基础，是落实党的路线方针政策和各项工作任务的战斗堡垒。建设学习型基层党组织，是建设学习型政党的题中之意。高校基层组织是党在高校工作的基础和战斗力的源泉，是高校党建工作的主要组成部分。高校图书馆党支部作为高校一个非常重要的基层党组织，开展学习型基层党组织建设，是深入贯彻落实党的十七届四中全会精神和中共中央办公厅《关于推进学习型党组织建设的意见》的具体体现，是对新形势下高校创建学习型基层党组织和先进基层党组织的积极探讨。

第二，高校图书馆党支部建设学习型基层党组织，是创建学习型图书馆的重要组成部分。高校图书馆是学校的文献信息中心，承担着为教学和科研提供专业性信息服务的重任。高校要培养高质量的现代化人才，必须要有高质量的文献信息保障。现代高等教育要求图书馆从被动的低水平的服务发展为主动的高水平的服务，要求图书馆在原有基础上大力加强和发挥其信息传递职能和教育职能，要求图书馆由传统图书馆向学习型图书馆转变。"学习型图书馆，是在借鉴吸收学习型组织理论的基础上建立的新型图书馆，是一个通过采用'系统思考'为核心的五项修炼方法，促进图书馆的集体学习，获得不断创新的能力，从而增强图书馆的活力，以适应快速变化的环境，实现图书馆的可持续发展的组织。"[1] 学习型高校图书馆是学习型图书馆的一种主要形态，是指一种崇尚学习、注重创新，通过建立共同愿景和改善心智模式，通过系统思考和团队学习来实现自我超越，具备可持续发展能力和较强竞争力的新型高校图书馆。建设学习型高校图书馆，是适应知识经济时代和学习型社会的必然要求，是高校图书馆改革创新和科学发展的必然要求，是应对各种挑战、提高图书馆综合竞争力的必然要求。因此，在建设学习型高校图书馆的基础上，把建设学习型图书馆党支部与建设学习型图书馆紧密结合起来，切实提高图书馆的服务水平，具有非常重大的理论意义和实践价值。

第三，高校图书馆党支部建设学习型基层党组织，是提高高校图书馆服务水平的一条重要途径。随着知识经济时代的到来和高等教育的发展，高校图书馆必须改变原有的服务方式，提高其服务水平。高校图书馆建设学习型基层党组织是提高高校图书馆的服务水平的一条重要途径。这是因为，学习型党组织的核心理念是通过学习来提高广大党员干部为人民服务的水平，把党组织建设成为一个服务型党组织。学习是为了提供更好的服务，学习型党组织和服务型党组织是合二为一的。在高校图书馆内部，通过建设学习型党支部来提升广大党员干部的服务能力，从而带动整个图书馆服务水平的提升，为学校教学、科研提供更高层次的服务。

（二）高校图书馆党支部开展学习型基层党组织建设的方法和途径

高校图书馆党支部建设学习型基层党组织，应该按照党的十七届四中提出的"建设马克思主义学习型政党和学习型党组织"的要求，按照中共中央办公厅印

---

[1] 许亮，赵玥. 基于知识经济时代的学习型高校图书馆建设［J］. 农业图书情报学刊，2010（5）：47.

发的《关于推进学习型党组织建设的意见》，结合学校和图书馆的中心任务来开展实践探索。高校图书馆党支部建设学习型基层党组织，必须"把全面贯彻党的教育方针、培养社会主义建设者和接班人贯穿高等学校党组织活动始终，发挥党组织在推进教育改革、搞好教书育人、加强教师队伍建设中的领导核心作用。"❶ 具体来讲，高校图书馆党支部建设学习型基层党组织的方法和途径主要包括以下几个方面：

第一，确立共同愿景，培育内在动力。高校图书馆建设学习型党支部要有明确的目标。图书馆党支部要鼓励每一名党员规划个人愿景和工作目标。在此基础上，由党支部主要负责人先提出支部的愿景草案，然后集思广益，不断修正，形成组织的共同愿景。同时，要注意把图书馆党支部的共同愿景与图书馆未来的发展方向结合起来，把共同愿景传达给每一名馆员。结合学习科学发展观活动，图书馆党支部组织了"特色信息资源规范管理·读者服务工作"科学发展论坛；结合纪念改革开放30周年，图书馆党支部策划了"我与图书馆的二十年"和"我与图书馆共发展"研讨会；结合新校区图书馆设计，图书馆组织了"我心中的新图书馆"研讨；为提高广大馆员的科研能力，图书馆组织了两届年会；围绕"传统图书馆是否会消亡"的议题，图书馆策划了"传统图书馆会消亡吗"的文化沙龙。通过上面这些活动，图书馆党支部逐步建立了组织的共同愿景，激发了广大党员同志和全体馆员的潜能和积极性，提高其服务能力。

第二，打造学习团队，培养主动学习的精神。图书馆党支部在建立组织共同愿景之后，就要打造学习团队。学习型基层党组织的建设重点是培养团队的核心学习能力。把高校图书馆党支部建设成学习型党组织，必须改变现有的组织结构和管理模式，建立各种学习小组、读书小组和科研小组，从各个方面开展理论学习和业务探讨，实现图书馆党支部的科学发展。图书馆通过举办读书活动开展了基于个人兴趣和爱好的小组学习和科学研究，鼓励广大党员同志积极创新，培养主动学习的精神与热爱读书的习惯。同时，图书馆党支部还应定期举办各种学习研讨会，为不同的学习团队、科研小组进行探讨和交流创造机会。本校图书馆策划了提升馆员业务素质的业务学习之旅、提升馆员文化品位的文化艺术之旅，和提升馆员科学素养的科学之旅。文化实践之旅是指图书馆勇于担负建设学习型校园和书香校园的重任，组织开展"开卷"系列大型校园读书活动。图书馆直属

---

❶ 中共中央加强改进新形势下党建若干重大问题的决定 [EB/OL]. http://www.gov.cn, 2009-09-27.

党支部组织党员开展了"读、采、访三位一体的共读老北京建筑文化图书"和"向读者揭示优秀馆藏"的创先争优活动,进一步创造热爱学习的氛围。在已有的传统服务团队基础上,图书馆正在积极培育学科服务团队、教学科研团队和文化素质教育团队,这些都是我们不断学习与创新的成果。

第三,确立学习标杆,实现自我超越。"学习的过程就是不断自我超越的过程,只有成员有强烈的超越自我意识,并为之付出努力,学习型组织才能建立起来。"❶ 图书馆党支部在建设学习型基层党组织的过程中要选定学习标杆、确定学习的榜样,要鼓励广大党员干部积极向优秀的同志学习,不断提升自己的理论水平和业务能力,实现自我超越。2008年开始,图书馆制定了《北京建筑大学图书馆优秀集体和个人表彰办法》,按照这个表彰办法,图书馆每年评选3个集体、10名优秀馆员,作为全体馆员学习的榜样。2009年4月15日,图书馆党支部举办了"特色信息资源规范管理·读者服务工作"科学发展论坛,鼓励大家为确立图书馆发展思路、提高图书馆服务质量献计献策。

第四,建立有效的绩效评估机制,为学习型党组织建设打下牢固的组织基础。为激励广大党员积极投身于学习型党组织建设,图书馆党支部应该建立相应的绩效评估机制,通过激励和引导,充分调动大家的学习积极性,保持学习科研工作健康有序进行。图书馆党支部要实行岗位目标责任制,激励广大党员同志主动、长期地进行学习,全身心地投入到学习型党支部建设的实践中。

(三)北京建筑大学图书馆党支部开展学习型基层党组织建设的回顾与总结

北京建筑大学图书馆直属党支部把"立足岗位,服务育人,争先创优,做服务标兵"作为创建学习型基层党组织和先进基层党组织的指导方针,围绕图书馆中心任务开展创先争优党性实践活动和学习型基层党组织建设活动。

第一,开展"把读者放在心中,把微笑挂在脸上"为主题的党性实践活动。2011年9月开始,图书馆直属党支部开始实施"把读者放在心中,把微笑挂在脸上"为主题的党性实践活动,活动的主要内容包括以下几项:

1. 为了进一步做好规范化管理工作,从2010年10月11日开始,图书馆全体馆员佩戴胸牌上岗,图书馆直属党支部的党员同志的胸牌上印制党徽。

2. 2010年10月12日,图书馆直属党支部在学校食堂门前开展宣传活动,

---

❶ 谢峰. 自我更新机制的有益探索[N]. 学习时报,2010-03-15.

介绍图书馆直属党支部开展的 Living-library 活动和总服务台咨询活动。

3. 2010 年 10 月 13 日，在图书馆大厅悬挂"把读者放在心中，把微笑挂在脸上"横幅，在大厅设置读者服务台，由党员同志带头参加值班，每一位党员每月值班 2~3 次，每次值班半天。

4. 2011 年图书馆正式向读者公布了蕴含服务理念与组织精神的服务公约，公约的内容是：爱国爱校，爱馆爱书；知书达礼，守时整洁；首问负责，读者第一；服务育人，周到亲切；崇尚知识，努力学习；团结互助，爱岗敬业。

第二，更新学习观念，创新学习方式，开展党员自学、领学实践活动。图书馆每周集体学习一次，由党政领导、业务骨干和党员同志分别带头学习，然后在全馆大会上向全体馆员做讲座，进行学习辅导和业务交流，形成团队学习、主动学习和全员学习的良好氛围，为创建学习型党支部和学习型高校图书馆打下良好的基础。

1. 2009 年 3 月，图书馆直属党支部书记沈茜同志为全馆党员作了题为《知识管理与我校图书馆的科学发展》的发言，取得了良好的反响。

2. 2009 年 5 月 5 日，图书馆直属党支部党员许亮同志为全体馆员作了题为《国学与传统文化》的普及讲座。本次讲座是党员带头钻研业务，带动全体馆员学习的一次党性实践活动。

3. 2010 年 9 月 21 日，图书馆直属党支部书记沈茜同志为全体馆员培训了《北京建筑大学图书馆读者服务指南》，为图书馆提升综合服务能力指明了方向。

4. 2010 年 10 月 29 日，图书馆在全馆开展"图书馆 2.0：升级你的服务"专题学习活动，经过分组讨论、全馆交流，馆员们畅谈了自己对"图书馆 2.0"的学习体会。

5. 2010 年 11 月 5 日，图书馆直属党支部开展"创先争优"之"主讲主问"学习活动。直属党支部书记沈茜同志对图书馆党支部如何创先争优和做好"五好"，图书馆党员如何做好"五带头"进行了主讲，党员许亮和张煜同志进行了主问。

6. 2011 年图书馆直属党支部进入"创先争优"第三阶段，开展实施了"养书卷之气韵，创服务之先锋——读、采、访一体的读书活动"，本活动从党员带头阅读老北京建筑文化图书的角度出发，紧密结合图书馆建设特色馆藏的中心工作，逐步拓展为研究馆藏现状，购买搜集馆藏，为读者提供优质的服务。

第三，开展"以人为书、分享智慧，服务读者、从我做起——Living-library"党性实践活动。图书馆直属党支部为了实现"把读者放在心中，把微笑挂在脸上"的目标，运用网络等先进工具，开展了"以人为书、分享智慧，服务读者、从我做起——Living－library"党性实践活动。Living－library（真人图书馆）起源于 2000 年的丹麦，主要是指将"人"作为"可借阅的图书"提供给读者。图书馆直属党支部开展 Living－library 活动，由党员馆员带头开始实践，读者借阅的人是党员馆员，党员馆员提供的知识是关于馆藏文献信息资源方面的知识。读者可以根据馆员特长和自己需求，通过电话、E－mail 等方式与图书馆直属党支部老师联系预约。图书馆直属党支部通知被预约党员，被预约的党员馆员在图书馆会议室接待读者，提供文献借阅和信息检索方面的辅导和咨询。

（四）结语

高校基层党组织是党在高校工作的基础和战斗力的源泉，是高校党建工作的主要组成部分。高校图书馆党支部开展学习型基层党组织建设，是贯彻落实党的十七届四中全会精神和学校党委"创先争优"要求的具体体现，是对新形势下高校创建学习型基层党组织和先进基层党组织的积极探讨。北京建筑大学图书馆直属党支部紧密结合图书馆中心工作，通过精心策划和周密组织，开展了主题鲜明、形式多样的学习型基层党组织建设活动，把建设学习型基层党组织与创先争优活动有机结合起来，通过党员模范带头学习、群众馆员积极参与的方式开展了"把读者放在心中，把微笑挂在脸上"为主题的党性实践活动，取得了良好的效果，为高校创建学习型基层党组织提供了有益的借鉴。

十一、试论网络环境下高校图书馆馆员素质培养

高等学校图书馆是学校的文献信息中心,是为教学和与科研服务的学术性机构,是现代化大学的三大标志之一。高校图书馆员是高校图书馆的基本构成要素,是高校图书馆发挥作用、履行职能的关键所在。高校图书馆员素质的高低决定了高校图书馆服务质量与服务效益。现代信息技术与网络技术的发展给高校图书馆带来了巨大的挑战。网络环境下高校图书馆要实现改革创新与科学发展,必须有一支高素质的馆员队伍。因此,高校图书馆员的素质培养与继续教育就变得非常重要。

(一) 网络环境下高校图书馆员素质的内涵、构成要素与存在问题

1. 高校图书馆员素质的内涵

(1) 图书馆员的素质

图书馆是搜集、整理、保存与利用文献信息资源的文化教育机构。图书馆员(Librarian),又称图书资料馆员,是图书馆的基本构成要素之一,是指从事文献信息采集、组织、流通、管理、开发与服务等工作的人员。[1] 图书馆员是图书馆活动的管理者与组织者,是文献信息与用户发生联系的中介,是使文献、信息的价值由潜在变为现实的关键。"素质"(Quality),又称"素养",是指人与生俱来的以及通过后天培养而获得的身体上与人格上的性质特征,包括生理特性、气质性格、兴趣爱好、知识结构、伦理道德等。

图书馆员的素质(Librarians' Quality),是指图书馆员具有的气质性格、兴趣爱好、思想道德等特性以及完成图书馆工作所必须具备的知识结构与业务技能。图书馆员的素质主要包括:职业道德、专业知识与技能、计算机与网络知

---

[1] 中国人民共和国劳动和社会保障部,文化部. 国家职业标准·图书资料馆员(试行)[M]. 北京:北京图书馆出版社,2005:1.

识、外语能力、综合文化素养等。

（2）高校图书馆员的素质

高等学校图书馆是我国图书馆事业的重要组成部分，是教师备课的后盾和学生学习的第二课堂。高校图书馆在高等学校中具有重要的地位，在高校人才培养的过程中具有重要的作用。高校图书馆员是高校图书馆的基本构成要素之一，是高校图书馆发挥作用、履行职能的关键所在。高校图书馆员的素质，主要是指高校图书馆员完成图书馆工作所必须具备的职业道德、服务态度、文化素质、知识结构与业务技能等。高校图书馆员素质的高低，决定了高校图书馆服务质量与服务效益的高低。英国图书馆学家哈里森说："即使是世界第一流的图书馆，如果没有训练有素的工作人员，也难以提供广泛有效的服务。"❶ 这是因为，图书馆的服务都是通过图书馆员面向读者予以体现的，馆员的文化素质、专业技能、职业道德、服务态度等都时刻影响着图书馆的服务与读者的满意度。

2. 网络环境下高校图书馆员素质的构成要素

网络环境下，高校图书馆员的素质主要包括科学文化素质、专业知识与技能、职业道德与精神、服务态度与方式等。

第一，具有良好的职业道德与高尚的师德。作为高等学校的工作人员，高校图书馆员首先"应忠诚于人民的教育事业，恪守职业道德与教师道德，认真履行岗位职责"。职业道德（Professional Ethics），是指同人们的职业活动紧密联系的符合职业特点要求的道德准则、道德情操与道德品质的总和。它是从事一定职业的人们在职业活动中应遵循的特殊道德原则和行为规范。中国图书馆学会于2002年通过了《中国图书馆员职业道德准则（试行）》，为各种类型图书馆馆员的职业道德制定了行业自律规范，主要内容包括：确立职业观念，履行社会职责；适应时代需求，勇于开拓创新；真诚服务读者，文明热情便捷；维护读者权益，保守读者秘密；尊重知识产权，促进信息传播；爱护文献资源，规范职业行为；努力钻研业务，提高专业素养；发扬团队精神，树立职业形象；实践馆际合作，推进资源共享。

第二，具有较强的职业实力、良好的职业素养以及熟练的业务技能。高校图书馆员的职业实力是指图书馆员的职业资格、职业素养、职业竞争力等硬实力，以及职业道德、职业精神、核心价值观等软实力。高校图书馆员的职业素养包括科学素养、艺术素养、人文素养、信息素养等。此外，高等学校图书馆员还需要

---

❶ 吴慰慈. 图书馆学新探［M］. 北京：北京图书馆出版社，2007：446.

掌握图书情报学、信息资源管理学等专业基础知识，以及文献信息资源采集、组织、流通管理、咨询服务等业务技能。

第三，具备较高的综合素养，掌握其他学科的专业知识。教育部于 2002 年发布的《普通高等学校图书馆规程（修订）》第三十条规定："高等学校图书馆专业人员要同时掌握图书馆学和一门以上其他学科的知识，重视培养高层次的学科专家。"高校图书馆工作具有多学科、多层次、综合服务的特点，所以高校图书馆员要掌握除图书情报学以外的其他学科专业知识，这样才能为广大师生和科研人员提供专业化的、高层次的文献信息服务与学科咨询服务。

第四，具备良好的信息素养，掌握计算机、互联网等现代信息技术。"信息素养"（Information Literacy），又称信息素质，是美国信息产业协会主席 Paul Zurkowski 于 1974 年提出的概念，是指"利用大量的信息工具及主要信息资源使问题得到解答的技术与技能"。信息素养包括信息意识、信息知识、信息技能、信息道德四个层面。高校图书馆员要具备基本的信息素养，要掌握计算机系统与网络的使用方法，掌握数据库与数字资源管理知识，掌握数字图书馆、RFID、Web2.0、搜索引擎、云计算等现代信息处理技术。

第五，具备熟练使用外语尤其是英语的能力。在现代信息技术与互联网高度发达的今天，全球化进程加快，国际间信息交流日益频繁，互联网上充斥着大量的外文尤其是英文信息。在这种环境下，外语尤其是英语就成为高校图书馆员开展工作必须具备的基本素质。

（二）网络环境下高校图书馆员素质培养的必要性

1. 网络环境下高校图书馆员素质存在的问题

第一，专业知识老化，缺乏信息科学与技术（IST）知识。当前，我国已经初步进入信息社会与网络社会。网络环境下高校图书馆不仅面临着信息社会的挑战，而且面临着信息服务工作改革创新的必要。然而，当下绝大多数高校图书馆员在专业知识和技能方面却存在着许多不足。许多高校图书馆员的传统的图书情报学专业知识开始老化，馆员缺乏现代信息科学与技术（IST）知识，不能适应计算机网络时代图书馆信息服务工作的需求。

第二，科学文化素养不高，信息服务能力不强。当前，随着国家政府对高等教育的重视以及高等教育的快速发展，高校图书馆在馆舍建设、文献资源建设、人力资源建设等方面获得了很大的进步，许多高校图书馆不仅引进了硕士，而且招来了博士，使高校图书馆员队伍具备了高学历、高层次人才。然而，国内大多数高校图书馆员队伍仍面临整体学历偏低、科学文化素养不高、人才队伍结构不合理、信息服务能力不强的问题。许多图书馆员不重视对学科专业知识、外语知识的学习，不能很好地掌握新技术、新方法，不能很好地胜任网络环境下图书馆的信息服务工作。

第三，职业危机感不强，缺乏竞争意识与创新意识。由于受传统观念的影响，许多高校图书馆员长期缺乏职业危机感和竞争意识，服务意识尤其是主动服务的意识不强，未深刻认识到网络环境下高校图书馆所面临的严峻挑战，缺乏创新意识，无法充分满足信息社会用户日益增长的、丰富多样的文献信息需求。

2. 网络环境下高校图书馆面临的环境变化与生存压力，给图书馆员素质提出了更高的要求

网络环境下高校图书馆的工作环境发生了巨大的变化，高校图书馆员提供信息服务的方式也发生了巨大变化。为了适应新环境的变化，高校图书馆员的素质培养就变得非常必要。

第一，网络环境下高校图书馆的发展面临着双重压力，给图书馆员的素质提出了更高的要求。这两方面的压力包括：" 一是高校图书馆需要进一步拓宽服务范围，深化服务层次；二是来自高校图书馆的用户及外部环境的压力。"❶ 网络环境下高校图书馆用户的信息需求日益提高，但信息获取与利用能力却存在不足，这就需要做好用户教育工作；而要做好用户教育工作，高校图书馆员必须进行素质培养和继续教育。

第二，网络环境下高校图书馆员的身份的转换，对图书馆员的素质提出了更高的要求。网络环境下高校图书馆员应该成为用户信息向导、信息素养教师、学科服务专家等。新的身份赋予了高校图书馆员更多的任务，胜任这些任务要求高校图书馆员必须加强继续教育与素质培养。

3. 网络环境下高校图书馆员素质的高低，直接影响着高校图书馆信息服务的质量和效益

网络环境下许多高校图书馆的工作如采访、编目、分类、流通借还、参考咨询等都使用了计算机、RFID 等现代化设备与技术。高校图书馆的工作已不仅仅是传统意义上的书刊借还工作，而且还包括网络信息资源开发，特色数据库建设，以及为读者提供多样化的信息服务。高校图书馆员作为信息服务的实施主

---

❶ 魏朝辉. 论网络环境下的高校馆员素质与读者服务 [J]. 长春师范学院学报，2011（2）：158.

体，既是信息资源的组织者、提供者，又是用户信息利用的指导者，承担着信息资源筛选、整序、导航和对用户进行信息素养教育的重要职责。因此，馆员素质的高低，不仅影响着高校图书馆信息服务的质量和效益，而且影响着广大师生信息素养与信息检索技能的提高。只有高素质的图书馆员，才能为用户提供高质量的信息服务，为用户信息素养的提升提供高效率的指导。

（三）网络环境下高校图书馆员素质培养的途径与具体措施

1. 加强高校图书馆员的继续教育

网络环境下，为适应新环境的要求和用户信息需求的变化，高校图书馆员必须加强继续教育。图书馆员的继续教育是指"对在岗的工作人员，为适应工作需要而进行更新知识和完善自身所学的知识的培训或进修。"❶ 继续教育是高校图书馆员素质培养的重要途径，主要包括以下内容：

第一，加强职业道德教育。高校图书馆员职业道德教育的主要目标是促使高校图书馆员"确立职业信念，履行社会职责，全心全意为读者服务，并在读者权利保护、文献资源保护、职业形象保护、资源共享精神的确立等方面做出贡献"。❷

第二，加强业务知识教育。高校图书馆工作包括文献信息资源的采访、编目、分类、典藏、流通，以及信息检索、文献传递、馆际互借、参考咨询、用户教育等。这些工作都需要高校图书馆员加强业务知识学习，熟练掌握相关技能。

第三，加强现代信息技术应用教育。随着数字图书馆、Web2.0、RFID、云计算等现代信息技术在高校图书馆的应用，高校图书馆员需要掌握这方面的知识与技能，需要具备计算机、互联网及多媒体使用技能，掌握 Web2.0、搜索引擎、数据库、RFID 等的使用方法。

2. 通过职业生涯规划，明确馆员素质培养的目标

职业生涯规划（Occupational Career Planning），又称职业发展，是指"一个人与职业有关的生活、经验及其发展过程，包括职业目标的确定，职业能力的取得，职业兴趣的培养，择业、就业，以及退出职业劳动这样一个完整的发展链。"❸

---

❶ 王宇佳. 图书馆员职业素养新视野 [J]. 佳木斯大学社会科学学报，2008（4）：89－91.
❷ 唐淑香. 图书馆职业问题研究进展 [J]. 高校图书馆工作，2012（3）：44－45.
❸ 徐建华，崔柯娃. 人文视野中的图书馆员职业生涯开发与管理 [J]. 图书馆，2006（1）：63.

图书馆员职业生涯规划，是指通过确定职业目标、明确职业发展前景、培养职业兴趣、取得职业能力，最终实现馆员自身价值的过程。高校图书馆员的职业生涯规划是提升馆员个人素质、实现自我价值的有效手段，是高校图书馆人力资源管理与建设的保证。通过职业生涯规划，可以帮助高校图书馆员明确个人的职业发展目标，为素质培养指明方向；可以增强高校图书馆员对职业环境的把握能力和对职业困境的适应能力；可以帮助高校图书馆员发现自身的优势与不足，通过加强学习改进不足，最终有助于提升广大馆员的职业素养，实现自我价值的最大化。

3. 建设学习型高校图书馆，打造学习型高校图书馆员

学习型高校图书馆是"一种崇尚学习、注重创新，通过建立共同愿景和改善心智模式，通过系统思考和团队学习来实现自我超越，具备可持续发展能力和创新能力，在知识经济时代具有较强竞争力的新型高校图书馆。"❶ 建设学习型高校图书馆，是适应知识经济时代和学习型社会的必然要求，是应对各种挑战、提高高校图书馆核心竞争力的必然要求。高校图书馆员是建设学习型高校图书馆的主体。在网络环境下，高校图书馆员可以通过"改善心智模式""建立个人愿景"、加强"团队学习"与"系统思考"，来实现"自我超越"，最终把自己培养成为崇尚学习、主动学习、终身学习的"学习型高校图书馆员"，最终达到提升职业素养和专业技能的目的，为实现个人价值和可持续发展打下坚实的基础。

（四）结语

网络环境下高校图书馆员素质的高低是高校图书馆发挥作用、履行职能的关键所在。高校图书馆要提高服务质量与服务效益，必须培养一支高素质的馆员队伍。通过职业生涯规划与继续教育，可以提高广大高校图书馆员的职业素养、信息素养与综合素养，为高校图书馆的改革发展与服务创新提供人力资源保障。

---

❶ 许亮，赵玥. 基于知识经济时代的学习型高校图书馆建设［J］. 农业图书情报学刊，2010（5）：47.

下篇 信息时代的哲学思考

一、老子"道论"与柏拉图"理念论"之比较

德国著名哲学家雅斯贝尔斯在《论历史的起源与目标》一文中曾说,"世界史的一个轴心,若有它,该能凭经验作为一种事实情况被发现,这种事实情况本身可能对一切人、连基督徒也有效。……世界史的此轴心似乎约于公元前500年就存在,在公元前800年与公元前200年间的精神过程中。彼时有历史最深刻的转折,形成了我们与他生活至今的人。此时代简称为'轴心时代'。在此时代,非同寻常之事摩肩挨背。在中国生活着孔夫子与老子,形成了中国哲学的所有流派……希腊经历过荷马、哲学家——巴门尼德、赫拉克利特、柏拉图——还有悲剧作家、修昔底德与阿基米德。一切由此类名字所勾勒之物,在这个世纪中几乎同时产生于中国、印度与西方,而它们互不知晓"[1]。

老子和柏拉图就生活在这样的"轴心时代"。为了摆脱困境、解决时代难题,老子建构了"道论"哲学,柏拉图构建了"理念论";老子提出了"小国寡民"的政治蓝图,柏拉图则提出了"哲人王"的建国构想;老子提出了致虚守静、自然无为的体道之士作为理想的圣人,柏拉图则设想了一个以追求真知为目标、以探索真理为鹄的、爱好智慧、爱好真理的哲人王作为理想的圣人。通过对老子的"道论"哲学和柏拉图"理念论"哲学的比较,我们可以从一个侧面窥探出中国哲学和希腊哲学在轴心时代突破的相同点与相异点。

(一)"道"与"理念"

如果我们要分别用一个词来概括老子哲学和柏拉图哲学的精髓,那么"道"与"理念"无疑最恰当不过了。老子哲学的关键词是"道",所以我们说老子哲

---

[1] [德]卡尔·雅斯贝尔斯. 雅斯贝尔斯文集[M]. 朱更生,译. 西宁:青海人民出版社,2003:132-133.

学的核心是有关"道"的理论——"道论";柏拉图哲学的关键词是"理念",所以我们可以用有关"理念"的理论即"理念论"来概括整个柏拉图哲学。

虽然"道"与"理念"是我们最常使用的两个词,但是它们又是最容易被误读的两个词。而且,这两个词在老子和柏拉图那里又有着非常特殊的含义。所以,要真正理解老子哲学和柏拉图哲学,就首先必须厘清"道"与"理念"的含义。

"道"是老子哲学的核心概念,也是老子哲学的理论基础。"道"字在《老子》一书中出现了73次,由此可见,"道"是道家乃至整个中国哲学的最高范畴。那么,"道"字在老子这里又作何解释呢?

"道"的内涵和外延是极其广泛的:它首先是一种形而上的实存者,亦即一种先于任何具体存在物的先天存在,这种先天存在是天地万物的本原和本体;其次,它还是一种规律,亦即万物以之为生、万物恃之以存的总规律;最后,从道用层面而言,它不仅是统治者治理国家的法则或权术,亦是人类生存发展所依循的准则。简言之,"道"是先于万物而存在、产生万物而施泽、哺育万物而不恃、作用万物而无穷的一种实存体和总规律。

与"道"字在老子哲学中所处的地位一样,"理念"也是柏拉图哲学的核心,所以柏拉图的哲学又被人们称为"理念论"。

何谓"理念"?在希腊文中,"理念"是指 idea 或 eidos,它们均出自动词 idein(原义是"看")。所以,"理念"(idea/eidos)的本义是指"看见的东西",亦即事物的形状。不过,柏拉图意义上的"理念"(idea/eidos)不是指"用眼睛看见的东西",而是指"用灵魂看见的东西"。

在柏拉图那里,"理念"主要有以下四层含义:(1)理念是通过对事物的抽象而形成的普遍共相,是事物的本质;(2)理念是事物的存在根据,是事物的发展原因;(3)理念是最完满的,因而它是事物模仿的原型;(4)理念是事物追求的理想目标。

在对老子的"道"和柏拉图的"理念"进行一番细致的考察之后,我们不难发现二者有以下共同点:

首先,它们都是从具体物中抽象出来的一种形而上的实存体。"道"是从我们脚下的道路一步步提升为天地万物的本原、本体,提升为整个世界的本质,提升为人类社会的准则。"理念"则是从眼睛看见的事物的形状,提升为灵魂所能看见的东西,提升为事物存在的根源和依据,提升为事物的本原、本体、本质,提升为宇宙万物和人类社会追求的终极目标。

其次，它们都是具体物存在、发展的依据，都是事物产生灭亡的根源，都是天地万物的本原和本体。

最后，它们的内涵都是极其丰富的。"道"不仅有道路、实体、规律、原则之义，而且涵盖了道体、道用、道相诸多层面。理念则有不同层次的区分，其最高的形式是善。

（二）道生万物与分有、模仿——道如何产生物与理念如何派生事物之比较

道是天地万物的最初产生根源，是天地万物的"母亲"。宇宙间一切事物（包括天地）都是由道这一"母亲"所生。所以，我们说道是天地万物的本原、本根，天地万物均源出于、产生于道。

那么，道如何产生万物呢？老子在《老子》一书中给出了说明：

道生一，一生二，二生三，三生万物。万物负阴而抱阳，冲气以为和。（《老子》42章）

"道生一，一生二，二生三，三生万物"这句话虽然看似简单，但是却引起了很多的歧义。"首先，'道生一'中的道与一是什么关系？或曰道即一，道乃混而为一；或曰道生一，故道不是一。……其次，'二'是什么，是阴阳还是天地？三是什么？是阴阳之和气，还是阴气、阳气与和气？第三，如何理解'生'字？是出生之生？还是产生之生？还是出现之义？"❶ 由于有这么多的歧义，所以历来学术界就存在着关于这句话的各种不同的解释。

陈鼓应认为，"道就是一"。在这一前提下，他把这句话解释为："道是独立无偶的，这浑沌未分的统一体产生天地（'一生二'），天地产生阴阳之气（'二生三'），阴阳两气相交而形成各种新生体（'三生万物'）。"❷

罗安宪解释说："'道生一'，一者，太极也。太极分而为阴阳，此即所谓'一生二'；阴阳交互感应而形成一种和合状态，此即所谓'二生三'；万物就是由阴阳交互感应和合而成的，此即所谓'三生万物'。"❸

刘笑敢则认为，"'道生一，一生二，二生三'的说法不是对宇宙产生的实际过程的真实描述，而只是对宇宙生发过程的一个模式化处理，也就是说，这里

---

❶ 刘笑敢. 老子之道：关于世界之统一性的解释 [M]. 陈鼓应. 道家文化研究：第十五辑. 北京：生活·读书·新知三联书店，1999：94-95.

❷ 陈鼓应. 老子今注今译 [M]. 北京：商务印书馆，2003：235.

❸ 罗安宪. 虚静与逍遥——道家心性论研究 [M]. 北京：人民出版社，2005：39.

的'一'、'二'、'三'都不必有确切的指待对象,是阴阳还是天地,都不影响这一模式所要演示的实际内容。"❶

因此,"道生一,一生二,二生三,三生万物"这句话,实际上是老子对天地万物从无到有、从简到繁的产生过程的一种抽象化的假说。老子的这一假说的目的是为了揭示出天地万物有一个共同的起始点,有一个共同的总根源。这个起始点和总根源,就是老子所说的"道"(有时也曰"大"或"一")。

与道产生万物的过程比起来,理念产生万物的过程就没有那么复杂了,同时也不会有各种解释和歧义存在了。在柏拉图看来,理念产生、派生事物的方式有两种:一种是"分有",另一种是"模仿"。

何谓"分有"?"'分有'(metechis/particiate)一词的意义由'部分'(meron/part)演变而来,表示'具有一部分'之义。"❷ 柏拉图认为,每一类事物都有一个与之相对应的理念,具体事物之所以存在,是由于它们分有了该类事物的理念。柏拉图说:"如果在美自身之外还有美的事物,那么它之所以美的原因不是别的,就是因为它分有美自身。每类事物都是如此。……无物使一个事物变成美,除非以某种方式分有美或共享那个美。……除了有它(指具体事物)所分有的固有的本性(指事物的理念)外,你不知道事物生成的其他途径。"❸ 所以,我们说,理念是事物产生的原因,"事物分有理念而存在"。"一个东西分有了什么样的理念型相,它就是什么样的存在;分有到什么程度,就与理念型相相似到那种程度。"❹

理念派生事物的另一种方式是"模仿"(mimesis)。在《理想国》中,柏拉图对模仿进行了形象的说明:"譬如,有许许多多床和桌子存在。……所有这些家具只有两个理念,一个是床,一个是桌子。……木工是根据理念来制造我们所使用的床和桌子,按床的理念制造床,按桌子的理念制造桌子。其他事物亦同样。"❺ 但是,"肯定没有一个木工制造理念自身……木工……所构造的只是一张特殊的床,而不是我们所说的所以是床的床,床的形式(eidos)"❻。画家所制造的一切事物也只是幻想,而不是真实的存在。在柏拉图看来,能够制造真实的存在,能够制造"所以是床的床、床的形式(eidos)"的只有"神"这种特殊的造

---

❶ 刘笑敢. 老子之道:关于世界之统一性的解释[M]. 陈鼓应. 道家文化研究:第十五辑. 北京:生活·读书·新知三联书店,1999:95-96.
❷ 赵敦华. 西方哲学简史[M]. 北京:北京大学出版社,2001:46.
❸ 赵敦华. 西方哲学简史[M]. 北京:北京大学出版社,2001:268-269.
❹ 赵敦华. 西方哲学简史[M]. 北京:北京大学出版社,2001:47.
❺ 苗力田. 古希腊哲学[M]. 北京:中国人民大学出版社,1989:328.
❻ 苗力田. 古希腊哲学[M]. 北京:中国人民大学出版社,1989:329-330.

物主。"神，无论是出于意愿还是出于必然，都只制造一张本然之床，即所以是床的床，床自身。……他所希望制造那种真实存在的、本性上独一无二的床，成为它的真实作者。"❶

因此，就有三种床存在，即床的理念、木工模仿床的理念制造出的现实中的床、画家根据木工的产品而绘制的画中的床。床的理念是最真实的存在；木工制造的现实中的床，是对床的理念的模仿，是次一级的真实存在；画中的床，是对现实中的床的模仿，是"模仿的模仿"，是最不真实的。

（三）道物二分与"两个世界"——对道物关系以及理念与事物关系的比较

"道"和"理念"不仅在内涵上有着本质的区别，而且在产生事物的方式上有着本质的区别。这两点的不同，就决定了"道"和"理念"与事物的关系也是不同的。

道与物之间首先是一种始源关系，道是天地万物的本原，是天地万物产生的根源。

道冲而用之，或不盈。渊兮，似万物之宗；湛兮，似或存。吾不知谁之子，象帝之先。(《老子》4章)

有物混成，先天地生。寂兮寥兮，独立而不改，周行而不殆，可以为天下母。吾不知其名，强字之曰"道"，强为之名曰"大"。大曰逝，逝曰远，远曰反。(《老子》25章)

"象帝之先"和"先天地生"说明了道是先于天地万物而存在的，是先于天地万物而生的。道不仅在时序上先于天地万物而生，而且是天地万物产生的始源。道和天地万物之间是一种源和流、根和枝、本和末的关系，也即一种始源关系。

其次，道与物之间还是一种生成关系。这种生成关系，主要表现在《老子》42章中：

道生一，一生二，二生三，三生万物。万物负阴而抱阳，冲气以为和。(《老子》42章)

老子在该章中提出了著名的万物生成论的观点——"道生一，一生二，二生三，三生万物。"这种"道生万物"的由简入繁的过程成为论述宇宙演化过程的

---

❶ 苗力田. 古希腊哲学 [M]. 北京：中国人民大学出版社，1989：329.

经典模式，老子以后的哲学家，经战国、汉代至宋明，无不沿袭老子这一思维模式。

再次，道和物之间还是一种本体和现象的关系。"在道和物的关系上，老子不仅提出道为万物的本原，而且认为道是天地万物存在的根据。"[1] 道生成万物之后，作为天地万物存在之根据蕴含于天地万物之中，成为天地万物的本体。所以，道不仅是一生成论的范畴，同时也是一本体论的范畴。

柏拉图关于理念与事物关系的论述，被精辟地概括为两个世界——理念世界与事物世界——的学说。柏拉图区分理念与事物，实际上是将世界二分化。因为，每一类事物都有一个理念，对于不同类的事物而言存在着不同的理念。在可感的事物世界，存在着各式各样不同的事物，它们是可以通过感官去感知的。与之相对应，各式各样的不同类的事物的理念也组成了一个特殊的世界，这个世界是可知而不可感的，柏拉图称之为"理念世界"。

那么，事物世界和理念世界是什么样子的，它们的关系是怎么样的呢？对于这些问题，柏拉图在《理想国》中通过"三个比喻"进行了精辟的说明。

第一个比喻——日喻。在《理想国》的第六卷，柏拉图说，我们看东西的时候，一方面是眼睛具有看的能力，另一方面有看到的对象——颜色。但是还需要第三种东西即光的存在，否则人的视觉什么也看不见。正是第三种东西——光把视觉和对象结合起来。光来自太阳，有了太阳的光，我们的眼睛能够很好地看见，对象也能够很好地被看见。"太阳跟视觉和可见事物的关系，正好像在可理知世界里面善本身跟理智和可理知事物的关系一样。"[2]

第二个比喻——线喻。继日喻之后，柏拉图又通过线喻来说明两个世界的关系。他说，世界分为两个，即可见世界和可知世界，它们分别受着太阳和善的理念统治。可见世界的第一部分是影像，第二部分是影像的原本，也即具体事物。可知世界也由两部分组成，第一部分是"数理理念"，第二部分是"伦理理念"，其最高形式是"善的理念"。

第三个比喻——洞喻。在《理想国》第七卷开篇，柏拉图说，设想有一个很深的洞穴，有些人从小就被捆绑在洞穴的底部，全身都被锁住，头部不能转动，眼睛只能看着洞壁。在他们背后，洞中燃烧着一堆火，在火和那些囚徒之间垒起一堵墙，沿墙有些走动着的人举着用木头和石头制成的假人假物像演傀儡

---

[1] 陈鼓应. 论道与物关系问题（上）——中国哲学史上的一条主线 [J]. 哲学动态, 2005 (7): 57.
[2] ［古希腊］柏拉图. 理想国 [M]. 郭斌和, 张竹明译. 北京: 商务印书馆, 1986: 266.

戏，火光将这些傀儡的影子照在墙壁上。囚徒们只能看到这些影子，他们认为这就是最真实的事物，一旦解除他们的束缚让他们回过头来看到火光，便会感到闪耀炫目产生剧烈的痛苦，所以他们看到那些实物时会认为他原来看到的影子比这些实物更为真实，因为他们分不清影子和实物的关系。然而，只有将他们拉出洞外让他们看到太阳，他们才能真正认识到太阳才是可见世界的主宰。

（四）"道论"与"理念论"——轴心时代中国、希腊哲学突破的两个不同方向

在轴心时代，中国哲学和希腊哲学都实现了巨大的突破，这种突破分别以老子和柏拉图为代表。老子提出"道"，并把它作为最高的哲学范畴，不仅超越了传统的上帝主宰论和天命决定论，而且克服了传统的天道自然观的局限，从而开启了中国哲学理性思维的萌芽。柏拉图继承前苏格拉底哲学家对世界本原的探讨，继承其师苏格拉底对事物本质的追问，提出了"理念"，并把它作为世界万物产生和存在的本原和本体，克服了传统的神意论和智者派的相对主义，开启了哲学思辨之门。

老子围绕"道"建立了一套融道、自然、无为为一体的"道论"哲学，其最终目的在于为天地万物确立一个本根和本原，为现实社会的存在合理性寻找一个可靠的依据，即所谓"推天道以明人事"。柏拉图以"理念"为核心建构了一套内容庞杂的"理念论"体系，其主旨在于为希腊人提供一种追求幸福生活、探索绝对真理的正确方式，为希腊人构建一个集正义、智慧、勇敢、节制为一体的哲学城邦。可以说，他们二人建构哲学理论的目的不是单纯为了真知方面的求索、义理方面的探讨，而是为了现实的功效，即如何提供一套行之有效的建构和谐社会、正义国家的方法和理论，从而实现人类的幸福。这是老子"道论"哲学和柏拉图"理念论"哲学的相同之处。

老子的"道论"和柏拉图的"理念论"之所以会有相同的出发点，是因为他们都处在各种矛盾错综复杂的社会转型期，他们都面临着相同的时代难题。老子生活于社会思想大变革的春秋末期。这一时期，周王朝开始衰落，诸侯国逐渐兴起，社会动荡不安，阶级矛盾复杂，思想变革剧烈。层出不穷的诸侯王僭越违礼事件，不断地冲击着奴隶主贵族专政的世卿世禄制，也冲击着"以德配天"的宗教政治伦理观念，不断地动摇着的威权。正是在这一背景下，老子提出了"道"，建构了"道论"哲学。老子提出"道"，是为了将人们的视野引向天地之外，从天地之外去寻找出一个天地万物的始基，从而为天地万物确立一个本根、

本原。这是老子提出"道"、建构"道论"哲学的一个最初目的,但不是最终目标。老子"道论"哲学的最终目标"在于谋求人和社会的根本利益:以'道'为根据,寻找人和社会存在的合理样式。"❶ 易言之,老子提出"道"、建构"道论"哲学的最终目的,是为了给人的合理行为、社会存在的理想样式提供一个终极依据,是为了"推天道以明人事"——通过考察道的本性来推出社会、人事的基本法则。

与老子相似,柏拉图也生活在一个王朝即将走向没落的时期——希腊古典时期(公元前5世纪—前4世纪)末期。这一时期,希腊王朝出现了全面衰落:奴隶人数激增,贫富差距加剧,小农纷纷破产,僭主再次流行,人民生活困苦,各邦实力大减。柏拉图就出生在这样一个希腊城邦由盛而衰的时代。

柏拉图年轻时的理想是从政。他在一封写给西西里岛僭主狄奥尼修斯一世的弟弟狄翁的信里说道:"我年轻的时候,也有跟其他许多人相同的经历,我希望自己成年后立即参与政治生活。但当这样的时机到来时,政治形势却发生了下列变化。那时存在的政府,为大多数人所不满,于是发生了革命。"❷ 革命的结果是"三十寡头"政府的建立。"三十寡头"政府把城邦搞得怨声载道,所以很快就被新的代议制政府取代。这个政府指控柏拉图的老师苏格拉底亵渎神明,于公元前399年通过公民投票的方式处死了苏格拉底。苏格拉底之死对柏拉图触动很大,使他陷入了沉思。"我开始思考着这些事情,思考着这些人治理城邦的方式,思考着他们的法律及习俗。越是思考这些,年龄越是增长,我越是觉得正确管理城邦事物之难。"❸

因为柏拉图所在时代的城邦都处于极坏的统治之下,它们的法律已经败坏到无可救药的地步。所以,柏拉图就"不得不宣告,必须颂扬正确的哲学,通过它一个人可以认识到公众生活和私人生活的各种正确的形式。因而除非真正的哲学家获得政治权利,或者城邦中拥有权力的人,由于某种奇迹,变成了真正的哲学家,否则,人类中的罪恶将永远不会停止"❹。因此,我们可以说,柏拉图进行哲学研究、建构"理念论"哲学的最终目的,是为了给雅典公众、希腊人民提供一种正确处理私人生活和公众生活的方式,从而建立起一个正义的、至善的理想城邦,实现人类的幸福。这也就是柏拉图与以往的哲学家的不同之处,这也就

---

❶ 杨庆中. 老子道论与中国轴心时代之哲学突破 [J]. 东岳论丛, 2005 (6): 170.
❷ 苗力田. 古希腊哲学 [M]. 北京:中国人民大学出版社, 1989: 236-237.
❸ 苗力田. 古希腊哲学 [M]. 北京:中国人民大学出版社, 1989: 238.
❹ 苗力田. 古希腊哲学 [M]. 北京:中国人民大学出版社, 1989: 238.

是柏拉图"理念论"哲学的突破之处。

综上，我们可以看出老子的"道论"哲学和柏拉图的"理念论"哲学在终极目标上有着很大的一致性和相同性。但是，他们二人却是沿着不同的进路去实现这一目标的。"柏拉图之理念论是一本体论（ontology），重在考察宇宙之本体；……重在解释。"❶ 而老子之"道论"，虽然具有本原论和本体论的因素，但是"其重点却不在于解释。……其根本用意并不是为了解说外在自然，而是通过解说自然来为人类立法"❷。易言之，柏拉图的"理念论"哲学是沿着探求解释外在自然以获得客观规律和绝对真理的知识论进路，重在对"理念"这一本体进行理性的科学分析，从而获得纯粹的客观的真知；老子的"道论"哲学则是沿着为人的生存发展、安身立命提供效法依据，为人类行为的合法性、合理性确立尺度和根据的进路。总之，老子"道论"哲学和柏拉图"理念论"哲学的不同进路，不仅反映出中、希哲学在轴心时代突破的不同方向，而且反映出中西文化精神的巨大差异。

---

❶ 罗安宪. 虚静与逍遥——道家心性论研究[M]. 北京：人民出版社，2005：79.
❷ 罗安宪. 虚静与逍遥——道家心性论研究[M]. 北京：人民出版社，2005：79.

二、先秦道家生态哲学思想与生态文明建设

党的十八大报告提出,建设生态文明是关系人民福祉、关乎民族未来的长远大计。当前中国社会正面临着环境污染严重、生态系统退化、资源约束趋紧的严峻形势,遭遇到了严重的生态危机。所以,我们必须树立尊重自然、顺应自然、保护自然的生态文明理念,把生态文明建设放在突出地位,努力建设美丽中国,实现中华民族永续发展。生态文明建设,既需要通过科技手段、法律手段,也需要从中华传统文化中吸收有益的思想资源。中国传统文化尤其是先秦道家哲学思想中蕴含着丰富的生态智慧,如道法自然、无为不争的思想,天和人和、太和万物的思想,物无贵贱、万物平等的思想,知足知止、崇俭贵啬的思想。对道家生态哲学思想的研究,对于当前我国建设生态文明具有重要的启示意义和借鉴作用。

生态,亦称自然生态,是指地球上各种生物之间、生物与环境之间的相互关系及存在状态。德国哲学家恩斯特·海克尔于1866年提出"ecologie"(生态学)一词,并把它定义为讨论有机体与外界关系的学问。1935年,英国生态学家A. G. 坦斯利提出"生态系统"概念,认为有机体与其所处的环境形成一个自然生态系统,它们都按一定的规律进行能量流动、物质循环和信息传递。生态系统包括各种生命支撑系统,以及生活的环境等。相对于生态系统而言,"人类及其活动只是生态系统的一个组成部分,人由于会劳动而不同于其他生物"[1]。生态哲学是一种新的自然观,是对人与自然关系的哲学思考。生态哲学又是"一种新的世界观,主张用生态整体性观点去观察和解释现实世界"[2]。生态哲学还是一种新的价值观,认为不仅人具有价值,生态和自然界也有其内在价值。生态哲学

---

[1] 江泽慧. 生态文明时代的主流文化:中国生态文化体系研究总论[M]. 北京:人民出版社,2013:99-100.
[2] 余谋昌. 生态哲学[M]. 西安:陕西人民出版社,2000:33.

主要包括生态价值论、生态伦理学、生态消费观、生态美学等。中国传统文化尤其是先秦道家哲学中蕴含着丰富的生态哲学思想，正如美国生态哲学家弗·卡普拉所言："道家提供了最深刻和最美妙的生态智慧的表达，它强调本原的唯一性和自然与社会现象的能动本性。"❶ 先秦道家的生态哲学主要表现在以下几个方面：一是尊重自然，顺应自然，掌握和遵循自然规律；二是提倡节约、俭啬、适度的生态消费观，合理开发和利用自然资源，使生态系统实现可持续发展；三是提倡人与生态系统和谐相处、和合共生。先秦道家哲学中包含着的这些生态智慧，对于我们当下建设生态文明有深刻启迪，可以为当前我国生态文明建设提供丰富的思想资源和理论基础。

（一）道法自然、无为不争的生态哲学思想

人与自然的关系是人类文明的基础。人类文明的演进，总是伴随着人与自然关系的转换。人类文明的转型，是人对自然的认识、理解和价值发生变革的结果。"从工业文明向生态文明的转变，正是基于自然观与价值观的转变而发生的。生态文明要求人类重新认识自身与自然的关系，重新认识自然的价值"❷。生态哲学是生态文明的哲学基础，是一种新的自然观，是对人与自然关系的哲学思考。它是对工业文明时代"征服自然、改造自然"的自然观和"人类中心主义"价值观的批判和反思，是从生态系统整体视角出发来重新思考人与自然的关系，认为人类不是自然生态系统中唯一的、至高无上的主人，而是自然生态系统中普通的成员；自然生态系统具有整体性、有机性、持续性，人与自然之间是互惠共生、持续发展的关系。先秦道家哲学中就包含着丰富的生态哲学思想，其核心观点是"道法自然、无为不争"。

先秦道家的开创者老子在《道德经》中提出了著名的"道法自然"的命题，认为人类与自然生态系统是整体的统一，二者共同统一于"道"。"道"是先秦道家哲学的核心范畴，"道"是宇宙的本原和本根。"道"产生天地万物，天地万物包括人类都是出自同一个本原即"道"。

道生一，一生二，二生三，三生万物。万物负阴而抱阳，冲气以为和。（《老子》42章）

---

❶ [美]弗·卡普拉. 转折点——科学、社会、兴起中的新文化[M]. 陈禹等，译. 北京：中国人民大学出版社，1989：30.
❷ 张敏. 论生态文明及其当代价值[M]. 北京：中国致公出版社，2011：46-48.

夫道……生天生地；在太极之上而不为高，在六极之下而不为深，先天地生而不为久，长于上古而不为老。（《庄子·大宗师》）

"道生一"，"一"就是太极。"一生二"，"二"就是阴阳或者天地。"二生三"，"三"就是阴、阳、和三气。"三生万物"是指"阴、阳、和三者交互感应和合生成了天地万物"❶。天地万物包括人类都是由"道"化生而成的。"道"不仅是天地万物产生的根源，还是天地万物运行变化的根据。"道"主要包括天道、地道、人道三个方面，天道、地道是指天地自然的运行规律和法则，人道则是指人类社会的运行法则。

在先秦道家看来，"道"的第一个特性是"自然"。何谓"自然"？《广雅·释诂》解释说："自为自己，然为样态。""自然"就是指"自生自化、自本自根、自以为然、自己使自己成其所是，而没有任何外在力量的主宰、驱使和强迫。"❷

道之尊，德之贵，夫莫之命而常自然。（《老子》51章）

夫至乐者，先应之以人事，顺之以天理，行之以五德，应之以自然。（《庄子·天运》）

自然者，默之成之，平之宁之，将之迎之。（《列子·力命》）

命者自然者也。（《鹖冠子·环流第五》）

在先秦道家看来，"道"的第二个特性是"不仁"和"无爱恶"。

天地不仁，以万物为刍狗。（《老子》5章）

天无不覆，有生有杀，而天无爱恶。日无不照，有妍有丑，而日无厚薄。（《关尹子·三极·极者尊圣人也》）

在先秦道家看来，"天地不仁"，"天无爱恶"，意思是说，天地并没有仁与不仁的观念，也没有主观的情感和用意，一切都是自然而然的。天地只是自然的存在物，而非仁爱的化身，它不具备人类的感情。天地万物的生长、发展、运行、变化是都是按照其内在规律进行的。

在先秦道家看来，"道"的第三个特性是无为不争、利而不害、损有余而补不足。"无为"并不是不做事，而是指"没有人为因素参与，万物按其自然本身的法则兴作、生成、发育、成长"❸。

---

❶ 罗安宪. 道家关于生态文明的智慧［J］. 探索与争鸣. 2013（8）：71.
❷ 罗安宪. 虚静与逍遥——道家心性论研究［M］. 北京：人民出版社，2005：55-56.
❸ 蒙培元. 人与自然——中国哲学的生态观［M］. 北京：人民出版社，2004：195.

圣人处无为之事，行不言之教，万物作焉而不辞，生而不有，为而不恃，功成而弗居。(《老子》2章)

道常无为而无不为。(《老子》37章)

上善若水。水善利万物而不争，处众人之所恶，故几于道。(《老子》8章)

天之道，不争而善胜，不言而善应，不召而自来，繟然而善谋。(《老子》73章)

天之道，损有余而补不足。(《老子》77章)

天之道，利而不害。(《老子》81章)

老子认为，"道"具有自然、无为、不仁、不争等特性，所以，人道应该效法天地之道、顺应自然，利万物而不害万物，辅万物之自然而不违。

人法地，地法天，天法道，道法自然。(《老子》25章)

与先秦儒家的"仁者爱人、仁爱万物"的人文主义不同，先秦道家提倡"顺应自然、道法自然"的自然主义。"道法自然"是先秦道家生态哲学的核心思想。何谓"道法自然"？蒙培元认为，"道法自然是指道以'自然'为法则，'自然'就是法则。现在人们所说的自然，就是指自然界。按照西方传统哲学，自然是人之外并与人相对存在的自然界。当人们谈论自然界的时候，是作为人之外的对象而谈论的，作为人的'外部环境'而谈论的。但是，在老子那里，'自然'与人的生命存在是不能分开的，人即在'自然'中存在，人是'自然'的一部分。'道法自然'归根到底是'人法自然'，人和'自然'之间不是主客观的对立关系，也不是认识和被认识的关系。人在'自然'中存在，就如同天地万物在'自然'中存在一样，是无法改变的命运。'自然'是整体性的或主体性的，从这个意义上说，它代表了宇宙自然界，'自然'就是宇宙自然界的'代名词'。'自然'所代表的是自然界的秩序，人的生命活动只是其中的一部分。'自然'对人而言就是根源性的，同时又是目的性的，'自然'是人的最原始本真的存在状态，是人的生命活动的最终归宿。按照老子所说，自然界的万物，包括人的生命，都是自然造化的结果，都是自然而然地生成的，并无主宰者，这是'道法自然'的基本含义"[1]。由此可见，"道法自然"的基本含义是要人们认识清楚人与自然的关系，自然即地球生物圈是一个大的生态系统，人类社会只是其中的一个子系统。人类是自然的成员，而非自然的主宰。作为"道"的产物以及天地万物中的成员，人应该遵循和效法地、天、道，与自然和谐相处、和合共生，

---

[1] 蒙培元. 人与自然——中国哲学的生态观 [M]. 北京：人民出版社，2004：194.

不破坏、不损害天地万物和自然生态。因此，先秦道家提倡的"道法自然，无为不争"的思想，对唤醒人们爱护自然、保持与自然的和谐关系具有积极的意义。

（二）天和人和、太和万物的生态和谐理念

生态和谐理念是指物种之间、生命与非生命物质之间的整体和谐。它既包括自然界内部的和谐，也包括人与自然之间的和谐。先秦道家哲学中包含着丰富的生态和谐理念。

道生一，一生二，二生三，三生万物。万物负阴而抱阳，冲气以为和。（《老子》42章）

夫明白于天地之德者，此之谓大本大宗，与天和者也。所以均调天下，与人和者也。……夫至乐者，先应之以人事，顺之以天理，行之以五德，应之以自然。然后调理四时，太和万物。（《庄子·天道》）

至阴肃肃，至阳赫赫。肃肃出乎天，赫赫发乎地。两者交通成和而物生焉。（《庄子·田子方》）

天地与我并生，万物与我为一。（《庄子·齐物论》）

先秦道家从"自然的天道"切入天人关系即人与自然关系，主张"天即自然"，提倡"冲气以为和""与天和""与人和""太和万物"的思想，认为人应该顺应天道，遵循自然界的和谐秩序，平等地对待天地万物，最终达到"天地与我并生，万物与我为一"的天人合一境界，实现人与自然的真正和谐，这充分体现了先秦道家哲学的生态和谐理念。

先秦道家之所以持这样的理念，是因为在他们看来，世界是由自然、社会、人组成的复合生态系统。"生态系统的关系不是两个封闭实体之间的外在关系，而是两个开放系统之间的相互包容关系。"[1] 生态系统是人与所有物种共生共享的，人与生态系统中的各种生物、非生物之间是相互联系、相互依存的关系。所以，人应该与生态系统和谐相处、包容共生，应该自觉地遵守自然规律并按自然规律办事，应该通过尊道贵德、修道养德来把自己的生命真正融入自然生态之中，达到人与自然"本体合一、有机联系"的和合境界。此外，从价值观上讲，先秦道家的"天地与我并生，万物与我为一"的思想蕴含着人与自然的地位平等的思想。在他们看来，自然界也具有其内在的价值，所以，他们提倡人道与天

---

[1] ［法］埃德加·莫兰. 迷失的范式：人性研究［M］. 陈一壮，译. 北京：北京大学出版社，1999：13-14.

道合一，肯定自然规律与人类社会法则的内在统一，反映了极其深邃的生态和谐思想，与当代的和谐生态理念有很大的契合性和相通性。

（三）物无贵贱、万物平等的生态价值观

价值是指"作为客体的对象"对"作为主体的人"的需要的满足，它本质上表现为主客体之间的一种客观关系。价值观则是人们对价值问题的根本看法和对价值这一客观状态的主观认识。生态价值是"人与自然环境之间的价值关系范畴。它包括自然环境对人的生态价值，也包括人对自然环境的生态价值"[1]。生态价值观，又称为自然价值观，是指人们对生态价值的根本看法和主观认识。生态价值观认为，所有自然物、生物物种都具有内在的价值，人类不应该把大自然当作工具来看待，而应该把大自然本身当作目的来看待。这是因为，只有承认自然物、其他生命物种的内在价值，才能有利于人类尊重生命、善待大自然，才能有利于人类与自然万物和谐相处，才能有利于维护生态系统的平衡和健康运行。人类"应当成为大自然共同体的平等一员和'善良公民'，而不应当成为大自然中狂妄的'主宰'"[2]。

在老庄等先秦道家看来，人类是自然界的成员而非主宰者，人与自然界中的其他物种处于平等的地位，而非敌对的关系。天地万物齐一平等，每一物种都有自己的内在价值，人并不比其他物种更高贵。所以，人们不应该以他物是否有利于自己、是否能满足自己的私利为标准来衡量和评价天地万物，不应该持有"人类中心主义"的价值观，而应该秉持"物无贵贱、万物平等"的生态价值观。

以道观之，物无贵贱；以物观之，自贵而相贱；以俗观之，贵贱不在己。（《庄子·秋水》）

天地万物，与我并生，类也。类无贵贱。（《列子·说符》）

自其异者视之，肝胆楚越也；自其同者视之，万物皆一也。（《庄子·德充符》）

天地与我并生，万物与我为一。（《庄子·齐物论》）

至德之世……万物群生……同禽兽居，族与万物并。（《庄子·齐物论》）

先秦道家认为，"一"即"道"是天地万物统一的基础，所以老子说："昔之得一者，天得一以清，地得一以宁，神得一以灵，谷得一以盈，万物得一以

---

[1] 胡安水. 生态价值概论 [M]. 北京：人民出版社，2013：41.
[2] 王正平. 生态、信息与社会伦理问题的研究 [M]. 上海：复旦大学出版社，2013：63.

生，侯王得一以为天下正。"（《老子》39章）"得一"也就是"得道"，天地得道而清宁，万物包括人类得道而生存。人与天地万物具有内在的统一性，都统一于"道"；人与天地万物是平等友爱、和谐相处的关系，而非统治与被统治、征服与被征服的关系。人可以认识自然，利用自然界中的事物来满足自己的生存需要和发展需要；但是，那些被人类利用的事物自有其存在价值，人不应该凌驾于他物之上，任意地残害和破坏天地万物。

先秦道家的这种"物无贵贱、万物平等"的生态价值观与当代许多生态哲学家的思想有很大的契合性。法国生态哲学家史怀泽认为，"自然界每一个有生命的或者具有潜在生命的物体都具有某种神圣的或内在的价值"[1]。美国环境伦理学之父罗尔斯顿认为，"我们不仅应当承认自然实体的内在价值，更应当认识生态系统及其过程的内在价值"[2]。由此可见，在当代生态哲学家看来，自然生态系统不仅具有外在的工具价值，而且具有内在价值。自然生态系统的工具价值是指自然生态系统作为客体对人类生存和发展的有用性；自然生态系统的内在价值则是指自然生态系统对于自身的存在、发展所具有的意义。因此，先秦道家所持的"物无贵贱、万物平等"的生态价值观，不仅肯定了自然生态及天地万物的工具价值，而且认识到了自然生态和天地万物的内在价值，对于保护自然生态、建设生态文明、构建人与自然和谐友好的关系具有积极的意义。

（四）知足知止、崇俭贵啬的生态消费观

联合国环境与发展大会发布的《21世纪议程》指出："地球所面临的最严重的问题之一，就是不适当的消费和生产模式，导致环境恶化，贫困加剧和各国的发展失衡"[3]。党的十八大报告也指出，我们要把节约资源作为保护生态环境的根本之策，加强生态文明宣传教育，增强全民节约意识、环保意识、生态意识，形成合理消费的社会风尚，营造爱护生态环境的良好风气。由此可见，培养合理的生态消费观、增强全民节约意识，对于生态文明建设具有重要的意义。

生态文明所提倡的消费是一种节约型消费和适度消费，提倡对自然资源的消费要保证和维持个体的生存健康和人类的生命延续。"保证和维持个体的生存健

---

[1] 阿尔贝特·史怀泽. 敬畏生命 [M]. 陈泽环，译. 上海：上海社会科学出版社，1992：9.
[2] [美] 霍尔姆斯·罗尔斯顿. 环境伦理学：大自然的价值以及人对大自然的义务 [M]. 杨通进，译. 北京：中国社会科学出版社，2000：254.
[3] 21世纪议程 [EB/OL]. http：//www. un. org/chinese/events/wssd/chap4. htm，1992-06-14.

康是合理消费自然资源的底线,它规定了节约型生活的最低限度。"❶然而,节约型消费或适度消费还认为,我们"不仅要使当代人健康生存,还要使后代人也能够健康生存",这也就是说,"为了维护人类种族的生命延续,当代人都应该承担这种的道德责任,限制自己的奢侈和浪费性的消费习惯,避免和禁止滥用自然资源,努力维护人与自然之间的物质变换和生态平衡,以给后代留下一个可以持续发展的空间"。❷

先秦道家哲学思想中就包含着"知足知止"的生态消费观和"崇俭贵啬"的节约意识,对于增强全民环保意识和生态意识、形成合理消费的社会风尚具有深刻的启示意义。

知足者富。(《老子》33章)

知足不辱,知止不殆,可以长久。(《老子》44章)

五色令人目盲;五音令人耳聋;五味令人口爽;驰骋畋猎,令人心发狂;难得之货,令人行妨。是以圣人为腹不为目,故去彼取此。(《老子》12章)

是以圣人去甚,去奢,去泰。(《老子》29章)

以老子为代表的先秦道家提倡"知足""知止""去甚""去奢""去泰",要求人们树立正确合理的消费观。胡寄窗说:"老子学派把知足看得非常重要,以为知足可以决定人们的荣辱、生存、祸福。他们并将知足作为从主观上分辨贫富的标准。如知足,则虽客观财富不多而主观上亦可自认为富有。反之,客观财富虽多,由于主观的不知足,贪得无厌,能酿成极大的祸害。从这里可以看出老子的财富决定于主观的知足与不知足,亦即决定于'欲不欲'。"❸老子提倡清静简朴的生活方式,反对人们过度地沉迷于那种使人眼花缭乱、听觉失灵、味觉受损、心思发狂、行为不轨的奢侈生活;提倡人们摒弃物欲的诱惑,而保持虚静的生活。这是因为,在他看来,自然资源的有限性与人的欲望的无限性之间存在着不可调和的矛盾。人们如果过度地追求物欲的满足,必然会伤害人的自然本性、破坏人心灵的安宁,必然会造成对自然资源的过度利用和对生态环境的极大破坏,必然会带来人际关系的失调、人与自然关系的失衡,甚至会引发严重的生态危机和社会危机。所以,老子认为人们应该懂得"知足不辱,知止不殆"的道理,改变奢侈浪费的生活习惯,形成适度、节约的消费模式。老子还认为,人们

---

❶ 徐海红. 生态劳动与生态文明[M]. 北京:人民出版社,2013:234.
❷ 徐海红. 生态劳动与生态文明[M]. 北京:人民出版社,2013:234-235.
❸ 胡寄窗. 中国经济思想史[M]. 上海:上海财经大学出版社,1998:290.

在发展经济的过程中应充分考虑自然资源和生态环境的承受力，不做竭泽而渔、破坏生态平衡的事，以保证生物圈的生生不息和自然生态的永续发展。

在提倡"知足知止"的生态消费观的同时，先秦道家还认为人们应该树立"崇俭贵啬"的节约意识，追求一种俭啬纯朴的生活方式。

我有三宝，持而保之：一曰慈；二曰俭；三曰不敢为天下先。慈，故能勇；俭，故能广；不敢为天下先，故能成器长。（《老子》67章）

治人事天，莫若啬。夫唯啬，是谓早服。早服谓之重积德。重积德则无不克。（《老子》59章）

咎莫大于欲得，祸莫大于不知足。故知足之足，常足矣。（《老子》46章）

老子认为，"啬"并非贬义的"吝啬"，而是一个中性词，指的是节约资源、涵养节用，即对人类可以利用的自然资源的有限性保持清醒的认识。正是由于自然资源的有限性，所以以老子为代表的先秦道家都提倡节制欲望、节俭生活，反对奢靡之风和铺张浪费。老子认为，节俭、俭啬是他一生持守的三个法宝之一，人们如果能够做到节俭、俭啬就可以养成良好的生活习惯和合理的消费模式，培养优良的品行，达到修身的目的。老子还认为，"金玉满堂，莫之能守；富贵而骄，自遗其咎"，意思是说，节俭、俭啬可以修身，亦可以齐家；反之，浪费奢靡则不仅败德而且败家。这正如唐代著名诗人李商隐在《咏史》诗中所言："历览前贤国与家，成由勤俭破由奢。"俭啬修身、节俭持家、勤俭治国，历来都是我们中华民族的传统美德，也应该成为当下我们建设生态文明所坚持的优良作风。

综上所述，先秦道家哲学中包含着丰富的生态哲学思想，对于当前我国的生态文明建设具有重要的启发意义。通过深入研究先秦道家的生态哲学思想，我们可以发现其与现代生态文明之间的种种关联，以及其对于我国生态文明建设的当代意义，从而为当前我国的生态文明建设提供可资借鉴的生态智慧和哲学启示，最终有利于建立一个人与自然和谐相处、和合共生的生态社会和美丽家园。

三、孟子人性论的当代意义

人性论一直是中国古代哲学中一个极为重要和突出的问题,始终是古代先哲们密切关注的问题。对人性的深入探讨始终是中国古代哲学的鲜明标志,而其中最有代表性的便是孟子的人性善学说。孟子的性善理论为大多数儒家学者所接受,对后世影响极大,并在中华民族的性格塑造上发挥了难以估量的作用。孟子是中国历史上第一个系统提出人性善理论的哲学家。在此之前,哲学家们还主要围绕天与上帝问题进行讨论,很少注意到个人的问题。从孔子开始,人与人之间的关系问题开始进入中国哲学家的视野范围。孔子认识到由于社会的剧烈动荡,人与人的关系必须妥善处理,否则就会使暴力泛滥而导致社会动荡、战乱频繁,于是有了孔子的仁学体系。到了孟子的时代,旧的宗法关系已经不能再维系下去了,人与人的关系不能以血缘的纽带来束缚,也不能用暴力来钳制,因此孟子提出了人性善理论。孟子在孔子等先哲探讨人性问题的基础上,对人的本质做出了新的探讨,提出了比较系统的人性善理论,从而在一定意义上启发了当时人们对人性问题的思考与研究。因此,要研究中国人性论发展史,首先要了解孟子的人性论学说的理论背景、主要内容及当代意义。

(一)孟子人性论的理论背景

孟子一生都在践履孔子的"仁学"主张,并在孔子的基础上进一步发挥了儒家"仁者,爱人"的思想,率先提出了"人性善"的思想主张,并成为其"仁政"思想的理论基础。虽然孟子率先提出"人性善"的思想主张,但在孟子之前已有人对人性问题进行了探讨,可以说孟子的人性论思想正是建立在前人基础上,并加上自己的阐发而形成的。在孟子之前,对人性问题正式有所探讨的有孔子与告子二人。

1. 孔子的人性思想

从学术渊源上来看,孟子以继承孔子之道为终身之志,是孔子"仁学"思想的继承人，因而被人称为"亚圣"。孟子的人性思想也源于孔子的人性思想，但是，孔子对人性的论说并不具体，而是很模糊。由于孔子对人性论说得不充分，使人性问题成了后世儒家一直争论不休的问题，客观上促成了孟子人性论的产生。

孔子在《论语·阳货》中说："性相近也，习相远也。"这里的"性"是指人的本性，即天性，未经后天培养改造过的人之共性；"习"是指后天的修养锻炼，亦可理解为后天实践。"习"使人真正成为"人"，并具有其自身的特性。张岱年先生认为："孔子所谓性，乃是与习相对的。孔子不以善恶讲性，只认为人的天性都是相近的，所来的相异，皆由于习。"❶ 意思是说人性都是相近的，之所以出现相异，是由于"习"这种后天的习惯或实践所导致的。

孔子的"性相近，习相远"是中国哲学史上第一个关于人性思想的命题。虽然"性相近"的观点不是很明确的人性论主张，但是却隐含着人性平等的主张，更重要的是孔子重视"习"对人性变化的影响，强调了后天学习，修养和锻炼的重要，充分重视了人为的作用，具有很大的积极意义。

2. 告子的人性思想

告子的人性论思想见于《孟子·告子》一文。方立天先生认为，告子是与孟子同时而又略早的哲学家。孟子和告子二人曾就人性问题展开过激烈争论，与孟子宣扬"性善"不同，告子宣扬的是"性无善无恶"的自然人性论。孟子的"性善论"是在与告子的"性无善恶说"的辩论中形成的，他们争论的焦点主要体现在"什么是人性"这一问题上。

首先，告子认为"性无善无不善也"，而且"性犹杞柳也，义犹桮棬也；以人性为仁义，犹以杞柳为桮棬。""性犹湍水也，决诸东方而东流，决诸西方而西流。人性之无分于善不善，犹水之无分于东西也。"❷ 意思是说"性"本身无善或不善之分，后来经过外力的作用才或善或恶；人性好比杞柳的枝条，仁义如枝条加工成的桮棬。这也就是说，仁义道德都是后天形成，并非天生具有，但是可以通过修养获得。

其次，在论说"性无善无恶"之后，告子又对"性"下了定义："生之谓性。"❸ 并进一步说："食色，性也。"❹ 突出强调了人的自然属性。在告子看来，

---

❶ 张岱年. 中国哲学史大纲 [M]. 北京：中国社会科学出版社，1982：183.
❷ 朱熹. 四书集注：孟子·告子上 [M]. 长沙：岳麓书社，1985：410.
❸ 朱熹. 四书集注：孟子·告子上 [M]. 长沙：岳麓书社，1985：411.
❹ 朱熹. 四书集注：孟子·告子上 [M]. 长沙：岳麓书社，1985：412.

人生而具有的是"性",后天习得而成的便不是"性",正如张岱年先生所说:"食色人人皆然,不待学习,故是性,为善固须教诲,为恶亦待诱导,故不是性。告子所谓性,与孟子所谓性,实大不同。孟子以人之所以为人之特质为性;告子则以自然的,完全无待教导的本能为性。这种本能未必是人之所以为人者。"❶在张岱年先生看来,告子的"生之为性"与荀子的"性者天之就也"看法相近。但是,如果从告子"性无善无恶"的观点出发,荀子的"性恶论"也是不对的,比如好利争夺者,亦非生来如此,也是经过后天修养教育而成。"食色"只是自然属性,人性中的本能,不能以善恶论之,因为"人生而有本能、欲望,而其中最显著的是饮食男女,就人性来说,'食'、'色'是人类保持自己和延续后代的两种本能,无所谓善,也无所谓不善"❷。

(二)孟子人性论的主要内容

孟子是先秦时代人性学说的重要开拓者,也是儒家人性理论的奠基人,其"性善"学说为后来多数儒家学者所肯定和接受,对后世影响极大。

1. 孟子人性论的主要观点

(1)"人之所以异于禽兽者几希"

人性作为一个抽象概念,是指"人类的共同本质,既指人与动物相区别的性质,又可与神性、兽性、非人性、反人性等概念相对应"❸。在孟子看来,人与禽兽相异的地方很少,而之所以不同就在于"人性本善"。"人之所以异于禽兽者几希,庶民去之,君子存之。"❹"几希",意为很少。孟子不光看到了人与禽兽相近的地方,更看到了人与禽兽不同之处。在这里他并不否认人有不善的性质即与禽兽相同的性质,但是在孟子看来这并不是人性,孟子所讲的人性恰恰就是"人之所以异于禽兽者几希"的"几希"之处,人之所以为人的特性之处,也就是人的类本质,人作为"类"区别于其他"类"的本质所在。

(2)"有性焉,君子不谓命也"

孟子肯定人性不同于动物特性,尤其注重将感官欲求与人性区分开来。孟子认为,人与动物相近之处在于感官欲求,而区别则在于人性,他针对这一问题做出下列解释说明:"口之于味也,目之于色也,耳之于声也,鼻之于臭也,四肢

---

❶ 张岱年. 中国哲学史大纲 [M]. 北京:中国社会科学出版社,1982:193-194.
❷ 方立天. 中国古代哲学问题发展史 [M]. 北京:中华书局,1990:319-320.
❸ 方立天. 中国古代哲学问题发展史 [M]. 北京:中华书局,1990:317-318.
❹ 朱熹. 四书集注:孟子·离娄下 [M]. 长沙:岳麓书社,1985:366.

之于安佚也，性也，有命焉，君子不谓性。仁之于父子也，义之于君臣也，礼之于宾主也，知之于贤者也，圣人之于天道也，命也，有性焉，君子不谓命也。"❶意思是说人的感官欲求，如口好味、目好色、耳好声、生活好安逸等，是属于人的本性，但是因为有天命的存在和作用，君子强调安于天命而不追求满足生理欲望，所以并不把它归结为"性"。至于仁、义、礼、知，是天命，也是人性，君子应该充分发挥主观作用，按照自己本有的这些善性要求提高自己，所以不把它归结为"命"，而归结为"性"。归根结底，孟子把"仁、义、礼、知"的道德品质作为人性的内容，这种道德品质是"人之所以异于禽兽者"，也就是人之所以高于禽兽、优于禽兽，并最终决定人之所以为人的共同属性。

孟子认为人性本善，而且利用类同则性同的类比方法对此进行了论证："故凡同类者，举相似也，何独至于人而疑之？圣人，与我同类者。……口之于味也，有同耆焉；耳之于声也，有同听焉；目之于色也，有同美焉。至于心，独无所同然乎？心之所同然者何也？谓理也，义也。"❷意思是说一切同类之物，大体上无不相同。孟子以生理感知的相同推论出人的道德意识也相同，虽然混淆了自然属性与社会属性的区别，结论不能成立，但却指出了心之所同然者是理义，理义即所谓性，人之心好理义，即人之所为人者。由此可见，孟子时时注意将人的善性作为人的本质。

（3）"人性之善也，犹水之就下也"

孟子认为，人没有不善的，正如"水无有不下"。孟子以水喻性来说明人性本善，以及又出现不善的原因："水信无分于东西，无分于上下乎？人性之善也，犹水之就下也。人无有不善，水无有不下。今夫水，搏而跃之，可使过颡；激而行之，可使在山。是岂水之性哉？其势则然也。人之可使为不善，其性亦犹是也。"❸这段话的意思是说，"人性善"就如水性向下流一样，人没有不善的，水没有不向下流的。有时拍水使水跳起来高过额角，阻拦水使水倒流山中，这不是水的本性，是形势使然。人可以做坏事，改变本性，也是形势使然。在这里，孟子指出了客观环境对人性的作用，又如："富岁，子弟多赖；凶岁，子弟多暴，非天之降才尔殊也，其所以陷溺其心者然也。今夫麰麦，播种而耰之，其地同，树之时又同，浡然而生，至于日至之时，皆孰矣。虽有不同，则地有肥硗，雨露

---

❶ 朱熹. 四书集注：孟子·尽心下 [M]. 长沙：岳麓书社，1985：467-468.
❷ 朱熹. 四书集注：孟子·告子上 [M]. 长沙：岳麓书社，1985：417.
❸ 朱熹. 四书集注：孟子·告子上 [M]. 长沙：岳麓书社，1985：410-411.

之养、人事之不齐也。"❶

孟子在此处用客观环境来解释人性"不善"的原因，从而将人之不善的原因归结为环境的作用，同时也承认了环境对人的道德意识的影响。由此观之，孟子对人性的认识是比较全面的。

(4)"仁义礼智，非由外铄我也，我固有之也"

"人性善"是孟子的人性论的主要主张，那么"性善"究竟体现在哪些方面呢？具体来说，就是"仁、义、礼、知（智）"这些道德品质，可以称之为"四德"。孟子曰："乃若其情，则可以为善矣，乃所谓善也。若夫为不善，非才之罪也。恻隐之心，人皆有之；羞恶之心，人皆有之；恭敬之心，人皆有之；是非之心，人皆有之。恻隐之心，仁也；羞恶之心，义也；恭敬之心，礼也；是非之心，智也。仁义礼智，非由外铄我也，我固有之也，弗思耳矣。故曰：'求则得之，舍则失之。'或相倍蓰而无算者，不能尽其才者也。"❷意思是说，人的天赋本性可以使人善良，至于人不为善，则不是其自身资质差。恻隐之心、羞恶之心、恭敬之心、是非之心是人人皆具有的。这四心分属于"仁、义、礼、智"也。"仁、义、礼、智"都是来自于内而非外，只不过人们没有认真思考过它们。所以说："求则得之，舍则失之。"探求就会得到，放弃就会失去。人的品德之所以会相差一倍或者几倍，乃至无数倍，就是因为他们没有充分发挥本身具有的善性。

把人的本质属性归结为道德本质，似乎有失全面，但是这种人性论却是儒家代表性的人性观点，事实上也是儒家思想和中国哲学的特质，中国哲学自诞生之日起就一直密切地关注"人"，关爱"人"，这种思想恰恰是西方哲学所欠缺的，与孟子"性善论"相对照，西方哲学更关注人的"理性"，而非道德性，当人们过度关注理性忽视了道德修养的时候，也是十分可怕的，所以，孟子的"性善论"在今天仍具有积极的意义。

2. 孟子"性善论"的主要目的

在孟子看来，仅仅提出性善的观点和内容是远远不够的。孟子之所以提出"性善论"，其直接目的在于为其政治思想"仁政"作理论基础，其最终目的则在于将这种善性亦即道德性发挥到国家社会之中，达到"圣人，人伦之至"的目的。

---

❶ 朱熹. 四书集注：孟子·告子上 [M]. 长沙：岳麓书社，1985：416.
❷ 朱熹. 四书集注：孟子·告子上 [M]. 长沙：岳麓书社，1985：414-415.

（1）"有不忍人之心，斯有不忍人之政"

孟子曰："人皆有不忍人之心。先王有不忍人之心，斯有不忍人之政矣。以不忍人之心，行不忍人之政，治天下可运之掌上。所以谓人皆有不忍人之心者，今人乍见孺子将入于井，皆有怵惕恻隐之心。非所以内交于孺子之父母也，非所以要誉于乡党朋友也，非恶其声而然也。由是观之，无恻隐之心，非人也；无羞恶之心，非人也；无辞让之心，非人也；无是非之心，非人也。恻隐之心，仁之端也；羞恶之心，义之端也；辞让之心，礼之端也；是非之心，智之端也。人之有是四端也，犹其有四体也。有是四端而自谓不能者，自贼者也；谓其君不能者，贼其君者也。凡有四端于我者，知皆扩而充之矣，若火之始然，泉之始达。苟能充之，足以保四海；苟不充之，不足以事父母。"❶

"人皆有不忍人之心"，即所谓人性皆善也，正如冯友兰先生所说："孟子所谓性善，只谓人皆有仁、义、礼、智四端，此四端若能扩而充之，则为圣人。人之不善，皆不能即此四端扩而充之，非其性本与善人殊也。"❷ 意思是说，"人性善"正是先王实行"不忍人之政"，即"仁政"的基础。在这里，孟子以见到邻居的小孩子落在井里为例，指出了人所具有的"恻隐之心、羞恶之心、辞让之心、是非之心"，即"四端"。没有"四端"，人便失去了为人的根据，甚至不能孝敬父母。但是，若将"四端"扩展开来，则可以达于天下，效力百姓、国家、社会。由此可见，孟子强调内在善性的扩充（即从"四端"到"四德"），同时也注重道德的修养，强调主观努力的作用。同时还将"人皆有不忍人之心"作为施行"仁政"的理论基础。"仁政"源于先王的"不忍人之心"，由于"不忍人之心"（即同情心）人人所共有，所以"仁政"根植于人性之中，出于人的本性，因此是合理的。

（2）"圣人，人伦之至也"

在孟子看来，如果忽视人伦，不讲究个人在家庭、社会、国家中的作用，那么与禽兽没有区别，因此孟子批评杨朱和墨子："圣王不作，诸侯放恣，处士横议，杨朱墨翟之言，盈天下，天下之言，不归杨则归墨。杨氏为我，是无君也；墨氏兼爱，是无父也。无父无君，是禽兽也。公明仪曰：'庖有肥肉，厩有肥马，民有饥色，野有饿莩，此率兽而食人也。'杨墨之道不息，孔子之道不著，是邪说诬民，充塞仁义也。仁义充塞，则率兽食人，人将相食。吾为此惧。闲先圣之

---

❶ 朱熹. 四书集注：孟子·公孙丑上 [M]. 长沙：岳麓书社，1985：292-293.
❷ 冯友兰. 中国哲学史（上）[M]. 上海：华东师范大学出版社，2000：96.

道，距杨墨，放淫辞，邪说者不得作。作于其心，害于其事；作于其事，害于其政。圣人复起，不易吾言矣。"❶

孟子认为，"无君无父，违反仁政"就是不具有人性的禽兽。孟子提倡"人性善"最重要的目的就是为"仁政"作理论基础，从而使"仁政"得以推行，将人的善性要发挥到国家社会之中。如冯友兰先生所说："盖儒家以为人之四端之表现于社会组织者，即所谓人伦。若杨墨之道，废弃人伦，则失其'人所为人者'，不合人之定义，故为禽兽也'。亚里士多德以为人为政治动物。人性若能充分发展，即须有国家社会，否则不称其为人。儒家以为人须有君父，亦此意也。"❷ 所以孟子的人性论并不是超阶级的，仍是建立在亲亲尊尊基础之上的人性学说，正如孟子所说："圣人，人伦之至也。"❸ 所谓圣人，就是将善端扩充到"人伦之至"而已。

3. 孟子人性论在其思想中的重要地位

第一，孟子思想中最重要的部分便是"人性善"思想，"人性善"思想是其"仁政"思想的哲学基础，同时也是孟子著名的"尽心，知性，知天"心性论得以展开的理论根据。正因为人有天赋善端，只需"反身而诚"，就会"乐莫大焉"，达到"万物皆备于我"的天人合一的理想状态。所以，"人性善"思想在孟子思想中的地位极为重要。在诸侯争霸、战乱纷起的社会大动荡时期，孟子旗帜鲜明地肯定"人性善"，奉劝统治者施行"仁政"，爱护人民，这种仁义思想在当时是极为可贵的，散发着人性的光辉。

第二，孟子提出"人性善"，并指出"仁政"的基础是"人性善"，并且来源于"不忍人之心"的道德观念，同时又指出："人皆可以为尧舜。"❹ 这充分肯定了人的价值，即人只要在道德修养方面积极有为，就可以达到圣人的高度。孟子在这里一方面肯定了"圣人之道"，另一方面又说明了圣人并非高不可攀，这种观点在今天仍具有积极的意义。

第三，尽管孟子认为"人性本善"，但是并非所有人都能发挥善性，并且做到"尽心，知性，知天"。人也会为恶，做不善之事，这其中不存在能与不能的问题，而是做与不做的问题。同时，客观环境亦会对人造成影响，如"富岁，子弟多赖；凶岁，子弟多暴，非天降才尔殊也，其所以陷溺其心者然也"。但是，

---

❶ 朱熹. 四书集注：孟子·滕文公下 [M]. 长沙：岳麓书社，1985：340-341.
❷ 冯友兰. 中国哲学史（上）[M]. 上海：华东师范大学出版社，2000：98-99.
❸ 朱熹. 四书集注：孟子·离娄上 [M]. 长沙：岳麓书社，1985：346.
❹ 朱熹. 四书集注：孟子·告子下 [M]. 长沙：岳麓书社，1985：428.

"人为善为不善"的根本原因并不在外界，而在于人自身，如果不能保持"礼义""居仁由义"，而是自暴自弃，那么就不能保持自己的善性。

第四，孟子为了使人保持内心的善，还提出了修身养性的方法，即"养心莫善于寡欲"❶。孟子反对人们"求利""多欲"，并把当时社会的战乱都归结为人们求利多欲的行为。

（三）孟子人性论的当代意义

众所周知，"人性论"一直是中国古代哲学中一个极为重要和突出的问题，始终是古代先哲们密切关注的问题。从孔子开始，孟子、荀子等先秦哲学家就展开了对人性问题的深入研究，比西方的哲学家早了近一千年来探讨这一问题，表明了中国先哲们比西方先哲们更早地从追求宇宙的终极本质转移到对人类自身性质的探讨。对人性的深入探讨和研究始终是中国哲学的鲜明标志，因此对具有代表性的孟子的性善学说进行研究，具有重要的历史意义与现实意义。

1. 孟子人性论的历史意义

在孟子学说中，"性善论"具有十分重要的地位和意义，对孟子的"仁政"思想、心性论、价值观及其修养方法都具有重要意义，同时也深深影响了后代儒学家们的人性思想，始终占据着中国人性论的主流地位。

第一，孟子的"人性善"学说对后世儒学产生了深刻影响，无论是陆王心学，还是程朱理学都深受孟子人性思想的影响，并将孟子否定人欲的观点进一步加以贯彻，提倡"存天理，灭人欲"，肯定善端，否定人欲，追求复性，尽管存在一定的消极影响，但是从哲学的高度来看无疑是始终贯彻了儒家的思想精神。

第二，纵观中国哲学的发展历程，孟子的"人性善"学说无疑始终占据主流地位，即使另一位儒家代表人物荀子曾针对"性善论"提出过"性恶论"，但其影响却远不及孟子的"性善"学说，原因很多，但最根本的原因在于孟子的"性善"学说是与儒家的仁义思想一脉相承的，充分体现了儒家思想的特征。

2. 孟子人性论的现实意义

由于处于先秦这一特殊时代，孔子、孟子等哲学家往往也是政治思想家、教育家。他们从治国安邦的角度出发，高度重视为人之道，重视对人们的思想教育和道德教化。但是，在孟子所处的时代，孟子的"性善论"及其思想主张并未被当时的人所采纳，这有着深刻的社会历史原因，同时也体现出人类发展过程中

---

❶ 朱熹. 四书集注：孟子·尽心下 [M]. 长沙：岳麓书社，1985：473.

的悖论。

从社会历史原因来看，当时诸侯国都崇尚霸道，急功近利，热衷于攻伐兼并，孟子的"仁政"措施的确很难被统治者所接受。正如司马迁在《史记·孟子荀卿列传》中所说："当是之时，秦用商鞅，楚魏用吴起，齐用孙子、田忌。天下方务于合从连衡，以攻伐为贤。而孟轲乃述唐、虞、三代之德，是以所如者不合。"当时各国之间的竞争激烈，攻伐兼并，战乱纷起，所以仁义道德并不会得到广泛接受。但是，从人类发展历史来看，人类始终是向往善，追求善，并不断走向善的。孟子的"性善论"代表了人类对善的追求；而人类向往善的历程，通常恰恰是借助恶的力量来推动的。有时不得不用战争来结束战争，以杀戮来制止杀戮，这是不符合人类普遍善良愿望的，但也是不得已而为之。孟子追求善，是善的理想主义者。虽然光有理想是远远不够的，人类还需要面对现实；但是，人类同样不能没有理想，因为这样便失去了理想转换为现实的可能。

总之，孟子的人性论是其"仁政"学说的基础，这种"为生民立命"的精神始终是儒家思想的特质，在今天仍具有积极的意义。孟子的"性善"理论为大多数儒家学者所接受，对后世影响极大，并在中华民族的性格塑造上发挥了难以估量的作用。

（四）结语

人性的问题不仅在孟子的时代有探讨的意义，时至今日仍值得人们进行深入的思考与研究。无论主张"人性善"，还是"人性恶"，实际上都有其存在的理论根据，而问题的关键则在于如何克服恶，并且不断走向善。孟子的"人性论"给了我们一种答案，那就是人类要通过不断地"修养善性"，克服自身的不足，从而完善自身，进而融入社会群体之中，为百姓和国家谋福。所以，孟子的"性善论"思想充分体现了儒家思想的特质，正是这种"穷则独善其身，达则兼济天下"，既不忘追求自身圆满，又服务国家社会的儒家精神构成了中华民族精神的伟大支柱。

四、论"诚"——周敦颐《通书》的核心范畴

周敦颐是"北宋五子"之首,被后人尊为"道学宗主"。他通过著《太极图说》和《通书》开启了北宋儒学复兴的道路。《通书》是周敦颐援道入儒、重新建构儒学本体论,以与佛老相抗衡的代表作。在《太极图说》中,周敦颐的思想还带有明显的道家思想影响的痕迹。但是,在《通书》中,周敦颐真正地摆脱了道家思想影响的痕迹,通过对"诚"这一核心范畴的阐释,使宇宙本体落实到心性论层面,从而贯通了"天道"与"人道",实现了儒家伦理道德思想本体论和形上学的建构。

在《通书》的开篇,周敦颐就开宗明义地提出了本书的核心范畴——"诚"。他说:"诚者,圣人之本。'大哉乾元,万物资始',诚之源也。'乾道变化,各正性命',诚斯立焉。"黄宗羲认为,"周子之学,以'诚'为本。从寂然不动处把握诚之本,故曰主静立极。本立而道生,千变万化,皆从此处。"(《宋元学案·濂溪学案下》)由此可见,"诚"是《通书》的核心范畴和核心思想,而这一核心范畴是《太极图说》所没有的。

周敦颐在《通书》的《诚上》《诚下》两章中采用《周易》和《中庸》互训的方法,集中论证了"诚"这一道德范畴所具有的本体论含义,企图通过"诚"来沟通"天道"与"性命",为儒学的道德体系确立一个天道自然的哲学基础,从而建构起儒学的心性本体论。

(一)"诚"之概念解析

"诚"这一概念并非周敦颐首创,它是一个早已有之的概念。"诚"的一般含义是真实不虚,真实无妄。儒家所说的"诚"是从人们的道德实践中抽象概括出来的,指的是道德实践高度自觉的品质和心理状态。在先秦儒家那里,"诚"的概念经历了一个逐步完善的过程。

孔子并没有直接谈到"诚",而是通过言"仁"来凸显"诚"之意蕴。他要求

自己的学生不欺人、不自欺，做一个坦荡荡的君子，而不要做一个常戚戚的小人。

孔子的弟子曾子在《大学》中把孔子所提倡的"坦荡荡"的君子之德进一步概括为"诚意"二字，并把它作为八条目之一。曾子说："所谓诚其意者：毋自欺也，如恶恶臭，如好好色，此之谓自谦，故君子必慎其独也！"朱熹解释说，"诚其意者，自修之首也。自欺云者，知为善以去恶，而心之所发而未实也"。"言欲自修者知为善以去其恶，则当实用其力，而禁止其自欺。使其恶恶则如恶恶臭，好善则如好好色，皆务决去，而求必得之，以自快足于己，不可苟且以殉外而为人也。然其实与不实，盖有他人所不及知而己独知之者，故必谨之于此以审其几焉。"❶ 所以，曾子这里所讲的"诚"指的是"诚其意""不自欺"，即实其心之所发，使其无自欺也。

曾子之后，子思进一步发挥了曾子关于"诚意"的思想，将"诚"作为《中庸》的一个核心概念提了出来。在《中庸》第二十章到第二十六章、第三十二章中，子思对"诚"作了集中的论述：

诚者，天之道也；诚之者，人之道也。(《中庸》第二十章)

自诚明，谓之性；自明诚，谓之教。诚则明矣，明则诚矣。(《中庸》第二十一章)

唯天下至诚，为能尽其性；能尽其性，则能尽人之性；能尽人之性，则能尽物之性；能尽物之性，则可以赞天地之化育；可以赞天地之化育，则可以与天地参矣。(《中庸》第二十二章)

诚则形，形则著，著则明，明则动，动则变，变则化。唯天下至诚为能化。(《中庸》第二十三章)

诚者，物之终终，不诚无物。(《中庸》第二十五章)

唯天下至诚，为能经纶天下之大经，立天下之大本，知天地之化育。(《中庸》第三十二章)

从上面的论述中我们可以看出，子思所谓的"诚"已经成为一个贯通"天道""人道"的概念，它既是宇宙的本体，又是人性的本体；既是天道之本然，又是人事之当然；既是本体论意义上的天道，又是伦理价值观意义上的人道。子思提出，由"诚"入"明"、由"诚者"到"诚之者"，是把外在的天道转化为内在的心性，从而确立道德本体的必由之路。此外，"诚"在《中庸》里还指一种崇高的道德境界。这一境界最完美的体现者便是子思提倡的"能尽其性""可以赞天地之化

---

❶ 朱熹. 四书章句集注 [M]. 北京：中华书局，1983：7.

育""可以与天地参"的"至诚"圣人。这样的人是真实无妄、不待思勉、从容中道的。由此可见,《中庸》的"诚"具有"天道""人道"的双重含义,是宇宙本体与人性本体的统一。"至诚"的境界则是"天道""人道"的完美统一。

作为思孟学派的集大成者,孟子继承了孔子——曾子——子思对"诚"的诠释思路,进一步论证了"诚"。他说:"悦亲有道,反身不诚,不悦于亲矣。诚身有道,不明乎善,不诚其身矣。是故诚者,天之道也;思诚者,人之道也。至诚而不动者,未之有也;不诚,未有能动者也。"又说:"万物皆备于我,反身而诚,乐莫大焉。"(《孟子·离娄上》)

孟子在这里继承的是子思在《中庸》中对以"诚"为特征的天道和以"诚之者"为特征的人道的论述,并进一步指出:诚是天道的本质属性,天道的运行是真实无欺的,是不虚妄的。"思诚"也就是思天道之诚,思考天道之内在于我者——即善端,把天道内在于我者涵养出来、释放出来,扩而广之。

孟子认为,"思诚""反身而诚"是体认和把握至诚之道的重要途径,指出"诚"是复归"性善"这一心性本体的一种境界。

由上可知,"诚"在先秦儒家那里已经进行过详细的论述。不过,他们所讲的"诚"主要用于表述人性的本质,是一个伦理的范畴。孔子、曾子、子思、孟子虽然都指出了"诚"的天道的性质,但是没有具体回答"为什么诚具有天道的性质","为什么天道会具有伦理的属性"。而这些问题的回答只能留给后人。

(二)周敦颐关于"诚"的论述

周敦颐为了回应佛老的挑战,接着先秦儒家关于"诚"的论述,承担起了重建儒学本体论的重任。如果说在《太极图说》中周敦颐还没有完全摆脱道家思想的影响和束缚,仍然把"太极"作为建构儒学本体论的核心范畴;那么,到了《通书》中他就完全摆脱了道家思想的影响,重新拈出"诚"这一概念作为自己建构儒学本体论和形上学的核心范畴。在《太极图说》中,周敦颐从"太极"出发,借用道家的"有无""动静"等概念,通过"推天道以明人事",建构了儒家的宇宙本体论。到了《通书》中,周敦颐不再使用"太极",而是用"诚"替代之。通过"诚",周敦颐把天道与人性联系起来,论证了"为何人之善性是源于天道"这一问题。

周敦颐首先把"乾元"规定为"诚"之本源。"乾元"就是《易》之"太极"。"乾元"具有与"太极"一样的宇宙本体、本源的意义,是万物的"资始"，是万物产生的根源。"'乾道变化，各正性命'，诚斯立焉。"讲的就是"乾元""乾道"这一万物本源的变化发展，可以为人的性命发展提供依据，这样"诚"就得以确立了。

"诚"在自然之道而言，是至实无妄、自然无为，是"纯粹至善"。天道的"诚"是自然得到的、纯粹至善的。人则需要通过修身功夫来返回到这种纯粹至善的"诚"。那么，人如何达到天道之诚呢？关键就在于"继"和"成"，即"继之者善也，成之者性也"。"继之者善也"就本源意义而言，强调人若不继承天道，就没有本源的善；"成之者性也"就人之主体性原则而言，强调人若不主动实现此本源意义的善，也就不能成就其"性"，即人之为人的本质。

"乾"具有"元、亨、利、贞"这四种品德，前二者是"诚之通"，即"继善"；后二者是"诚之复"，即"成性"。乾之"四德"因此就具备了伦理的属性，表现出了人性本质生成的全过程。然而，真正能把人性实现得如此完善，只有"圣人"才能做到。因为"圣人"以诚为本，达到了天人合一的境界，即所谓"诚者，圣人之本"；"圣，诚而已矣"。

"圣人之道"本质而言是"诚"，具体而言又分为"仁""义""中""正"这四种品德，与天道的"元""亨""利""贞"这四德相对应。这样，作为圣人之道的"诚"就具有了伦理道德的属性，成为"五常""百行"的本源。所以，周敦颐说，"圣，诚而已矣。诚，五常之本，百行之原也"。(《通书·诚下》) 又说："五常、百行，非诚，非也，邪暗塞也。故诚则无事矣。至易而行难。果而确，无难焉。故曰：'一日克己复礼，天下归仁焉。'"(《通书·诚下》)

总之，《通书》中的"诚"与《太极图说》中的"太极"相通，也具有"静无而动有，至正而明达"的本体意义。"静无"与"无极"通，其表现为"至正"；"动有"与"太极"通，其表现是"明达"。周敦颐认为，人的一切道德行为（"百行"）及其道德规范（"五常"）都必须以"诚"为本。否则会为"邪暗"所蔽塞，沦落到"不正""不明"的境地，无法复归到"正而明"的诚的境界。故曰："非诚，非也。"这样，周敦颐通过一番论证，就把宇宙本体落实到了心性论的层面，把天道与人道贯通起来，从而确立了儒家核心思想与天道的一致性，建构起了儒学心性本体论和道德形上学。

五、"明月入怀"与"玉山将崩"
——简论魏晋士人风貌

魏晋时期是中国历史上的一个特殊时期，魏晋士人的风貌也极具特点，本书将魏晋士人的风貌特征分为两个方面："明月入怀"与"玉山将崩"，并以《世说新语》为主要文本对这两个特征进行分析。

（一）魏晋士人生活的时代背景

魏晋时期是中国历史发展过程中极具特色的时期。称其极具特色，不仅因为这一时期的政治极为混乱，更因为这个时代产生了建安七子、竹林七贤这些不拘一格、狂放旷达的名士，他们的行为完全不同于其他任何一个时代的儒者们，尤其与汉儒相比，给人耳目一新的感觉。

他们不再追求烦琐的注经，而是倡导清谈，于清谈中阐发出深刻的义理，其所探讨的核心问题是"有""无"之辨，涉及的是宇宙本体论的问题。较之于汉儒的"元气说"，魏晋玄学具有极高的思辨性，由王弼的"贵无论"至裴頠的"崇有论"，再发展到郭象的"独化论"，魏晋士人对宇宙本体的思索达到了新的高度。在面对儒家理论自身的缺陷即无法解决的现实问题时，他们提出了"自然与名教之辨"。自然无为，而名教有为，说到底仍然是在探讨天人问题。从王弼主张的"名教本于自然"，到嵇康的"越名教而任自然"，再到郭象把名教等同于自然，都对"天人关系"这一中国哲学的核心问题做出了解答。"言意之辨"则是"有""无"问题在思维层面的扩展，它探讨的主要问题是"言"能否尽"意"？言意关系的探讨早在先秦之时就已开始，魏晋士人探讨这一问题，主要就是要从经典中领会圣人之意，摒弃烦琐的学风，把握经典中的精神实质，同样具有重要的哲学意义。

魏晋时代是一个浪漫与血腥并存、诗意与残酷并行的时代，生活在这一时代既是大幸又是不幸。魏晋士人自身同样体现出一种矛盾性，事实上这种矛盾性中中国士人阶层自古有之，一方面他们渴望接近政治，以达到修身齐家治国平天下的最高理想，但另一方面由于政治斗争的残酷，又渴望疏离政治以保全自身。在魏晋时期，这一特征尤为明显，阮籍身上的这种特征就最为突出，一方面在行为上表现出狂放不羁，另一方面又在政治斗争的关键时刻懂得明哲保身，所以魏晋士人身上的这种矛盾性是十分突出的。魏晋士人的风貌同样具有这种矛盾性，笔者将其称为"明月入怀"与"玉山将崩"两个方面。

值得我们注意的是，魏晋时期十分注意人物的品评，这种品评最开始源自于政治需要。这种品评不仅注重人的外在行为，更注重人的精神实质，因此也是魏晋玄学所探讨的一个重要问题，《世说新语》中专门有一篇《容止》就是对人物精神风貌的品评之文，对于我们了解魏晋士人的风貌具有十分重要的作用。

（二）"明月入怀"与"玉山将崩"

"明月入怀"与"玉山将崩"出自《世说新语·容止篇》的第四条："时人谓：'夏侯太初朗朗如明月之入怀，李安国颓唐如玉山之将崩。'"在这里刘义庆以"明月入怀"来形容夏侯玄，以"玉山将崩"来形容李丰，"明月入怀"与"玉山将崩"都是一种不可言说的境界，但就是在这种不可言说之间，使人体会到夏侯玄的清雅高洁，李丰的颓废不羁。这两种风貌都具有一种审美上的意义，都使人体会到一种美的感受。事实上，魏晋士人的风貌是这两种兼而有之，十分值得我们注意。

《世说新语·容止篇》中的第五条，对竹林七贤的代表人物嵇康作出了如下品评："嵇康身长七尺八寸，风姿特秀。见者叹曰：'萧萧肃肃，爽朗清举'。或云：'肃肃如松下风，高而徐引'。山公曰：'嵇叔夜之为人也，岩岩若孤松之独立；其醉也，傀俄若玉山之将崩。'"

嵇康一方面如松下风一般，高缓而徐引，又如孤松之孤傲挺拔。在中国传统文化里，松树一直是一种高洁不屈的象征，以孤松来形容嵇康，可以使我们充分体会到嵇康在"越名教而任自然"时内心深处的那一种孤独清冷与桀骜不驯，因此嵇康最后才会因为触及司马氏而被杀。另一方面，嵇康在酒醉之时，又如"傀俄若玉山之将崩"，从傲然挺立到巍峨将崩，这种转变是极大的，这是怎样的一种心理状态呢？

对嵇康而言，他的内心并非不想对黑暗的现实做出一种改变，这是儒者所必有的抱负和胸襟。但是，面对狼子野心的司马氏集团，他的力量是渺小的，甚至可以说是想对抗也无法与之对抗的，嵇康所能做的就是不与司马氏合作，坚决不做官。当好友山涛推荐他出仕做官之时，他断然写了《与山巨源绝交书》，表达了他的孤傲："山公将去选曹，欲举嵇康，康与书告绝"（《世说新语·栖逸篇》）。嵇康与山涛绝交，并非是为了与山涛决裂，而是为了表示不屈的气节，以此举来杜绝举荐人之口。事实上，山涛的一番苦心，嵇康又怎么会不明白。如果不向司马氏集团妥协，覆巢之下又安有完卵呢？嵇康不倾向于司马氏，并非因为其同情曹魏集团，嵇康对曹魏集团同样也有所不满。司马氏集团夺权之后，以名教为借口，罗织罪名，大肆铲除异己，把名教变成权力争夺的工具，这是嵇康更不能忍受的，因此在答山涛书中嵇康自言不堪流俗而非薄汤、武，这自然触及到了司马氏的隐痛，正如鲁迅在《魏晋风度及药与酒的关系》中所说："非薄了汤武周孔，在现时代是不要紧的，但在当时却关系非小。汤武是以武定天下的；周公是辅成王的；孔子是祖述尧舜，而尧舜是禅让天下的。嵇康都说不好，那么，教司马懿篡位的时候，怎么办才是好呢？没有办法。在这一点上，嵇康于司马氏的办事上有了直接的影响，因此就非死不可了。嵇康的见杀，是因为他的朋友吕安不孝，连及嵇康，罪案和曹操的杀孔融差不多。魏晋，是以孝治天下的，不孝，故不能不杀。为什么要以孝治天下呢？因为天位从禅让，即巧取豪夺而来，若主张以忠治天下，他们的立脚点便不稳，办事便棘手，立论也难了，所以一定要以孝治天下。但倘只是实行不孝，其实那时倒不很要紧的，嵇康的害处是在发议论"，由此可见，嵇康是如何不与世俗妥协，并最终因为这种高洁而被害。

另一方面，在醉酒之时，嵇康又显示出"傀俄若玉山之将崩"之势，魏晋士人饮酒是一种风尚，《世说新语·任诞篇》中多处提到了魏晋士人的豪饮之风，"陈留阮籍、谯国嵇康、河内山涛三人年皆相比，康年少亚之。预此契者，沛国刘伶、陈留阮咸、河内向秀、琅邪王戎。七人常集于竹林之下，肆意酣畅，故世谓'竹林七贤'"（《世说新语·任诞篇》第一条）。又如"步兵校尉缺，厨中有贮酒数百斛，阮籍乃求为步兵校尉"（《世说新语·任诞篇》第五条）。阮籍为了饮酒可以去做步兵校尉，酒似乎成了其人生的最大追求，只求一醉来达到对冷酷现实的一点解脱。再有"刘伶恒纵酒放达，或脱衣裸形在屋中。人见讥之，伶曰：'我以天地为栋宇，屋室为裈衣，诸君何为入我裈中！'"刘伶的狂放倒未必是他的一种真实追求，很有可能是出自自保之意。实际上并非一定要有外在形式才算得上真正的放达，所以刘伶的放达与嵇康和阮籍不同，刘伶更在意的是外在形式，而阮籍和嵇康更多的是内心的忧虑与苦闷转化为外在的狂放，这是一种矛盾的性格，始终处于忧患之中，而又无可奈何。因此在最坏的结局到来之时，嵇康相反倍感解脱，"嵇中散临刑东市，神气不变。索琴弹之，奏《广陵散》。

曲终，曰：'袁孝尼尝请学此散，吾靳固不与，广陵散于今绝矣！'太学生三千人上书，请以为师，不许。文王亦寻悔焉。"(《世说新语·雅量篇》第二条）嵇康在临刑之前是没有怨恨的，相反十分坦然，他对自己的结局可以说早就预料到了，只是将《广陵散》弹奏一遍，以此来表达对友人的愧意。嵇康在生死关头，仍然是超脱的，这才是真正的放达，因此其生如明月入怀，其死也如玉山将崩，明月入怀使人心生敬意，玉山将崩亦让人惋惜不止，却又无可奈何。

（三）魏晋士人风貌及其历史意义

嵇康与阮籍是魏晋士人的典型代表，他们抑或刚直不屈，抑或超然世外，但是最终都摆脱不了内心的苦闷。正是因为有了这种苦闷，他们才始终追寻一种理想生活和人生境界，这种生活是《养生论》中要达到的生活，这种境界是《大人先生传》要达到的境界，但是始终无法实现。魏晋士人因这种强烈的外在束缚而具有鲜明的自我意识和生命意识。

生存在这一时代，既是不幸又是大幸。因其不幸，魏晋士人才在精神境界上格外超脱放达，他们的这种放达是任何其他时代的人都难以企及的。这点又是大幸，他们对生命和人生的体悟，远远超过后世之人。可以说，魏晋士人是中国历史上一群特殊的人物，他们今日出入宫阙陪伴权贵，明日就有可能因各种荒唐的理由被诛杀，这种朝不保夕的日子使他们格外超脱，但在内心深处他们却始终保留着对名教的希望，无论是"名教本于自然"，还是"越名教而任自然"，再到把名教等同于自然，都是他们为恢复名教正常功能所作的努力。尽管魏晋士人身上具有儒道兼综的特征，"明月入怀"与"玉山将崩"并重，但是"玉山将崩"是无可奈何之举，"明月入怀"才是他们的最高追求。

六、论刘劭《人物志》中的才性思想

魏晋玄学与汉学相比发生了很大变化，产生了新的主题：包括有无之辨、言意之辨、自然名教之辨，以及才性之辨。与其他问题相比，学术界关于才性之辨的论著却比较少。这种现象也许与这一问题还没有引起学界的重视有关。但才性思想对于魏晋玄学的产生发展具有重要意义。

才性问题起源于人物品评。汉代十分注意人物的品评，这种品评最开始源自政治需要，汉代选拔官吏实行察举和征辟制，察举是地方选官的方式，征辟是朝廷选官的方式，这种选官方式的特点就是十分注重对人物的品评，以德行为核心，到了曹魏时代，提倡名法并重，因此重视名实问题，提倡"唯才是举"的用人政策。品评人物已经成为一种风气，这种品评不止注重人的外在，更注重人的精神实质，因此才性之辨成为魏晋玄学的一个重要主题。

由西汉察举制、东汉征辟制、曹魏时期的九品中正制所决定的用人标准的不同，是人物品评之风的直接依据和价值取向的现实依据，同样是刘劭《人物志》中才性思想产生的主要原因。

《人物志》一书对才性问题有较为充分的论述，是研究魏晋玄学才性之辨的重要历史文献。《人物志》将才性作为基本的哲学概念提出，而且将才性问题提高到本体论的高度，并且论述了才性认识论，最终目的是构建并追求一种理想人格，力图贯彻不争的处世之道，可以说是发魏晋玄学之先声，是标志汉学向玄学过渡的重要文献，汤用彤先生在《读人物志》中讲到"汉末晋初，学术前后不同"，"正始前后学风不同，谈论殊异。《人物志》为正始前学风之代表作品，故可贵也"。因此，《人物志》对我们研究才性问题具有十分重要的意义。

（一）引言

具有人文主义传统的中国传统文化特别注重对人的评价和研究。从先秦各家对人性问题的探讨到魏晋时期的才性之辨，都是古代先哲对"人"的问题的探讨，其中就包括人的道德与才能二者之间相互关系的探讨。

对才性问题的相关探讨起源于人物品评之风，而人物品评之风则与汉代以来的用人制度有密切关系，由西汉察举制、东汉征辟制、曹魏的九品中正制所决定的用人标准的不同，是人物品评之风的直接依据和价值取向的现实依据，因此产生了众多品评人物之著作以及言论，但由于各种历史原因，存者寥寥。但《人物志》一书流传至今，对我们研究才性问题具有十分重要的意义。

《人物志》一书是三国曹魏政权后期刘劭所著的品评人物的专著。书中提出了才与性、才与德、兼材、偏材与兼德等概念，是魏晋玄学才性之辨的重要历史文献。《人物志》将才性作为基本的哲学概念提出，而且将才性问题提高到本体论的高度，并且论述了才性认识论，最终目的是构建并追求一种理想人格，贯彻不争的处世之道，融合儒道二家思想，可以说是发魏晋玄学才性之辨之先声。汤用彤先生在《读人物志》中讲到"汉末晋初，学术前后不同"❶，"正始前后学风不同，谈论殊异。《人物志》为正始前学风之代表作品，故可贵也"❷。"玄学学术思潮，从学术学风到学术内涵，意蕴着与两汉经学学术思潮反其道而行之的追求。"❸《人物志》中将才性并重的思想恰恰反映了魏晋时期"个体价值独立，主体意识觉醒，学术思想活跃，哲学创新涌现"的特征❹。因此我们可以看出《人物志》是标志汉学向玄学过渡的重要文献。

一直以来学术界都是从人才学、心理学和政治学角度研究《人物志》，但是对《人物志》中的哲学思想尤其是才性思想论述很少，本文旨在对《人物志》的才性思想进行系统研究，从所论述的才性问题入手，首先揭示刘劭才性思想的起源，并对才性思想进行详尽的论证，研究其理论意义。

（二）研究现状

才性之辨是魏晋玄学研究的四大主题之一，但是与玄学的其他三大主题相比，文献资料较为分散，有关才性问题的文献有《人物志》和嵇康的《明胆论》，以及《世说新语》中的相关材料。

《人物志》自成书以后，历代学者都对其进行了诠释和解读，但是并不全面。在其成书以后，西凉儒林祭酒刘昞为《人物志》作了注，对《人物志》进

---

❶ 汤用彤. 魏晋玄学论稿 [M]. 上海：上海古籍出版社，2005：6.
❷ 汤用彤. 魏晋玄学论稿 [M]. 上海：上海古籍出版社，2005：11.
❸ 张立文，向世陵. 中国学术通史：魏晋南北朝卷 [M]. 北京：人民出版社，2004：9.
❹ 张立文，向世陵. 中国学术通史：魏晋南北朝卷 [M]. 北京：人民出版社，2004：9.

行了补充；隋唐的《经籍志》将其列入名家之中。历史上，学者一直将《人物志》作为简单的效验正名之书，虽然对此书评价很高，但很少对其包含的才性思想进行细致阐述。真正研究《人物志》中的具体思想还是从近代开始的，代表人物及其著作如下：

（1）最早关注到《人物志》中才性思想的，是汤用彤先生的《读人物志》（1939），汤先生之文分三个部分对《人物志》进行了叙述，"一述书大义，二叙变迁，三明四家（名法儒道）"。在第一部分中，汤先生从八个方面总结了人物志的主要内容，其中的"品人物则由形所显观心所蕴""分别才性而详其所宜""验之行为以正名目""察人物常失于奇尤"等都是才性之辨要探讨的具体问题；在第二部分中，汤先生认为"汉末晋初，学术前后不同。此可就《人物志》推论之"，指出《人物志》是标志汉学向玄学过渡的重要文献，肯定了《人物志》的重要地位。随后汤先生指出"形名、名形之辨"是魏晋学术界很注意的问题，《人物志》是汉代品鉴之风的结果。"其书宗旨，要以名实为归"。汤先生将《人物志》的主旨定位为形名之学，并将形名之学与当时政治联系起来。汤先生也注意到了《人物志》中的才性思想，"《人物志》以情性为根本，而只论情性之用""因此自须进而对人性本身加以探讨，才性之辨是矣"。也就是说，汤先生认为《人物志》仅仅从人才的实用角度，而未从本体的视角探讨才性问题，因此汤先生对《人物志》的定位是"言君德中庸，仅用为知人任官之本，《老子注》言君德无名，乃证解其形上学说，故劭以名家见知，而弼则为玄学之秀也"。

（2）钱穆先生的《略述刘劭〈人物志〉》（1961）一文，对《人物志》的才性思想进行了梳理。钱穆先生侧重从分类角度讲《人物志》，指出刘劭"衡评人物，一讲德性，一重才能，务求二者兼顾"。才性问题之所以在魏晋时期成为重要问题，与当时特定的历史条件有关，考察人物到底应当"重才"，还是应当"重德"？《人物志》务求二者兼顾。钱先生还指出，依《人物志》的意见，人才可以分为两等：一是"偏至之材"，二是"兼才"。刘劭所谓的"中庸"，就是兼备众才，使人不能以一才目之，甚至不能以兼才目之。"中庸"就是圣人，而且具有平淡的特质。

（3）冯友兰先生在《中国哲学史新编》（1986）中也阐述了《人物志》中的才性问题。冯先生首先指出《人物志》的根本问题是"怎样识别人物，什么人物适合于做什么官，能发生什么样的作用"。对于《人物志》以及《四本论》中所体现的才性思想，他是这样总结的："所谓才性，有两方面的意义，一方面，所谓性，是指人的道德品质；所谓才，是指人的才能。在这一方面说，所谓才、性问题，就是'德'和'才'的关系的问题。另外一方面，所谓才，是指人的才能；所谓性，是指人的才能所根据的天赋的本质。在这个方面，所谓才性问题就是一个认识论的问题：人的才能主要是由一种天赋本质所决定还是主要从学习得来；是先天所有的，还是后天获得的。"冯先生认为《人物志》中所讨论的主要是后一方面的问题。虽然冯先生认为刘劭在《人物志》中所讨论的问题后来发展成为当时所谓"才性"的问题，但是并没有更多地肯定《人物志》才性思想的哲学价值，认为"就其思想方法说，表示一种思想上的过渡，从汉末'综核名实'到魏晋'辨名析理'的过渡"。

（4）牟宗三先生的《才性与玄理》（其中有关《人物志》的部分写于20世纪60年代初）是系统解析刘劭《人物志》的著作。牟先生指出了《人物志》是对才性的品鉴，认为其是对全幅人性的了解，并对《人物志》中的才性思想进行了细致的梳理，充分肯定了《人物志》中才性思想的重要性。但是牟先生的研究还存在不足，牟先生主要从境界角度看待才性问题，过分强调了非理性因素，而且认为《人物志》对于英雄有恰当相应之理解，对于圣人无恰当相应之理解。而事实上，刘劭的圣人观是很有特色的，是儒道兼综的圣人观，尤其是他认为"平淡聪明"是圣人的特质，很有进步意义。

进入20世纪80年代之后，关于《人物志》研究的专著和论文也多了起来，但是主要集中在人才学、心理学、政治学和美学等角度，代表人物以及论著有：

（1）燕国材《汉魏六朝心理思想研究》（1983）一书中将《人物志》作为我国古代重要的心理思想专著进行研究，分两方面来阐述《人物志》的思想，一是刘劭论才性实质，二是刘劭论才性鉴定，丰富了我们的研究视野。

（2）王晓毅的《〈人物志〉与魏晋清谈》（齐鲁学刊，1986［4］）与《从〈人物志〉看魏晋玄学的形成》（学术月刊，1986［10］）两篇文章从不同角度分析了《人物志》对魏晋玄学的影响，认为其对玄学的影响主要体现在两方面：一是其对君主材质的描述为贵"无"论提供了思想依据；二是《人物志》人性自然的主张是玄学崇尚自然的由来，充分肯定了《人物志》中才性思想的重要意义。

（3）李泽厚先生与刘纲纪先生主编的《中国美学史》（1987）一书将汉末魏初的人物品藻与《人物志》一起论述，详尽地交代了《人物志》形成的理论背景，并对《人物志》中的哲学和美学思想都进行了系统的解析，指出《人物志》是在汉末以来人物品藻的潮流中产生的，但其意义不仅仅在于人物品藻，又具体地反映了从汉到魏思想的新变化，对于我们了解《人物志》产生的理论背景具有重要参考价值。

此外,孔繁的《〈人物志〉初探》(人文杂志,1982［2］)、杨俊光的《〈人物志〉哲学思想概述》(镇江师专学报,1987［2］)、章权才的《刘劭〈人物志〉研究》(广东社会科学,1990［1］)、李建中的《转型期的才性理论——刘劭〈人物志〉研究》(苏州大学学报(哲学社会科学版),1996［3］)等论文都从不同角度对人物志中的哲学思想进行了阐述,对于《人物志》中的才性思想也进行了论述,一致认为刘劭的才性思想对于魏晋玄学的形成具有重要意义,存在的问题就是对于才性思想的解析不够全面。

进入21世纪后,对于《人物志》的研究更加广泛,其中有代表性的是阎世平的《刘劭人才思想研究》(2005)一书,该书从人才学角度对《人物志》进行论述,从气质论(人才形成思想)、才德论(人才分类思想)、名实论(人才任用思想)、无为论(人才分工思想)、"和""协"论(人才协作思想)、"观""视"论(人才识别思想)对刘劭的才性思想仔细划分,可惜的是内在逻辑性不强,但是有很好的借鉴意义。

值得一提的是,姚维的《才性之辨——人格主题与魏晋玄学》(2007)是现今很少的专门研究才性之辨的论著之一,从"才性问题的本体溯源""才性关系的价值取向""理想人格的本体建构"和"理想人格的实现途径"四个方面详细论述了刘劭《人物志》的才性理论,充分肯定了刘劭《人物志》的才性思想在哲学史上的意义,也是现有的对刘劭才性思想研究最深入的著作。

(三) 刘劭及其《人物志》

1. 刘劭生平

据《三国志·刘劭传》记载:刘劭,字孔才,广平邯郸(今属河北)人。生卒年月在史书上没有确切的记载,因此暂时无法考证。

刘劭在东汉建安(公元196—219年)年中曾做过府郡的计吏之类的小官。到许都后曾在尚书令荀彧处所,在坐数十人,因当时有太史上书言:"正旦当日蚀",大部分主张废朝会与聚会,刘劭则倡言不必为日蚀废朝会与聚会,深得荀彧嘉许。后被御史大夫郗虑辟之,拜为太子舍人,又迁为秘书郎。

魏文帝曹丕黄初年间(公元220—226年),刘劭又改任尚书郎、散骑侍郎。受魏文帝诏,集五经群书分类汇辑,作《皇览》一书,以供君王择要分类阅读。从这点我们可以看出,刘劭博览群书,对五经群书了解甚深,并且深谙先秦两汉各家流派学术思想渊源。

魏明帝曹睿即位后，刘劭出任陈留（今河南开封市东南）太守，敦崇教化，政绩卓然，并得到百姓赞许。后又被朝廷征召为骑都尉，与议郎庾嶷、荀诜等删定法律，作《新律》十八篇，又著有《律略论》，由此可见，刘劭在法制上也颇有建树。后又升任散骑常侍。当时传闻辽东公孙渊接受了东吴孙权封予的燕王称号，众大臣都主张派兵征讨，独刘劭认为不可。刘劭指出："昔袁尚兄弟归渊父康，康斩送其首，是渊先世之效忠也。又所闻虚实，未可审知。古者要荒未服，修德而不征，重劳民也。宜加宽贷，使有以自新。"后来公孙渊果然斩孙权使者之首送来魏都。

魏明帝青龙年间（公元223—236年），东吴军队围合肥，当时，驻守东方的将士都在休整，征东将军满宠上表请求朝廷派兵，并请求将休整将士调回。刘劭建议先派数千精兵，虚张声势，使东吴军队以为魏国大军赶到，惊恐逃走。魏明帝采用了刘劭的建议。当精兵赶到合肥时，东吴军队果然退还。从这些事情的处理上，我们均可看出刘劭具有卓越的谋略才能。

当时魏文帝下诏求贤，散骑侍郎夏侯惠上书推荐刘劭说："伏见常侍刘劭，深忠笃思，体周于数，凡所错综，源流弘远，是以群才大小，咸取所同而斟酌焉。故性实之士服其平和良正，清静之士慕其玄虚退让，文学之士嘉其推步详密，法理之士明其分数精比，意思之士知其沈深笃故，文章之士爱其著论属辞，制度之士贵其化略较要，策谋之士赞其明思通微，凡此诸论，皆取适己所长而举其支流者也。臣数听其清谈，览其笃论，渐渍历年，服膺弥久，实为朝廷奇其器量。以为若此人者，宜辅翼机事，纳谋帷幄，当与国道俱隆，非世俗所常有也。惟陛下垂优游之听，使劭承清闲之欢，得自尽于前，则德音上通，辉耀日新矣。"❶

魏明帝景初年间（公元237—239年），刘劭受诏著《都官考课》七十二条，开官吏考核的条文制定之先河，又作《说略》一篇。另外，为宜制礼作乐、移风易俗，刘劭还著有《乐论》十四篇，不料恰逢魏明帝驾崩，没有来得及颁布施行。

从以上这些论述来看，刘劭学识渊博、深得各家学术之长，不仅对五经了解甚深，还对名家、法家、兵家、阴阳家的思想多有所涉及，因此我们也可以理解《人物志》一书融会贯通各家思想的原因。

后来，到魏齐王正始年间（公元240—248年），刘劭专门讲解儒家经学，被

---

❶ 参见《三国志·魏书·刘劭传》。

赐予关内侯的爵位。去世后被朝廷追赠为光禄勋。

刘劭生前所著只有《人物志》流传下来，西凉儒林祭酒刘昞感其书言简意深，为其书作注，实质上是对此书的增补，以便后人能充分理解书中的深意。隋唐《经籍志》均把此书列入名家之中❶，近代的学者也多将《人物志》列入名家，如冯友兰、汤用彤，从一定意义上讲《人物志》的确是在讲名实的问题，但将刘劭及其《人物志》列入名家，似有不妥之处。

这是因为自汉代之后，儒家思想已成为正统思想，尽管到东汉末期，名教之治面临着危机，各家的思想因此活跃起来，力图重建思想体系，但也只是在儒家思想体系上的重建。从刘劭的生平我们可以看出，刘劭深得各家思想精髓，但从根本上讲刘劭还是一位地道的儒者，章权才先生就对此问题有过详尽的论述，十分有助于我们了解这一问题。❷

唐代刘知几的《史通·自序篇》评论说："五常异，百行殊执，能有兼偏，知有长短。苟随才而任使，则片善不遗，必求后备而后用，则举世莫可，故刘劭《人物志》生焉。"李德裕《李卫公外集》评论说："余常览《人物志》，观其索隐精微，研几元妙，实天下奇才。"此后《人物志》一书就很少为世人所知了，只是在《人物志》的历代版本序跋中，有宋代阮逸、文彦博、宋庠、王三省，明代郑旻、李芮、刘元霖，清代彭家屏、纪昀等人的评论。❸

2.《人物志》的理论背景

《人物志》的产生与汉代的人物品鉴之风有密切关系，汤用彤先生在《读

---

❶ 参见《人物志》附录。
❷ 章权才："《隋志》《唐志》均把刘劭《人物志》其人其书列入'名家'。对此，笔者存有微词。第一，笔者认为，把知识界划分为儒、法、道、墨、名等家，是肇始于春秋战国时期的社会现象。纵使在当时，这种机械的划分也只具有相对的意义。第二，东汉后期是敌对阶级的阶级斗争和统治阶级内部的矛盾冲突猛烈发展的时期。这个时期，以古文经学为主要学派，以章句训诂之学为主要内容的儒家思想，已难以适应日益恶化的形势。但这个时期统治思想的重建也只能是以儒家思想为主体的重建。而各家各派的思想也由于时代的发展而赋予了新的内容。第三，从学术渊源上看，儒家和名家原有着不可分割的联系。班固在《汉书·艺文志》中谈到名家的渊源时就曾指出名家实出于'礼官'。《隋书·经籍志》也说，所谓'名'，其实就是正名物，叙尊卑，列贵贱，控名责实，使之无相僭滥。这跟儒家历来倡导的教义毫无二致。在儒家独尊局面形成后，名学之于儒学，若即若离，但它毕竟以儒家为流，以孔子的教义为归，到汉魏之际，两家的关系尤其显得密不可分。第四，从上引的《魏志》可见，刘劭的学术思想渊源以经学为主；他的理论实践也是以经学为教。这也表明他的思想类型也是以儒家为主体对各家各派的综合。第五，《人物志》以品鉴人物为其主要内容，但它所宣扬的识别人物的标准也一准于经学的传统教义。根据如上几点，我们认为，把刘劭《人物志》其人其书列入名家，似乎不妥。他主要应是儒家，或者是综合儒、名、法各派思想的杂家。"（参见章权才.《人物志》研究［J］. 广东社会科学, 1990 (1)：94-94.）
❸ 参见《人物志》附录。

〈人物志〉》一文中认为："《人物志》者，为汉代品鉴风气之结果。其所采观人之法，所分人物名目，所论问题，必均有所本。惜今不可详考。惟其书宗旨，要以名实为归。凡俗名实者，可称为名家言也"。汤先生将《人物志》列为名家之言，但是值得我们注意的是汤先生在这里所讲的名实，与先秦名家公孙龙等所探讨的名实问题已经有了很大出入。

冯友兰先生认为在汉末魏初时代所讨论的名实问题有两方面的实际意义。

一方面，汉朝设立了很多的人才称号。这些称号是"名"，这种推选出来的人是"实"。如果这些人的行为真是合乎这种称号，就是名实相符；如果不然，这就是名实不符。

另外一方面，在政府中有很多职位，每一个职位也是一个"名"，担任这个职位的人是"实"。担任这个职位的人如果能办理这个职位所要办的事情，这就是名实相符。如果不然，就是名实不符。❶

而在东汉末年，这种名实不符已经严重到了一定程度，甚至影响了社会的安定。针对名实不符这一严重影响"名教"之治的现象，当时产生了许多品评和讨论人物的书，《人物志》只是其中一本，但却是现今保存最完整的，对于我们理解当时的学术风气的改变具有重要意义。

《人物志》融会贯通了儒家、道家、法家、名家、阴阳家等先秦两汉时期的学术思想。汤一介先生说："判断一种史料的价值应该注意它在整个思想发展过程中的重要性如何，而思想发展总是有其内在逻辑的，能够成为思想发展中的一个环节的史料应都是很重要的。历史上有些哲学家、思想家总是总结了以前思想的成果，创造了新的思想发展方向，在当时和以后都起重要影响。有些思想家没有开辟新的思想发展方向，但他的思想却反映了一个时代向另一个时代哲学思潮的过渡，这样的思想家也应受到重视，刘劭应属于这样的思想家"❷。刘劭所处的时代，正是以儒家经典为研究对象的经学走向衰落的时期，由此也为其他思想活跃起来提供了条件，刘劭的《人物志》可以说是应运而生。

《人物志》通过对人物的品评，不仅涉及了一些政治理论的重要问题，如冯友兰先生所说的，什么人物适合做什么官，能发生什么作用，而且接触到魏晋玄学所重视的"才性问题"，所以我们可以说《人物志》是向魏晋玄学过渡的一个重要环节，可以让我们了解到汉末到魏晋学术发展的趋势。

---

❶ 冯友兰. 中国哲学史新编（中卷）[M]. 北京：人民出版社，2007：326.
❷ 汤一介. 魏晋玄学论讲义 [M]. 厦门：鹭江出版社，2006：33.

（四）刘劭《人物志》中才性思想溯源

才性之辨起源于人物品评之风，而人物品评之风则与汉代以来的用人制度有密切关系。由西汉察举制、东汉征辟制、曹魏的九品中正制所决定的用人标准的不同，是人物品评之风的直接依据和价值取向的现实依据，同样也是刘劭《人物志》中才性思想产生的主要原因。

汉代以来，统治阶级对人才的任用采取了"察举"和"征辟"两种方法。所谓"察举"是根据中央政府对人才的要求，由地方通过对人物的考察评议，自下而上地推荐人才；所谓"征辟"是由中央政府或各级政府自上而下地发现和委任人才。两者做法不同，一是自下而上，一是自上而下，但人才的任用主要都以对人物的德行才能的考察评议为依据，这就使得才性成了一个极其重要的问题。

1. 汉代察举征辟制

历朝历代的开国统治者都比较重视人才。从历史上看，汉高帝刘邦建国初年就渴求人才安邦治国，于高祖十一年（公元前196年）二月下诏书曰："盖闻王者莫高于周文，伯（霸）者莫高于齐桓，皆待贤人而成名。今天下贤者智能岂特古之人乎？患在人主不交故也，士奚由进！今吾以天之灵，贤士大夫定有天下，以为一家，欲其长久，世世奉宗庙亡绝也。贤人已与我共平之矣，而不与吾共安利之，可乎？贤士大夫有肯从我游者，吾能尊显之。布告天下，使明知朕意。御史大夫昌下相国，相国酇侯下诸侯王，御史中执法下郡守，其有意称明德者，必身劝，为之驾，遣诣相国府，署行、义、年。"（《汉书·高帝纪下》）

诏书的主要内容就是要求郡国自下而上推荐贤者智能，亦即治国人才。这份"求贤令"昭示着汉代察举制的兴起，我们也可从诏书中发现，要选举的人才不仅包括贤者，也包括智能。可以看出当时统治者具有德才兼举的思想倾向，但是德行仍然重于智能。

自汉文帝之后，开始根据需要的不同设科取士，即根据不同的人才需要设定求贤科目名称，如孝廉、茂才（秀才）、贤良、文学、明经、明法等。察举又按规定时间的不同可分为岁举、常科，这样选举出来的人才有孝廉、茂才；而由于特殊需要临时下诏要求举荐的又可称为诏举、特科，如贤良、文学等，如文帝二年（公元前178年）十一月因有月食发生，担心自己治理天下不当，因此下诏："及举贤良方正能直言极谏者，以匡朕之不逮。"（《汉书·文帝纪》）

又如文帝十五年（公元前165年）所下的《策贤良文学诏》中说："诏有

司、诸侯王、三公、九卿及诸郡吏,各帅其志,以选贤良,明于国家之大体,通于人事之始终,及能直言极谏者,各有人数,将以匡朕之不逮。"(《汉书·晁错传》)在这次的诏书中,"明于国家之大体,通于人事之始终,及能直言极谏者"是选荐的主要标准,仍然是注重德智的统一。设科取士就已经隐含对人的才能的不同划分的界定,但值得我们注意的是,这种设科取士总体仍然是以"德智"作为主要的用人标准,而智与德相比,又处于较低的地位。

此后一直到东汉,统治者都一再下了类似的诏书,要求各地方荐举"贤良方正"。

再有,汉武帝刘彻于元封五年(公元前106年)因为"初置刺史部十三州。名臣文武欲尽,诏曰:'盖有非常之功,必待非常之人,故马或奔踶而致千里,士或有负俗之累而立功名。夫泛驾之马,跅驰之士,亦在御之而已。其令州郡察吏民有茂才异等,可为将相及使绝国者。"(《汉书·武帝纪》)

董仲舒应举贤良对策,提出岁举孝廉的建议:"臣愚以为使诸列侯、郡守、二千石各择吏民之贤者,岁贡各二人……天下之士可得官而使也。实试贤能为上,量材而授官,录德而定位,则廉耻殊路,贤不肖异处矣。"(《汉书·董仲舒传》)董仲舒举贤良的目的有二:一是使贤良之人可以得其所用;二是进行道德教化,也就是树立良好的道德榜样,从而形成良好的社会风气。至此以后,举贤良也就具有了双重的意义:既是选拔人才担任官职,又是进行教化,树立良好的道德榜样。西汉的察举制也于汉武帝时期正式确立。

到东汉光武帝时,四科取士的辟举制开始实行。对人才的道德与才能方面的要求越发细致,较之西汉时期德才并重的思想倾向更为明显。

"方今选举,贤佞朱紫错用,丞相故事,四科取士。一曰德行高妙,志节清白;二曰学通行修,经中博士;三曰明达法令,足以决疑,能案章覆问,文中御史;四曰刚毅多略,遭事不惑,明足以决,才任三辅令:皆有孝悌廉公之行。自今以后,审四科辟召。"(《后汉书·百官志·太尉》)这是光武帝颁布令辟诏的四科标准。在此我们已经可以看出察举制存在的问题,"贤佞朱紫错用",将人才辨别之难的问题提了出来,因此统治者对选举征辟的条件又作了具体的完善。要求德行、学识、明智、意志四方面都具备,如果能够被选举征辟入仕,在当时则是极大的荣誉,因为这彰显了个人的德才兼备,也正是这个原因促使了当时士人形成了注重名节、廉耻的风气。此后的章帝、和帝、顺帝也都下过类似的诏书。

东汉四科取士的征辟制与西汉察举制相比已经是一种很正式的选官用人制

度,而西汉时期举贤良方正更多时候是通过选拔有德行的人才为社会提供一种教化作用,移风易俗。东汉的征辟制促成了东汉重名节的风气的形成,知识分子皆以被赏识为荣。品评鉴识人物的风气和尚名节的风气也就此产生。

但是到了东汉末年,由于宦官专权,政治黑暗,用人制度的弊端也越发暴露出来,这是因为选拔人才的大权始终在统治者手中,选举是否得到了真正的人才,官吏政绩的优劣均没有客观的标准,相反任人唯亲、看重权势、结党营私等弊端层出不穷,所谓的选举征辟如同虚设,也由此产生了前文所提到的名实严重不符的情况。

针对这种名不符实的现象,与宦官势力相对立的知识分子的"清议"迅速发展起来,产生了极大的作用。

《后汉书·党锢传序》曰:"桓、灵之间,主荒政缪,国命委于阉寺,士子羞与为伍,故匹夫抗愤,处士横议,遂乃激扬名声,互相题拂,品核公卿,裁量执政,婞直之风,于斯行矣。夫上好则下必甚,矫枉故直必过,其理然矣。若范滂、张俭之徒,清心忌恶,终陷党议,不其然乎?因此流言转入太学,诸生三万余人,郭林宗、贾伟节为其冠,并与李膺、陈蕃、王畅更相褒重。学中语曰:'天下模楷李元礼,不畏强御陈仲举,天下俊秀王叔茂。'又渤海公族进阶、扶风魏齐卿,并危言深论,不隐豪强。自公卿以下,莫不畏其贬议,屣履到门。"

大批知识分子因为"主荒政缪,国命委于阉寺"而"匹夫抗愤,处士横议",因此"激扬名声,互相题拂,品核公卿,裁量执政",这种行为意在对抗当时黑暗的宦官专权,具有积极的进步意义,"清议"成为重大的政治行动。值得注意的是,"清议只是品评人物和褒贬朝政,与学术思想并无直接的联系。但其敢于揭露政治的黑暗腐败,注重道德情操,倡导名实的相符,仍对学术风气有良性的诱导作用"❶。由此我们可以看出清议为当时的学术发展提供了一定的条件。人物品评也因此具有了更重大的意义。

在人数众多的知识分子的"清议"的压力下,统治阶级对官吏的任用不能再任意为之,相反开始十分重视听取名士的意见和评论,甚至"随之臧否,以为与夺"(《后汉书·符融传》)。因此,士人的升迁经常取决于某些有影响的名士的评论品题。郭泰、许劭、许靖(许劭之从兄)等人,都是当时评论人物的权威人物。

《后汉书·许劭传》中讲道:"少峻名节,好人伦……故天下言拔士者,咸

---

❶ 张立文,向世陵. 中国学术通史:魏晋南北朝卷[M]. 北京:人民出版社,2004:26.

称许、郭……初，邵与靖具有高名，好共核论乡党人物，每月辄更其品题，故汝南俗有月旦评焉。"（《后汉书·许劭传》）

名士对人物的品评形成了某种制度，每月初评一次，即史书中所讲的"月旦评"。要求得到品评的人比比皆是。汤用彤先生就指出："溯自汉代取士大别为地方察举，公府征辟。人物品鉴遂极重要。有名者入青云，无闻者委沟壑。朝廷以名治（顾亭林语），士风亦竞以名相高。声名出于乡里之臧否，故民间清议乃隐操士人进退之权。于是月旦人物，流为俗尚；讲目成名（《人物志》语），具有定格，乃成社会中不成文之法度。"❶

可是同时也产生了士人之间互相标榜吹嘘，重虚名，尚浮华的习惯。❷《三国志·魏书·王昶传》中对此有深刻揭露：

夫孝敬仁义，百行之首，行之而立，身之本也。孝敬则宗族安之，仁义则乡党重之，此行成于内，名著于外者矣。人若不笃于至行，而背本逐末，以陷浮华焉，以成朋党焉；浮华则有虚伪之累，朋党则有彼此之患。此二者之戒，昭然著明，而循覆车滋众，逐末弥甚，皆由惑当时之誉，昧目前之利故也。

为了眼前之利舍德行而求虚名，成了汉末"名实不符"的主要原因。针对这种情况，人物品评的标准又有了变化，开始衡量人的外在表现与内在精神的统一，并试图确立一套精确的衡量标准。在学术风气开始变化的背景下，曹操的"唯才是举"思想也由此产生。

2. 曹操的"唯才是举"思想

曹魏政权基本建立后，因汉末"清议"而发展起来的人物品鉴，在形式规范上成为"九品中正制"。九品中正制的产生主要是由于经过汉末的战乱，人才流离，旧有的州郡的"察举"或"清议"的机构也随之破坏，很难再对各地人物加以考察。"九品中正制"的产生不仅使评选机构发生形式上的变化，同时还包含着评选原则的变化。九品是对人才等级的区分，中正是官名，具体实施起来就是中正按对所辖区内人物品德才能的考察，将其分为上上、上中、上下、中上、中中、中下、下上、下中、下下九品，向吏部推荐，吏部尚书按中正的推荐，根据人才的品的高低将其任命为官。"州郡皆置中正，以定其选，择州郡之贤有鉴识者为之，区别人物，第其高下。"（《通典·选举典》）

---

❶ 汤用彤. 魏晋玄学论稿［M］. 上海：上海古籍出版社，2005：7.
❷ 按贺昌群《魏晋清谈思想初论》："浮华一词，乃汉人常语。浮华盖不实之意也。魏晋之际，遂以浮华指清谈。而清谈家则自称其所谈曰风流。所以浮华一词前后各指不同，这里是指不实之意。"

汉代对人物的评选始终将德行放在首位，虽然也重视才能，但德行才是最根本的，这种评选一直同儒家的思想一致。孔子说："如有周公之才之美，使骄且吝，其余不足观也已。"（《论语·泰伯》）可见孔子虽不忽视才能，但还是认为德行与才能相比是更根本的。所以汉代的察举征辟制度，始终是贯彻这一思想。如汉光武帝下诏要求人才德行、学识、明智、意志四方面都具备，虽然也包含才能在内，但最重要的是德行的廉洁。但"九品中正制"的推行，评选人才的根本指导思想已经发生了一定的变化，评选人才的标准更多是以曹操的"唯才是举"的思想为指导的，这样就使东汉的重德轻才风气逐步变为重才轻德和德才并重。这是一个意义重大的变化，并且从政治变化影响到哲学、美学和艺术等多方面。我们从《人物志》中就可以看出德才并重的思想倾向。

曹操在建安八年（公元203年）、十五年（公元210年）、十九年（公元214年）、二十二年（公元217年）曾先后四次下求贤令❶，其中心思想都是"唯才是举"，重才轻德。曹操主张"唯才是举"的理由主要有以下几点：

（1）"未闻无能之人，不斗之士，并受禄赏而可以立功兴国者也。故明君不官无功之臣，不赏不战之士。治平尚德行，有事尚功能（建安八年令）"，曹操在这里强调了战功的作用，已经由重视"德行"转为重视"功能"，并且指出这种改变的必然，局势不平，因此需要尚功能。

（2）"夫有行之士未必能进取，进取之士未必有行也，士有遍短庸可废乎（建安十九年令）"。此处指出有行之士也有不能进取之人，而进取之人也不一定是德行特别值得称赞之人，指出了人在德行与才能方面的不同差异。

（3）从历史上搜集例证，证明即使是"负侮辱之名，见笑之行"以至不仁不孝的人，只要有才能，也完全能够立功兴国（建安二十二年以及十五年、十九年令）。这里已经显示出曹操将人的才能与德行区分开来的思想倾向，认为德行与人的才能的发挥无直接关系，无疑是对儒家重德思想的巨大冲击。

曹操之所以会"唯才是举"、重才轻德，一般认为其出于当时政治需要和受到法家思想影响。但从思想史的角度看，曹操的唯才是举、重才轻德的思想有着更深刻的意义。

首先，突出强调了"德"和"才"之间存在的差别和矛盾，指出了"有行之士未必能进取，进取之士未必有行"，赋予了"才"以独立于德的意义和价值。因此《人物志》对人所具有的不同才能进行了细致的划分，十分重视人的

---

❶ 均参考《三国志·魏志·武帝纪》。

才能。

在曹操看来,虽无行而有进取之才,比虽有行而无进取之才要可贵得多。这与东汉重名节的思想显然是矛盾的,也就是说如果一个人具有很高的道德,但毫无作为,即没有"事功",没有曹操所倡导的进取精神,那么这种道德就是空无的,甚至不过是沽名钓誉的虚伪而已。曹操产生这种思想是有着深刻的历史原因的,东汉末年,统治阶级所谓的道德正是这种空无一物的东西,甚至是假名。曹操提出唯才是举的思想是对这种虚伪的道德的一个极大的冲击。

其次,曹操对于才的强调同时也是对个体的个性才能的发展的强调。与代表个人的才不同,个人的德行却是同社会的普遍的道德规范相联系的。自先秦以来,儒家便一直把德放在至高无上的地位,认为和德相比,才的大小是无足轻重的,虽然强调了人的道德修养,但同时也忽略了人自身的个性才能的发展,才始终被忽视,处于末端。曹操的唯才是举、重才轻德的思想的提出,具有强调人个性才能的解放意义。个体的智慧、才能得到了前所未有的肯定。❶

正是在这种背景下,自建安到魏初的人物品鉴具有两个特点,一是把人物的才能放在第一位,二是竭力要找到正确考察分析人物才能的方法和标准,与此同时也就产生了才性之间的关系问题,并且最终成为魏晋玄学的四大主题之一——才性之辨。刘劭的《人物志》就在这样的历史条件下应运而生。《人物志》系统地总结了汉末以来品评人物的经验和理论,并对才性问题进行了自身的回答,最终把才性问题发展和提高到了哲学的高度。

在梳理汉末选举人才的政治制度再到曹魏实施九品中正制的过程中,我们已经可以看出,从最初的对德行出众的人才的选拔,再到有事功之人的选拔,选拔的标准逐步改变,但是始终没有离开对人物的品评,只是前后有所变化。事实上人物品评自古便有,《论语·先进》云:"德行:颜渊,闵子骞,冉伯牛,仲弓。言语:宰我,子贡。政事:冉有,季路。文学:子游,子夏。"孔子以四科分门别类评论人物,这种方法对后世很有影响。典型的例子是《世说新语》对人物的品评就采取了这种方法,开篇就是《德行》《言语》《政事》《文学》四篇。《人物志》中的才性思想的产生也是出于当时品评人物的客观需要,综合起来

---

❶ 李泽厚,刘纲纪指出:"儒家的、特别是汉儒那些繁琐僵硬的,不近人情的道德说教再也不是什么神圣不可侵犯的东西了。汉末清议中以道德为准绳的吹嘘标榜,名不符实的现象,引起了普遍的不满。曹操的唯才是举的原则虽然是直接针对政治上选用人才而提出的,但同时又对哲学以及文艺、美学的发展产生了极为深刻的影响。完全可以说,从重德轻才转向重才轻德,是魏晋思想解放的先声。"(参见李泽厚,刘纲纪. 中国美学史:第二卷 [M]. 北京:中国社会科学出版社,1987:70.)

看，《人物志》才性思想的产生主要有以下两点原因：

首先是汉末阶段，汉末党锢，致使"匹夫抗愤，处士横议"，因此这个阶段的知识分子显示出以天下为己任的胸怀，他们重名节的价值取向从一定意义上恰恰是要改变汉末名实混乱的现状，挽回名教衰落的地位，因此特别注重对人的德行的品评，但同时也表现出对人的才能的重视。《世说新语·德行》中对汉末党人中的领袖人物皆作了品评，既包括对德行的品评，也包括对才能的品评。

其次是魏晋阶段，人物品评开始以才性为主旨，注重人的风度以及精神境界。汤一介先生在《魏晋玄学论讲义》中就指出："《人物志》这部书之所以对研究魏晋玄学重要，就在于从它可以看到汉学向魏晋玄学是如何过渡的。据史书记载，当时讨论和品评人物的书很多，知道书名的有：《士操》一卷，魏文帝撰；《形声论》一卷，撰者不明；《士纬新书》十卷，姚信撰；《姚氏新书》二卷（与《士纬新书》相似，当亦姚信撰）；《九州人士论》一卷，魏司公卢毓撰；《通古人论》一卷，撰者不明；《汝南人物论》，陈群撰（见《全三国文》）。以上八种中七种都已散失，有全书的只有《人物志》一书。"❶ 我们可以看出《人物志》在汉学向玄学过渡过程中的重要地位。

《世说新语》中有关才性四本论的相关记载也可以让我们对才性问题有所了解。

《世说新语·文学篇》中注引《魏志》曰："四本者，言才性同，才性异，才性合，才性离也。尚书傅嘏论同，中书令李丰论异，侍郎钟会论合，屯骑校尉王广论离。""四本"就是关于才性同异离合的四种说法。按方立天先生的看法，论才性"同"，是以人的内在本质解释性，以人的外在表现解释才。性与才二者统一，才是性的外在表现，性善必然才美，性恶必然才朽。论才性"异""合""离"，都是以人的操行来解释性，以才能解释才，因此认为性才是相异的、相离的，或是相合的❷。"才性四本"可以归结为两派：合、同派和离、异派。

钟会作才性四本论，可见当时才性问题已经成为重要的理论问题，只是史料遗留不多，因为我们无法从中得知讨论的结果，因此对《人物志》中才性思想的挖掘，对于我们理解这一问题具有很重要的意义。

在从重德轻才到重才轻德，以及德才并重的过程中，才性问题也产生了儒家之重名节与道家之重自然思想的融合过程，这一过程是复杂的，有其深刻的原

---

❶ 汤一介. 魏晋玄学论讲义 [M]. 厦门：鹭江出版社，2006：7-8.
❷ 方立天. 中国古代哲学（下）[M]. 北京：中国人民大学出版社，2006：251.

因，我们也可以通过《人物志》中儒道思想的融合对这一问题进行探讨。

（五）刘劭《人物志》中的才性思想

《人物志》论才性关系，已经上升到给人的本质和理想人格寻找本体依据的本体论层面。刘劭的贡献就在于，他不简单从政治用人的角度来评价才性，而是从本末质用等反映本体论的范畴来讨论才性的关系和探讨人的本质依据。刘劭认为人的本质就是情性，而情性又来源于宇宙的本质元一和它的属性阴阳。最终决定元一的又是道。理想人格就是天道与人道的和谐统一———中庸，应用到实际生活中则要持不争的处世之道。

1. 才性本体论

刘劭论述人之才性，必须为其思想设立一个根本依据，这个依据就是"道"，但是又与前人如老子的"道"有所不同。刘劭在《人物志》中没有开篇就指明"道"的存在，而是用了逐步推进的方法，最后证明了"道"的作用。

（1）人物之本，出乎情性

刘劭首先在《九征》篇中对"人物之本"下了定义："盖人物之本，出乎情性。情性之理，甚微而玄；非圣人之察，其孰能究之哉？"人物之本原，在于"情性"，而"情性之理"又是"甚微而玄"，极微小又极玄妙，所以只有圣人才能探讨其中的道理。刘劭不仅为人之根本下了定义，同时也对人之本性之难以探究也作了说明。那么刘劭所言的"情性"又具体指代什么呢？

刘劭提出"盖人物之本，出乎情性"后，就对"情性"的具体内容作出了界定：

凡有血气者，莫不含元一以为质，禀阴阳以立性，体五行而著形。苟有形质，犹可即而求之。（《九征》）

人就是"凡有血气者"，而人之所以有血气就在于"莫不含元一以为质"，元一就是元气，在此处我们可以看到汉代元气论对刘劭的影响，而元气论也是当时最有代表性的关于宇宙生成论的学说。王充在《论衡·言毒》中说："万物之生，皆禀元气"，就是最具典型的元气说。

接下来，刘劭讲"禀阴阳以立性，体五行而著形"，所以我们可以看出"情性"其实就是性，由"阴阳二气"构成。虽然刘劭将"情"与"性"连用，归根结底还是在讲"性"，而"情"实际上是性之外在表现，刘劭在《八观》篇中讲："夫质有至有违，若至胜违，则恶情夺正，若然而不然。"质就是元气所生成的人的本质，但是由于"质"有"至"有"违"，至实际上就是"善"。《管子·法法》中有"夫至用民者"，就是善用民者之意。违就是恶之意，《左传·桓公二年》云："昭德塞违"。刘炳对此处的注释则更有益于我们理解"至违"："刚质无欲，所以为至。贪情或胜，所以为违。"无欲就是善，而贪情则为违。刘劭在此处提出了人有善有恶的问题，"若至胜违，则恶情夺正，若然而不然"，看上去好像是善或者违即贪情，达到一定程度都是恶情，即使看上去像善，也不是善。刘炳在此的注释是"以欲胜刚，以此刚而不刚"，情仍然是与"恶"联系在一起的，而且刘劭将"情与貌"并称，"夫人厚貌深情，将欲求之，必观其辞旨，察其应赞。"（《八观篇》）"厚貌深情"，可见刘劭还是将情作为外在表现，而情感产生的原因则主要包括以下几点：

夫人之情有六机：杼其所欲则喜，不杼其所欲则恶，以自伐历之则恶，以谦损下之则悦，犯其所乏则姻，以恶犯姻则妒；此人性之六机也。

夫人情莫不欲遂其志，故：烈士乐奋力之功，善士乐督政之训，能士乐治乱之事，术士乐计策之谋，辨士乐陵讯之辞，贪者乐货财之积，幸者乐权势之尤。苟赞其志，则莫不欣然，是所谓杼其所欲则喜也。若不杼其所能，则不获其志，不获其志则戚。是故：功力不建则烈士奋，德行不训则正人哀哀，政乱不治则能者叹叹，敌能未弭则术人思思，货财不积则贪者忧忧，权势不尤则幸者悲，是所谓不杼其能则怨也。人情莫不欲处前，故恶人之自伐。自伐，皆欲胜之类也。是故，自伐其善则莫不恶也，是所谓自伐历之则恶也。人情皆欲求胜，故悦人之谦；谦所以下之，下有推与之意。是故，人无贤愚，接之以谦，则无不色怿；是所谓以谦下之则悦也。人情皆欲掩其所短，见其所长。是故，人驳其所短，似若物冒之，是所谓驳其所伐则姻也。人情陵上者也，陵犯其所恶，虽见憎未害也；若以长驳短，是所谓以恶犯姻，则妒恶生矣。凡此六机，其归皆欲处上。是以君子接物，犯而不校，不校则无不敬下，所以避其害也。小人则不然，既不见机，而欲人之顺己。以佯爱敬为见异，以偶邀会为轻；苟犯其机，则深以为怨。是故，观其情机，而贤鄙之志，可得而知也。（《八观篇》）

刘劭在这里对人的情感产生进行了细致的分析，之所以会产生变化就在于"六机"：喜，怨，恶，悦，姻，妒。"夫人情莫不欲遂其志"，"是所谓不杼其能则怨也"，志向达到了就会喜，而达不到就会怨；"人情莫不欲处前，故恶人之自伐"，人又都有向前之心，如果别人在自己面前夸耀，就会有厌恶之心，亦即"恶"；"人情皆欲求胜，故悦人之谦"，别人对自己谦让就会很高兴，而且无论贤愚，受到别人的尊敬都会很高兴，因此就有了"悦"的情感变化；"人情皆欲掩其所短，见其所长"，人都不喜欢暴露自己的缺点，而一旦被人揭了短处，就会愤恨，亦即"媢"；"人情陵上者也，陵犯其所恶，虽见憎未害也；若以长驳短，是所谓以恶犯媢，则妒恶生矣"，人之常情都是想超过比自己强的人，想超过别人就会引发别人的厌恶之情，但是也只表现出憎恶厌恶，如果用自己的长处去批驳别人的短处，就会引发别人的嫉妒，亦即"妒"。可见刘劭对人的情感作了细致的分析，而情感变化皆是建立在人的一种最基本的心理特征上面："凡此六机，其归皆欲处上"，也就是人的基本特点是想比别人好，尽可能地发展、表现自己，而对于这种心理的满足就会产生喜、悦的心态，如果达不到就会"怨、恶、媢、妒"。而刘劭分析情感产生的最终原因，还是为了作道德评价，"是故，观其情机，而贤鄙之志，可得而知也"，通过对人的情感的不同表现，也就区分了君子、小人。所以我们可以得出结论，刘劭将情性并称，但情并非是人之本性，但却是品评人性的重要依据，因此刘劭将其与性并称。

接下来刘劭讲了理想中的人性：

> 凡人之质量，中和最贵矣。中和之质，必平淡无味；故能调成五材，变化应节。是故，观人察质，必先察其平淡，而后求其聪明。聪明者，阴阳之精。阴阳清和，则中睿外明；圣人淳耀，能兼二美。（《九征》）

"中和"是儒家中庸之道的伦理思想，这里是指人的各种性情的中正和谐。《礼记·中庸》云："喜怒哀乐之未发谓之中，发而皆中节谓之和"。刘劭用中和形容理想人性，并不算创见，但是却将平淡二字引入，显示出道家思想的倾向。钱穆曾对此评价说："刘劭所用'平淡'二字，明是老庄思想；但其用'中庸'二字，却自儒家来。刘劭将此儒、道二家思想配合而自创一新说，此在汉儒中甚少见。"[1] 此处值得我们注意的是，人之质量能达到中和，是由于阴阳二气的清和，才能达到中睿外明，也就是说在刘劭这里中和之性是由先天决定的。而且正是由于平淡无味，人才具有了五材，亦即勇、智、仁、信、忠五种德才[2]。

刘劭在讲人的材质问题时，则使用五行观念来说明人的材质，"骨、筋、气、肌、血"分别由"木、金、火、土、水"构成，"五质恒性"，所以又可以称为"五常"，根据"五常"的不同，又可以分为"五德"。

> 若量其材质，稽诸五物；五物之征，亦各着于厥体矣。其在体也：木骨、金筋、火气、土肌、水血，五物之象也。五物之实，各有所济。是故：骨植而柔者，谓之弘毅；弘毅也者，仁之质也。气清而朗者，谓之文理；文理也者，礼之

---

[1] 钱穆：《略述刘劭〈人物志〉》。
[2] 《六韬·论将》云："太公曰：所谓五材者，勇、智、仁、信、忠也。"

本也。体端而实者，谓之贞固；贞固也者，信之基也。筋劲而精者，谓之勇敢；勇敢也者，义之决也。色平而畅者，谓之通微；通微也者，智之原也。

五质恒性，故谓之五常矣。五常之别，列为五德。是故：温直而扰毅，木之德也。刚塞而弘毅，金之德也。愿恭而理敬，水之德也。宽栗而柔立，土之德也。简畅而明砭，火之德也。虽体变无穷，犹依乎五质。故其刚、柔、明、畅、贞固之征，著乎形容，见乎声色，发乎情味，各如其象。（《九征》）

"仁、礼、信、义、智"，都是儒家最基本的道德概念，同样也是为人的根本。《孟子·告子上》云："恻隐之心，仁也；羞恶之心，义也；恭敬之心，礼也；是非之心，智也。"到了西汉董仲舒，"仁、礼、信、义、智"已经被称为五常，列为"三纲五常"的重要内容。"温直、扰毅、刚塞、愿恭、理敬、宽栗、柔立、简畅"等词语皆出自《尚书·皋陶谟》，曰："宽而栗，柔而立，愿而恭，乱而敬，扰而毅，温而直，简而廉，刚而塞，强而义"。刘劭认为人的材质虽然变化无穷，但是最终还是要"依乎五质"，为人的材质的界定找到了客观基础。

由此我们可以看出《人物志》中关于人的才性的生成论上的界定：情性由元气构成，阴阳二气立性，五行构成了人的形体，而且向外表现为五种德行。刘劭既对人的才性做出了说明，又强调了才性的客观性，但是他并没有简单地用五行说明才性来源，而是进一步进行了本体论上的探讨。

（2）天道之理与人道之理

沟通天道与人道的关键概念就是"理"，刘劭说："物生有形，形有神精；能知精神，则穷理尽性。"（《九征》）刘劭强调了理的作用，在《材理》篇中对"理"的概念作了具体的解释：

夫建事立义，莫不须理而定；及其论难，鲜能定之。夫何故哉？盖理多品而人异也。夫理多品则难通，人材异则情诡；情诡难通，则理失而事违也。

夫理有四部，明有四家，情有九偏，流有七似，说有三失，难有六构，通有八能。

刘劭之所以提出"理"的概念，就是因为他在之前的《流业》篇中区分了十二种人才，有清节家、法家、术家、国体（三材纯备）、器能（三材而微）、臧否、伎俩、智意、文章、儒学、口辨。这十二家即可看成是对人才的区分，也可看成对不同学术派别的分类，而这十二家区分的标准就在于"理"，理也就是标准，那么究竟什么样的理才是至理呢？

刘劭认为"理有四部"，分别是"道之理，事之理，义之理，情之理"：

若夫天地气化,盈气损益,道之理也。法制正事,事之理也。礼教宜适,义之理也。人情枢机,情之理也。

四理不同,其于才也,须明而章,明待质而行。是故,质于理合,合而有明,明足见理,理足成家。是故,质性平淡,思心玄微,能通自然,道理之家也;质性警彻,权略机捷,能理烦速,事理之家也;质性和平,能论礼教,辨其得失,义礼之家也;质性机解,推情原意,能适其变,情理之家也。(《材理》)

天地气化,盈气损益就是道之理,这里的道就是道家所讲的道,与《老子》中所讲的"道生一,一生二,二生三,三生万物"中的"道"为一,既是天地之根本,同样也是人之根本,因为天地皆气,人由情性构成,情性同样由气组成,因此情性之本也就是道,道是产生情性的最终原因和根据。事之理是"法制正事",义之理是"礼教宜适",情之理是"人情枢机",可以看出事之理、义之理、情之理,皆是人事之理,皆是人道,并不能沟通天道。

刘劭十分强调道的作用:"学不入道,恕不周物。"(《体别》) 如果不能认识到道,那么就是偏材之人,自然不可能"周物",不可能全面地认识人才、区分人才,自身也达不到中和的圆满。所以在《人物志》中道是最高的存在,也是最根本的存在。

(3) 人道之极,莫过爱敬

既然天道是气化之理,那么人道又是什么呢?刘劭认为"人道"就是"爱敬"。

盖人道之极,莫过爱敬。是故,《孝经》以爱为至德,以敬为要道;《易》以感为德,以谦为道;《老子》以无为德,以虚为道;《礼》以敬为本;《乐》以爱为主。然则,人情之质,有爱敬之诚,则与道德同体;动获人心,而道无不通也。然爱不可少于敬,少于敬,则廉节者归之,而众人不与。爱多于敬,则虽廉节者不悦,而爱接者死之。何则?敬之为道也,严而相离,其势难久;爱之为道也,情亲意厚,深而感物。是故,观其爱敬之诚,而通塞之理,可得而知也。(《八观》)

人道之极,亦即人道之根本,就在于人的爱敬,只有爱敬之诚,才能达到道德同体,亦即沟通人道与天道。刘劭所讲的爱敬,从根本上讲还是儒家的仁爱,除文中提到的《老子》外,《孝经》《周易》《三礼》❶《乐经》都是儒家的重要典籍,而贯穿这些儒家经典的中心思想就是孔子的仁爱思想。

---

❶ 指《仪礼》《周礼》《礼记》。

樊迟问仁，子曰：爱人。（《论语·颜渊》）

君子务本，本立而道生。孝悌也者，其为仁之本与？（《论语·学而》）

子曰：道千乘之国，敬事而信，节用而爱人，使民以时。（《论语·学而》）

子曰：弟子入则孝，出则悌，谨而信，泛爱众而亲仁。（《论语·学而》）

古之为政，爱人为大。所以治爱人，礼为大。所以治礼，敬为大。……弗爱不亲，弗敬不正，爱与敬，其政之本与。（《礼记·哀公问》）

先之以博爱，而民莫遗其亲；陈之以德义，而民兴行；先之以敬让，则民不争；导之以礼乐，而民和睦。（《孝经·三才》）

张立文先生认为"泛爱众而亲仁"是讲"博爱大众，亲近仁人"，"亲爱、亲密，都是仁所表现的一种行为规式，爱是由主体出发而施于客体活动或行为之中的一种情感。"❶孔子认为"仁"的核心就是爱人，仁爱体现在父子兄弟之间就是孝悌之道，"孝悌也者，其为仁之本与"。孝悌之道不仅是家庭关系的基础，更是君臣之道的基础。敬既包括对父母的孝敬孝顺，从更深的意义上讲还包括对他人的尊敬和礼让，以及对君主的忠诚，"言思忠，事思敬。"（《论语·季氏》）"居处恭，执事敬，与人忠。虽之夷狄，不可弃也。"（《论语·子路》）因此刘劭将爱敬作为人道之极，始终是贯彻儒家思想。从而我们可以看出，尽管刘劭强调人的才性的来源客观物质性，但从根本上说决定人的才性的道仍然是一种道德本体。

但值得我们注意的是，刘劭提到："《易》以感为德，以谦为道；《老子》以无为德，以虚为道"。这里涉及儒、道二家对道与德的不同看法的问题。"在道家看来，道是万物之本原、本根，亦是万物之本体。道在具体物上之彰显，即是'德'。德来源于道，得自于道"，"儒家强调仁、义、礼，在儒家看来，强调仁、义、礼就够了，而在道家看来，更应当强调道与德。强调道与德，即是强调自然与真诚。"❷后人韩愈在《原道》一文中对儒家的道德仁义的含义进行辨析，以此来反对佛道二家的道德："博爱之谓仁，行而宜之之谓义，由是而之焉之谓道，足乎己无待于外之谓德。仁与义为定名，道与德为虚位……其所谓道，道其所道，非吾所谓道也；其所谓德，德其所德，非吾所谓德也。凡吾所谓道德云者，合仁与义言之也，天下之公言也。老子所谓道德云者，去仁与义之言也，一人之私言也。"韩愈认为除了儒家的道德之外，其余的道德皆为私言，而刘劭将儒道

---

❶ 张立文. 中国哲学范畴发展史（人道篇）[M]. 北京：中国人民大学出版社，1995：54.
❷ 罗安宪. 虚静与逍遥——道家心性论研究[M]. 北京：人民出版社，2005：100.

二家的道德并提，显示出了其儒道融合的思想倾向，这也是后来玄学家的共同之处。

2．才性认识论

（1）性

性是中国哲学之重要概念，具有多重含义，既有人性之意，又有物性之意，单纯从人性角度讲，则是指区别于物性而为人所特有的、也是一切人普遍具有的共同属性的总和，亦即人的本质，同时又有道德本体之意，既包括人的自然属性，也包括社会属性。

自先秦到汉末，有关人性的争论就没有停止过，先秦时期，代表性的观点有孔子的"性相近，习相远"以及"唯上智与下愚不移"观点、孟子的"性善"论、荀子的"性恶"论、《易传》中的"继善成性"说、道家的"人性自然"说、告子的"性无善无恶"说等，虽然各家理论各有不同，但是始终按照一定的逻辑结构发展。

性者，生之质也；情者，生之欲也。（《汉书·董仲舒传》）

质朴之谓性，性非教化不成；人欲之谓情，情非制度不节。（《汉书·董仲舒传》）

情性者，人治之本，礼乐所由生也。（《论衡·本性》）

董仲舒和王充都把人性和情感欲望的形成与天地间的阴阳气化结合起来。刘劭在《人物志》中论性并没有完全脱离汉儒的影响："盖人物之本，出乎情性。情性之理，甚微而玄；非圣人之察，其孰能究之哉？"（《九征》）

根据对《人物志》中才性思想的本体论说明，我们可以对《人物志》中的"性"有一个概括性的了解，从广义上讲，"性"就是"生之谓性"的"性"，即人之所以为人的根本，而且来自自然天赋。刘劭以阴阳之气定义性，"凡有血气者，莫不含元一以为质，禀阴阳以立性。"（《九征》）阴阳之气构成的性，又表现为"仁、义、礼、信、智"五德。这是《人物志》中广义的性。

从狭义上讲，《人物志》中的"性"，则是指德性，简而言之就是"仁、义、礼、信、智"五德，这五德就是先天禀赋，又具有客观性，可以说刘劭在这里与孟子证明人性本善走了同样的道路，即说明性来自于天，而来自于天的"性"又是纯善的，但是又存在着人性不善的状态，所以才要对人的才性问题进行认识，并作出界定。此外，性还有自然气质与性格之意，但是《人物志》中所讲的性主要有两种意思：先天本性与德性，亦即人的本质属性与道德。

（2）才

才（材），许慎在《说文解字》中解释说："才，草木之初也。将生枝叶也。"由此可见，才的最初意思是指草木最开始的状态，应用于人时，实际上就是指人所蕴含的能力与才能。

姚维在《才性之辨》中认为《人物志》中的才有三种含义：

一、即是材料、材质之意，是指人禀赋阴阳之气，凝结于各个方面所具有的素质、素材。例如，"是故厉直刚毅，材在矫正"（《体别》），指人仅具有直和柔两种质性中的一种直的质性，是木之材，有偏。刘劭称之为"偏材之性"。（《体别》）

二、引申为具体的才能、能力，比如"智"是一种德性，就可以分为八种才能：

聪能听序，谓之名物之材；思能造端，谓之构架之材；明能见机，谓之达识之材；辞能辩意，谓之赡给之材；捷能摄失，谓之权捷之材；守能待攻，谓之持论之材。攻能夺守，谓之推彻之材；夺能易予，谓之贸说之材；通材之人，既兼此八材，行之以道。（《材理》）

三、具体表现为各种人才。刘劭说："能出于材。材不同量。材能既殊，任政亦异。"（《材能》）有什么样的质性，就有什么样的智性，也就是什么样的人才。❶

姚维对才的概念分析基于《人物志》中的语义分析，具有很大的参考价值，但是仍有必要进一步归纳。

《人物志》中所讲的才也主要指人的才能，如果再细致划分，主要有三种含义：

（1）主要是指人的材质，包括"骨、筋、气、肌、血"，分别由五行"木、金、火、土、水"构成。

（2）第二种意思与性相对应，性主要指"人之本性"，但又可理解为"道德"，因为古人常把人的本性与道德本性混为一谈。才主要指人的才能，"偏材之人""兼材之人"都是这种意义上的才。而由于不同才能又可将人才进行不同的分工，也就有了第三种含义上的才。

（3）指具有不同才能的人，如《人物志》中《流业》篇对不同人才进行的十二种划分。

---

❶ 姚维. 才性之辨——人格主题与魏晋玄学［M］. 北京：人民出版社，2007：52.

(3) 才性关系

刘劭在《人物志》中所探讨的才性关系问题也始终是魏晋玄学探讨的重要问题。虽然留下的史料很少，但我们也可以从《世说新语》中看到对这一问题的探讨。

《世说新语·文学篇》注引《魏志》说："四本者，言才性同，才性异，才性合，才性离也。尚书傅嘏论同，中书令李丰论异，侍郎钟会论合，屯骑校尉王广论离。""四本"就是关于才性同异离合的四种说法。虽然上述所说的著作都已遗失，但是还可以从遗留下来的史料中进行推测。

《三国志·魏书·傅嘏传》中记载："时散骑常侍刘劭作考课法，事下三府。嘏难劭论曰：'……昔先王之择才，必本行于州闾，讲道于庠序，行具而谓之贤，道修则为之能。'"根据史书记载，我们可以看出傅嘏对于刘劭作考课法持反对态度，他认为刘劭对人才的评定皆是从外在来评判人物，可谓"本纲未举而造制未呈，国略不崇而考课是先，惧不足以料贤愚之分，精幽明之理也。"因此傅嘏论才性同，就是认为才性本是一回事，只有有道德才算得上有才能。因此性和才是一致的，不能分开谈。

《三国志·魏书·卢毓传》中记载了李丰对卢毓的疑问，"毓于人及选举，先举性行，而后言才。黄门李丰尝以问毓，毓曰：'才所以为善也，故大才成大善，小才成小善。今有称之有才而不能为善，是才不中器也。'丰等服其言。"卢毓认为如果被称为有才却不能为善，也就是无才，因此卢毓与傅嘏一样，皆是主张才性同，李丰主张"才性异"，因此对主张先举性行，后言才的卢毓提出疑问。因此我们可以推测李丰可能认为才性可以分开谈，德行的高低并不影响才智的发挥，当然这也只能是一种猜测。

所以我们只能从字面上进行猜测：才性同应该是主张才性是一回事；才性离应是主张才性本不相同；才性和应该是看到了二者之间的区别，但是却承认二者之间有密切联系；才性离则是认为才性之间没有什么联系。❶

冯友兰先生指出对于才性关系的探讨实际上还包含着另一个问题："所谓才、性，究竟是指什么？"按冯先生的看法："所谓才、性，有两方面的意义。一方面，所谓性，是指人的道德品质；所谓才，是指人的才能。在这一方面说，所谓才、性的问题，就是'德'与'才'的关系的问题。另外一方面，所谓才，是指人的才能；所谓性，是指人的才能所根据的天赋的本质。在这个方面，所谓

---

❶ 冯友兰. 中国哲学史新编（中卷）[M]. 北京：人民出版社，2007：335.

才、性就是一个认识论的问题：人的才能主要是由一种天赋本质所决定的，还是主要从学习得来；是先天所有的，还是后天获得的。现在看起来，这两方面所讨论的问题，是两个问题，其间没有必然的联系。但是，以前的人习惯于人性善的说法，一说到性，就牵扯到道德品质的问题，于是就把这两方面的问题混为一谈了。"❶

冯先生基于当时的史料，对才性问题包含的两层含义进行了分析，但从《人物志》一书来讲，通过对"才性"概念的解析，我们可以看出，刘劭一方面从"同"的层面上讲才性，因为才性同出于"道"；另一方面，刘劭又从"才性合"的角度来探讨才性关系，因为其认为有什么样的质性，就有什么样的才能。因此《人物志》探讨才性关系既探讨内在的德行与外在的能力的关系，又探讨了才能是否天赋的问题。从根本上讲，刘劭认为才能来自于天性，正因如此，刘劭才能对人所具有的不同才性进行区分，将人分为：兼德、兼材与偏才。

（4）才性分类

刘劭的《人物志》出于发现、选择和任用人才的目的，十分注意对人的才性的分类品评，而且形成了某些原则、理论和方法，如《流业》《接识》《八观》《英雄》等篇都包含对人物所具有的不同才性的分类思想。事实上对人的才性的分类自孔子就已经开始，在《论语》中已有鲜明的表现。刘劭对才性分类的思想很大程度上来自于《论语》，因此，他在《人物志·自序》中就指出：

是故仲尼不试，无所援生，犹序门人，以为四科；泛论众材，以辨三等。又叹中庸以殊圣人之德，尚德以劝庶几之论，训六蔽以戒偏材之失，思狂狷以通拘抗之材。疾悾悾而无信，以明为似之难保，又曰察其所安，观其所由，以知居止之行。人物之察也，如此之详。

这里刘劭对《论语》中有关才性分类的重要思想做了概括的说明。所谓犹序门人，以为四科，见于《论语·先进》："德行：颜渊、闵子骞、冉伯牛，仲弓。言语：宰我，子贡。政事：冉有，季路。文学：子游，子夏。"孔子以四科分门别类评论人物，这种方法对后世很有影响。典型的例子如《世说新语》对人物的品评就采取了这种方法，开篇就是《德行》《言语》《政事》《文学》四篇。

"泛论众材，以辨三等"出自于《论语·季氏》："生而知之者，上也；学而知之者，次也；困而学之，又其次也。"孔子把人分为生而知之、学而知之、困

---

❶ 冯友兰. 中国哲学史新编（中卷）[M]. 北京：人民出版社，2007：338.

而知之三个等次。刘劭虽然受孔子影响较深，但对人的才性的划分却采取了不同的分类办法，更为细致和富有说服力，值得我们研究。冯友兰先生甚至认为"刘劭的《人物志》是一种分类学——人物分类学"。随后的"钟会的《四本论》也是一种分类学——社会思想分类学。刘劭把人物分为三大类：英、雄、英且雄。钟会把当时论才、性的思想，分为四类：才性同、才性异、才性合、才性离。"[1] 冯先生把刘劭的《人物志》看成是从汉末综核名实到魏晋辨名析理的过渡之作，其看法具有一定的代表性，汤用彤先生也认为《人物志》的主要内容之一是"分别才性而详其所宜"[2]，所以对刘劭的才性分类思想进行梳理具有十分重要的意义。

首先，刘劭认为要判定人的才性，可以通过"九质之征"的效验方法：

性之所尽，九质之征也。然则平陂之质在于神，明暗之实在于精，勇怯之势在于筋，强弱之植在于骨，躁静之决在于气，惨怿之情在于色，衰正之形在于仪，态度之动在于容，缓急之状在于言。其为人也：质素平澹，中叡外朗，筋劲植固，声清色怿，仪正容直，则九征皆至，则纯粹之德也。（《九征》）

也就是说人的才性可以通过九质之征体现出来，善良与邪恶在于元神，聪明与愚蠢在于精神，勇敢胆怯在于筋腱，坚强懦弱在于骨骼，急躁安静在于气血，悲伤欢喜在于脸色，衰退与端正在于仪表，奸邪与宽容全在面容，和缓与急切的情状在于语言。所以说如果一个人为人质性平淡而且守静，内心聪慧而爽朗率直，筋腱强劲骨骼刚硬，声音清和面容喜悦，仪表端正面容庄重，就是九征齐备的纯粹品德。"神、精、筋、骨、气、色、仪、容、言"九种有形之质或无形之质就是效验才性的最根本标准，而根据这九种效验标准就可以将人所具有的不同才性分为：偏才之人、兼材之人与兼德之人。

九征有违，则偏杂之材也。三度不同，其德异称。故偏至之材，以材自名；兼材之人，以德为目；兼德之人，更为美号。是故：兼德而至，谓之中庸；中庸也者，圣人之目也。具体而微，谓之德行；德行也者，大雅之称也。一至，谓之偏材；偏材，小雅之质也。一征，谓之依似；依似，乱德之类也。一至一违，谓之间杂；间杂，无恒之人也。无恒、依似，皆风人末流；末流之质，不可胜论，是以略而不概也。（《九征》）

"违"按刘昞之注就是乖戾之意，在《人物志》中"违"是一个重要概念，

---

[1] 冯友兰. 中国哲学史新编（中卷）[M]. 北京：人民出版社，2007：335.
[2] 汤用彤. 魏晋玄学论稿 [M]. 上海：上海古籍出版社，2005：2.

与"至"是一对意思相反的概念,"至"是达到之意,也有"尽"的意思。"违"有违背之意,也有没有达到之意,"过"和"不及"皆是"违"的表现。"一至一违,谓之间杂",既有达到的才德,又有达不到的,这就叫做"间杂",可见刘劭对才性的划分十分细致,认识到了人所具有的才性的复杂情况。但是刘劭对"至"与"违"的具体论证显然不够充分,劳思光先生指出:"以'九征皆违'为'偏杂之材'。此处显然涉及两个问题。第一是所谓'至'与'违'是依何标准说?第二是此种标准如何建立,又如何说明其有效性?盖人之情性既是被决定者,则任何一个体,自身即实与其他个体有情性之殊异,如何能使各种殊异受某一标准之裁判,是一大问题。此标准本身是何内容,亦是一大问题。刘劭对此种大关键,皆似未留意,只凭空提出'中庸'一词,以为各面均圆满(即所谓'至'),便称为'中庸'。但此显然未解答任何问题,盖问题正在于'圆满'或'至'是何意义也。"❶ 刘劭虽然提出了识别才性的根据,但却未对根据本身作出解释说明,因此其才性分类思想存在着一定的理论缺陷。

因为"九征有违",就可以识别"偏杂之材",也就是偏才之人,"一至谓之偏材。偏材,小雅之质也。"偏才之人也就是只具有九征之中的一种或几种,但是没有全部具有,所以说其是"偏至之材",而这种人也就以其所具有的"才"定名,如百工众伎,还有在《流业》篇中区分的十二种人才,有清节家、法家、术家、国体(三材纯备)、器能(三材而微)、臧否、伎俩、智意、文章、儒学、口辨。这些都是根据人所具有不同才性进行的细致区分。当然在刘劭所列举的十二种人才中"国体"是三材皆备,也就是同时具有清节家(指具有清正的品德和模范的节操的人才)、法家(能制定各种法律,建立各种制度的人,如管仲、商鞅、韩非等)、术家(指有杰出智谋、奇妙计策的人才)之才德,就是兼材之人。

刘劭同时还指出了"偏杂之材"产生的主要原因,这主要是由于内在资质通过某种特别突出的形体特征表现出来,所以气质特征过于突出而不精纯,做事情就会不成功,因为:

夫色见于貌,所谓征神。征神见貌,则情发于目。故仁,目之精,悫然以端;勇,胆之精,晔然以强;然皆偏至之材,以胜体为质者也。故胜质不精,则其事不遂。是故,直而不柔则木,劲而不精则力,固而不端则愚,气而不清则越,畅而不平则荡。是故,中庸之质,异于此类。五常既备,包以澹味,五质内

---

❶ 劳思光. 新编中国哲学史(第二卷)[M]. 桂林:广西师范大学出版社,2005:128.

充，五精外章。(《九征》)

在这里刘劭没有从更深层次上探讨人才性不同的原因，而是从品评标准直接断定才性的不同，因此对才性分类并不能令人十分信服，应该进一步深入，因此冯友兰先生认为《人物志》"就其内容讲，没有很大的哲学价值，就其思想方法说，表示一种思想上的过渡，从汉末'综核名实'到魏晋'辨名析理'的过渡。'综核名实'和'辨名析理'，其相同在一个'名'字上，其不同在于'实'和'理'上。"❶ 因为刘劭没有对名的内涵进行分析，所以还只停留在"综核名实"，但是却导致"辨名析理"的产生，因此从这个意义上说刘劭对人物才性的分类仍然有其哲学意义。

偏才虽然是"小雅之质"，但是刘劭没有完全否定掉偏才的作用，而且认为"夫人材不同，能各有异：有自任之能，有立法使人之能，有消息辨护之能，以德教师人之能，有行事使人谴让之能，有司察纠摘之能，有权奇之能，有威猛之能。"(《材能》)由于人的才性各有不同，因此各人具有的能力也有所不同，适合个人所做的事情也有所不同：

夫能出于材，材不同量；材能既殊，任政亦异。是故：

自任之能，清节之材也，故在朝也，则冢宰之任；为国，则矫直之政。

立法之能，治家之材也，故在朝也，则司寇之任；为国，则公正之政。

计策之能，术家之材也，故在朝也，则三孤之任；为国，则变化之政。

人事之能，智意之材也，故在朝也，则冢宰之佐；为国，则谐合之政。

行事之能，谴让之材也，故在朝也，则司寇之佐；为国，则督责之政。

权奇之能，伎俩之材也，故在朝也，则司空之任；为国，则艺事之政。

司察之能，臧否之材也，故在朝也，则师氏之佐；为国，则刻削之政。

威猛之能，豪杰之材也，故在朝也，则将帅之任；为国，则严厉之政。

(《材能》)

刘劭对偏才之人做了细致划分，并且指出他们可以做什么官，办什么事情，为国为政可以做出什么事情。同时又指出了这种偏才之人的不足：

凡偏材之人，皆一味之美；故长于办一官，而短于为一国。何者？夫一官之任，以一味协五味；一国之政，以无味和五味。又国有俗化，民有剧易；而人材不同，故政有得失。是以：王化之政，宜于统大，以之治小则迂。辨护之政，宜于治烦，以之治易则无易。策术之政，宜于治难，以之治平则无奇。矫抗之政，

---

❶ 冯友兰. 中国哲学史新编（中卷）[M]. 北京：人民出版社，2007：338.

宜于治侈，以之治弊则残谐和之政，宜于治新，以之治旧则虚。公刻之政，宜于纠奸，以之治边则失众。威猛之政，宜于讨乱，以之治善则暴。伎俩之政，宜于治富，以之治贫则劳而下困。故量能授官，不可不审也。

凡此之能，皆偏材之人也。故或能言而不能行，或能行而不能言；至于国体之人，能言能行，故为众材之隽也。人君之能异于此：故臣以自任为能，君以用人为能；臣以能言为能，君以能听为能；臣以能行为能，君以能赏罚为能；所能不同，故能君众材也。（《材能》）

刘劭讲"量能授官"，其实就是根据各人不同的才性，找出适合他们做的事情，但同时也由于"偏才之偏"致使他们或者能言不能行，或能行不能言，因为只有"三材兼备"的国体之人，才能"君众才"。

"兼材之人，以德为目"，也就是说兼材之人是以具有五德之中的一种或几种来作为自己的名号，比起偏才，兼材之人更上一层次，因为其具备较好的德行，由此我们可以看出，刘劭尽管受曹操"唯才是举"思想的影响，但是他仍然十分注重人的德行，偏才之人也许在某一方面突出，但是与具备完善的道德的人相比，仍然是次之。

"兼德之人，更为美号。是故：兼德而至，谓之中庸；中庸也者，圣人之目也。具体而微，谓之德行；德行也者，大雅之称也。"由此，刘劭提出了人所具有的最高德性——"中庸"。

刘劭在《人物志》自序中已经把"中庸"作为圣人之德："又叹中庸以殊圣人之德，尚德以劝庶几之论。训六蔽以戒偏材之失，思狂狷以通拘抗之材；疾悾悾而信，以明为似之难保。又曰：察其所安，观其所由，以知居止之行。人物之察也，如此其详。"

中庸一词见于《论语·雍也》："中庸之为德也，其至矣乎！"（《论语·雍也》）"尚德以劝庶几之论"一语则出自《论语·先进》："回也其庶乎"。意思是"中庸"是圣人才能具有的道德，同时也是道德的最高表现，并且希望人们像颜回那样对自己严格要求，从而达到圣人所具有的中庸之德。

刘劭对人的才性的三种区分、提出的人的才性的最高标准"中庸"，对魏晋的人物品评产生了很大影响。值得我们注意的是，刘劭虽然将中庸之德列为才性的最高标准，但是却有了自己的发挥，塑造了一种儒道融合的圣人观，这也是其才性思想中最具特色的部分。

3. 才性修养论

儒家思想始终非常强调个体道德修养的完善，道家同样追求着理想的人生境界，因此先秦以来的人物品评必然包含着对最高道德修养境界的追求。在《论语》中同样也有所表现，如孔子说："知之者不如好之者，好之者不如乐之者。"（《论语·雍也》）这里的知之、好之、乐之，即是人格道德修养上的一个比一个更高的三种境界。又如孔子说："吾十有五而志于学，三十而立，四十而不惑，五十而知天命，六十而耳顺，七十而从心所欲，不逾矩。"（《论语·为政》）这也包含着个人在道德修养上在不同年龄所达到的不同的境界。刘劭在《人物志》中同样涉及才性修养的问题，并且提出了最高的道德修养境界，而且这种境界兼具儒道二家的特征，对于我们理解魏晋时期的儒道融合思想具有重要意义。

（1）理想人格——中庸

刘劭认为理想人格就是具有"中和"或"中庸"的品质的圣人，圣人就是"兼德之人"，不同于只有一偏之材的人物。以聪明平淡为特性，刘劭发挥了儒家的中庸思想和道家的清静无为思想，塑造了《人物志》中的理想人格——中庸。《中庸》云：

喜怒哀乐之未发，谓之中；发而皆中节，谓之和。中也者，天下之大本也；和也者，天下之达道也。致中和，天地位焉，万物育焉。

仲尼曰："君子中庸，小人反中庸。君子之中庸也，君子而时中；小人之中庸也，小人而无忌惮也。"

子曰："中庸其至矣乎！民鲜能久矣！"

在儒家思想中，中庸是最高的行为规范，也是"至德"。中，是天下之大本，和，为天下之达道。张立文先生指出，在《人物志》中"人的性情度量，中和是最宝贵或有价值的。虽然人的性质有亮直、休决、平理等个性，然中和是被认同的普遍的性质。刘劭又把中和与不偏不倚、无过不及的中庸联系起来。所谓'中庸之质'，就是有别于直而不柔、劲而不精、固而不端、气而不清、畅而不平的资质。……每一个体人身兼具仁义礼智信五质，中和既备五常，而又超越五常，是'兼德而至'的境界。"[1] 所以说中庸或中和概念是《人物志》论人才性的最高概念。刘劭发挥了中庸思想，同时又将儒家的思想与道家思想进行了融合：

凡人之质量，中和最贵矣。中和之质，必平淡无味；故能调成五材，变化应节。（《九征》）

是故：兼德而至，谓之中庸；中庸也者，圣人之目也。（《九征》）

---

[1] 张立文. 中国哲学范畴发展史（人道篇）[M]. 北京：中国人民大学出版社，1995：160.

夫中庸之德，其质无名。故咸而不碱，淡而醲，质而不缦，文而不缋；能威能怀，能辨能讷；变化无方，以达为节。(《体别》)

人之质量，也就是人之才性，最可贵的就是中庸这种品质。值得我们注意的是中和是儒家的概念，平淡二字却是出自道家，老子曰：

恬淡为上。(《老子》第三十一章)

道之出口，淡乎其无味，视之不足见，听之不足闻，用之不足既。(《老子》第三十五章)

此外，"多言数穷，不如守中"之语。可见刘劭在讲理想的圣人之性时，将儒家思想与道家思想二者有机地结合起来，这种援道入儒的思想倾向，可以说发魏晋玄学之先声。

与此同时，《人物志》中的理想人格圣人不止具有平淡之性，还有聪明：

是故，观人察质，必先察其平淡，而后求其聪明。聪明者，阴阳之精。阴阳清和，则中睿外明；圣人淳耀，能兼二美。知微知章，自非圣人，莫能两遂。(《九征》)

聪明就是阴阳清和所致，也就是说平淡是聪明的前提条件，只有平淡才能达到中睿外明的状态，圣人因此能够"知微知章"，微即是微小的变化，章则有明显、显著之意，也就是说圣人既能知道微小的变化，又能知道显著的变化。而不具有圣人这种平淡之性，则不能"知微知章"，也就没有聪明。

我们可以看出，刘劭认为平淡是圣人之性的特质，聪明是圣人所具有的才能。也就是说圣人内在具有平淡之性，外在则表现为聪明。从而我们可以看出刘劭不同于以往儒家思想，充分强调了人的才能的作用。

刘劭十分注重聪明的作用，提出了"苟无聪明，无以能遂"的观点，将智的地位大大提高，这些都与以往儒家有所不同：

夫仁者德之基也，义者德之节也，礼者德之文也，信者德之固也，智者德之帅也。夫智出于明，明之于人，犹昼之待白日，夜之待烛火；其明益盛者，所见及远，及远之明难。是故，守业勤学，未必及材；材艺精巧，未必及理；理意晏给，未必及智；智能经事，未必及道；道思玄远，然后乃周。是谓学不及材，材不及理，理不及智，智不及道。道也者，回复变通。是故，别而论之：各自独行，则仁为胜；合而俱用，则明为将。故以明将仁，则无不怀；以明将义，则无不胜；以明将理，则无不通。然则，苟无聪明，无以能遂。故好声而实不克则恢，好辩而礼不至则烦，好法而思不深则刻，好术而计不足则伪。是故，钧材而好学，明者为师；比力而争，智者为雄；等德而齐，达者称圣，圣之为称，明智

之极明也。是故，观其聪明，而所达之材可知也。(《八观》)

虽然儒家讲仁义礼智，但智始终处于次要位置，仁义道德才是最高的东西。刘邵却认为"智者德之帅"，"智出于明"，也就是说智是出自于聪明，刘劭认为一切仁义道德的实现都要以"明"为"将"。"苟无聪明，无以能遂"就是说，"聪明"对于仁义道德的实现起着最后的决定作用。在这里对人物的品评就不再局限于简单的道德品评，而是将人所具有的才能提高到了一个相当高的地位，几乎与道德同位。所以刘劭认为："圣之为称，明智之极明也"。这种对圣人的定义把智提到了极高的地位，和传统的儒家思想把仁义道德放在最高地位形成一个鲜明的对比。

刘邵还在《人物志》自序中指出："夫圣贤之所美，莫美于聪明。"刘劭不仅强调人的伦理道德的重要性，同时也强调个体的智慧才能的重要性。"由于德的实现被看作是个体发挥其智慧才能的结果，智慧才能本身被认为具有极大的价值，成为注意的中心，这就在中国古代思想史上打开了对人的本质的研究的一个新领域，开始集中地对个体的智慧才能，包含对个体的气质、心理、个性及外在表现的种种研究。"[1]

刘劭不止引入了"平淡"的概念，还将"无为"的概念引入圣人之治。圣人具有平淡聪明之特质，如果体现在治国上，就是无为之治：

主德不预焉。主德者，聪明平淡，达众材而不以事自任者也。是故主道立，则十二材各得其任也。清节之德，师氏之任也。法家之材，司寇之任也。术家之材，三孤之任也。三材纯备，三公之任也。三材而微，冢宰之任也。臧否之材，师氏之佐也。智意之材，冢宰之佐也。伎俩之材，司空之任也。儒学之材，安民之任也。文章之材，国史之任也。辩给之材，行人之任也。骁雄之材，将帅之任也。是谓主道得而臣道序，官不易方，而太平用成。若道不平淡，与一材同好，则一材处权，而众材失任矣。(《流业》)

刘劭认为因为圣人具有聪明平淡之特质，因此可以统领各种人才，所以在治理上让众才充分发挥各自的能力，自己不去亲自处理，就可以达到"主道得而臣道序，官不易方，而太平用成"的效果，这种思想显然受到了道家无为而治的思想的影响。

老子最先提出"无为"的概念，并指出"无为而无不为"：

为无为，则无不治。(《老子》第三章)

---

[1] 李泽厚，刘纲纪. 中国美学史（第二卷）[M]. 北京：中国社会科学出版社，1987：72-73.

为学日益，为道日损。损之又损，以至于无为。无为而无不为。取天下常以无事，及其有事，不足以取天下。(《老子》第四十八章)

故圣人云：我无为，而民自化；我好静，而民自正；我无事，而民自富；我无欲，而民自朴。(《老子》第五十七章)

通过"无为"达到"无不为"，"无为"好像只是工具和手段，而"无不为"才是最终的目的，"无为"也就因此有了权术的意义，罗安宪先生认为："在老子思想中，'无为'确具有手段和工具的意义，但'无为'并非只具有手段和工具的意义。……'无为'者，道之本体也；'无不为'者，道之作用也。……'无为而无不为'，是道之理，是道之大德、大用，然而这一理论，在后代则主要作为君民御臣之术而被采用。"❶ 由此我们可以看出，老子的"无为"实际上是道的自然发用，而"无不为"则是道发用后的自然结果，落实到人道上，圣人无为守静，百姓就可以达到"自化""自正""自富""自朴"的状态。庄子曰：

上必无为而用天下，下必有为为天下用，此不易之道也。(《庄子·在宥》)

庄子的"无为"概念开始涉及到了君道之治，"上无为，而下不可无为，亦即君道无为，臣道有为。君道无为之理论，在稷下黄老道家那里已有充分表现。"❷ 因此在稷下黄老道家看来，君道无为、臣道有为是君臣之正道，君王正是通过无为之治使臣下有为，从而维持自身的统治：

心术者，无为而治窍者也。(《管子·心术上》)

君也者，以无当为当，以无得为得者。(《吕氏春秋·审分览·君守》)

人主之术，处无为之事，而行不言之教；清静而不动，一度而不摇；因循而任下，责成而不劳。(《淮南子·主术训》)

汉初由于特定的战乱之后的社会状况，为求社会政治的安定，采用了黄老道家的君道无为理论，从而达到了社会稳定，经济迅速发展的目的。所以我们可以看出刘劭讲"主德不预焉。主德者，聪明平淡，达众材而不以事自任者也。是故主道立，则十二材各得其任也"的思想是发挥了黄老道家的君道无为思想，并将其作为圣人之治。

(2) 处世之道——不争

在刘劭的时代，政治斗争是十分残酷的，因此从现实出发，刘劭《人物志》

---

❶ 罗安宪. 虚静与逍遥——道家心性论研究 [M]. 北京：人民出版社，2005：75-76.
❷ 罗安宪. 虚静与逍遥——道家心性论研究 [M]. 北京：人民出版社，2005：77.

专有《释争》一章来讲处世之道，反复论述了人才斗争的危害以及原因，并论证了放弃斗争的益处。

开篇就提出："盖善以不伐为大，贤以自矜为损。"通过事实经验的列举指出："然则卑让降下者，茂进之遂路也；矜奋侵陵者，毁塞之险途也。""是以君子举不敢越仪准，志不敢凌轨等；内勤己以自济，外谦让以敬惧。是以怨难不在于身，而荣福通于长久也。""内勤己以自济，外谦让以敬惧"，就是让人用谦虚忍让的态度对待争斗，这样不产生怨难，从而得到长久的荣福。

刘劭在《释争》篇中所提到的"不伐""不争"等处世之道，都属于典型的道家的思想。

曲则全，枉则直，洼则盈，敝则新，少则得，多则惑。是以圣人抱一为天下式。不自见，故明；不自是，故彰；不自伐，故有功，不自矜，故长。夫唯不争，故天下莫能与之争。(《老子》第二十二章)

善用人者，为之下。是谓不争之德，是谓用人治力，是谓配天古之极。(《老子》第六十八章)

刘劭在《释争》中对老子的不争思想进行了发挥："物势之反，乃君子所谓道也。是故，君子知屈之可以为伸，故含辱而不辞；知卑让之可以胜敌，故下之而不疑。及其终极，乃转祸为福，屈仇而为友；使怨仇不延于后嗣，而美名宣于无穷；君子之道，岂不裕乎！"因为道会向着相反方向运动，也就是老子所讲的"反者道之动"，因此委屈可以求全，退避可以胜敌，就如同晋文公退避三舍，而取得了城濮大战的胜利。这样就可以转祸为福，使仇敌变为朋友，而不至于使冤仇延续到后代，而君子的美名却可以得到永远的流传。由此我们可以看出，刘劭讲不争，其实还是在讲"和"，刘劭在处世之道上将儒道二家的思想再次进行了有机的结合。

儒家思想中也把谦虚礼让作为个人修养的重要方面。孟子、荀子对此多有论述。

辞让之心，礼之端也。(《孟子·公孙丑上》)

君子宽而不漫，廉而不刿，辩而不争，察而不激，寡立而不胜，坚强而不暴，柔从而不流，恭敬谨慎而容。(《荀子·不苟篇》)

恭敬，礼也；调和，乐也；谨慎，利也；斗怒，害也。(《荀子·臣道篇》)

辞让之心，是礼的萌芽，同样是人之为人的重要根据。可见儒家同样讲不争思想，认为争斗会带来祸患，以和为贵、行中庸之道是儒家的一贯主张。

综合儒道二家关于不争的思想，刘劭得出："是故，君子以争途之不可由也。"(《释争》)这是因为：

夫唯知道通变者，然后能处之。是故，孟之反以不伐获圣人之誉，管叔以辞赏受嘉重之赐；夫岂诡遇以求之哉？乃纯德自然之所合也。彼君子知自损之为益，故功一而美二；小人不知自益之为损，故一伐而并失。由此论之，则不伐者伐之也，不争者争之也；让敌者胜之也，下众者上之也。君子诚能睹争途之名险，独乘高于玄路，则光晖焕而日新，德声伦于古人矣。(《释争》)

"夫唯知道通变者，然后能处之"，"乃纯德自然之所合也"，都是讲天道和人道的融合，如果知道君子能够看清争斗之途的危险，独自追求超脱世俗的神妙无穷的境界，就会在修养上日新月异，甚至可以与古代圣贤媲美。由此，刘劭从天道出发，对人之才性做出了本体论上的说明，论述了才性之认识论，以及才性修养论（包括理想人格以及处世之道），最后通过才性修养论融合了天道与人道，完成了富有特色的才性理论。

（六）对《人物志》才性思想的评价以及《人物志》对后世的影响

1. 发魏晋玄学之先声

《人物志》对才性问题的探讨，融合了儒道二家的思想，将道家的天道与儒家的人道思想有机地结合起来，为人之才性确立最高的本体"道"，并通过"理"将天道与人道融合起来，这种思想已经与汉学思想有所不同，与王弼以无为本的本体论具有一致之处。正如冯友兰先生说："刘劭和钟会的分类学，还不是'辨名析理'，但可以导致'辨名析理'。从这一方面说，刘劭和钟会虽然不是玄学家，但可以说是玄学家的前驱。他们的分类学虽然不是玄学，但可以说是玄学的先河。"[1]冯友兰先生将刘劭和钟会的思想定义为分类学，但是其二人的思想并不仅仅局限于为才性分类，因此从这个意义上讲，刘劭的《人物志》是标志着汉学向玄学过渡的重要文献。

另一方面，刘劭将道家的平淡引入儒家的传统概念中庸，并将无为引入圣人之治，对圣人的理解已经不同于前人，正如汤用彤先生所说："刘劭论君德，本道家言。人君配天，自可进而对于天道加以发挥。此项趋势最显于王弼之书。"[2]

王弼身为玄学家，在讲理想人格的时候，恰恰是用理想人格为其本体论作证明：

---

[1] 冯友兰. 中国哲学史新编（中卷）[M]. 北京：人民出版社，2007：340.
[2] 汤用彤. 魏晋玄学论稿 [M]. 上海：上海古籍出版社，2005：10.

道无形不系常，不可名，以无名为常。故曰道常无名也。朴之为物，以无为心也，亦无名，故将得道莫若守朴，夫智者可以能臣也，勇者可以武使也，巧者可以事役也，力者可以重任也，朴之为物，愦然不偏，近于无有，故曰，莫能臣也。抱朴无为，不以物累其真，不以欲害其神，则物自宾而道自得也。（《老子》第三十二章注）

汤用彤先生指出："《人物志》言君德中庸，仅用为知人任官之本，《老子注》言君德无名，乃证解其形上学说，故劭以名家见知，而弼为玄学之秀也。"❶

所以，我们可以看出刘劭虽然不属于玄学家，但是其阐发的才性思想却对魏晋玄学的产生了一定的影响，值得我们研究。

2. 为"九品中正制"提供理论依据

从政治意义上讲，刘劭的《人物志》是为适应"九品中正制"量材授官的现实需要而产生的，刘劭吸收了前人品评人物、识鉴人才的思想理论和实践经验，试图从人物外表、言语、体貌、行为等外在的特征考察人物的德性与才能，并希望能提供一套识别人才的正确标准。

根据《三国志》中有关刘劭的记载，魏明帝景初年间（公元237—239年），刘劭曾受诏著《都官考课》七十二条及《说略》一篇。"景初中，受诏作都官考课。劭上疏曰：'百官考课，王政之大较，然而历代弗务，是以治典阙而未补，能否混而相蒙。陛下以上圣之宏略，愍王纲之弛颓，神虑内鉴，明诏外发。臣奉恩旷然，得以启蒙，辄作都官考课七十二条，又作说略一篇。臣学寡识浅，诚不足以宣畅圣旨，著定典制。'又以为宜制礼作乐，以移风俗，著乐论十四篇，事成未上。会明帝崩，不施行。正始中。执经讲学，赐爵关内侯。凡所撰述，法论、人物志之类百余篇。"❷

冯友兰先生推测，"《刘劭传》所说的《法论》，可能就是《律略论》……《人物志》如果不是《都官考课》所附的《说略》的扩大，也是同《都官考课》有关系的著作。《都官考课》的根本问题是怎样考察各级官吏的成绩。《人物志》的根本问题是怎样识别人物，什么人物适合于做什么官，能发生什么作用。这两方面的问题是相互配合的。"❸

由此我们可以看出，《人物志》实际上应是对《都官考课》的哲学上的证

---

❶ 汤用彤. 魏晋玄学论稿 [M]. 上海：上海古籍出版社，2005：18.
❷ 参见《三国志·魏书·刘劭传》。
❸ 冯友兰. 中国哲学史新编（中卷）[M]. 北京：人民出版社，2007：327.

明，也就是为九品中正制提供理论依据，从而使人才的选拔更有据可循。

3. 为后世选拔人才提供效法的依据

刘劭的《人物志》涵盖了儒家、道家、法家、阴阳家等先秦两汉时期的学术思想，在知人、识人、用人、培养人等方面都有独到的见解和深刻的论述，对后世产生了重要的影响。

《人物志》中的才性思想尤其是才性分类思想对各种人才进行了细致的划分，同时还指出了效验之法（九征），对后世选拔人才提供了效法的依据。而且《人物志》中的《七缪》和《效难》等篇还详细分析了人才的复杂性和认识人才过程中存在的局限性，其论述之详细都是前所未有的。因此，宋代阮逸评论《人物志》说："王者得之，为知人之龟鉴；士君子得之，为治性修身之檠括。"（《〈人物志〉序》）

《人物志》不仅讲了知人、识人之法，而且为我们提供了修身之法——不争，从而追求平淡聪明的圣人境界。由此可以说，《人物志》对人才的选拔、培养都进行了详细地论述。它对于我们研究人才问题具有深刻的意义。此外，《人物志》还涉及政治学、心理学、管理学、领导学等相关领域，曾在20世纪30年代被美国心理学家施莱奥克译成《人类能力之研究》，并在美国出版。欧美日本等多国学者也一直在对《人物志》进行相关研究。

（七）结语

刘劭的《人物志》一书系统地论证人的才性问题，分析才性的成因、形成、分类以及理想人格等多方面，对于我们理解和把握才性问题和当时的学术思潮具有重要的意义。

从东汉末年到魏晋初年，出于选拔官吏的需要，品鉴人物的德行与才能成为当时的一种风尚。刘劭的《人物志》一书正是在这种背景下诞生的。由于当时探讨才性问题的著作大部分佚失，所以我们对《人物志》中的才性思想进行研究具有十分重要的意义。冯友兰和汤用彤先生均认为《人物志》是标志汉学向玄学过渡的重要文献，刘劭将圣人之性定义为平淡中和，已经显示出儒道综合的思想倾向，这正是玄学家的共同特征。

由刘劭论人之才性，发展到何晏、王弼以自然论性情，再到嵇康著《明胆论》探讨人的智勇问题，皆体现了对人之本然之性、本真之性的追求。

张立文先生认为："刘劭《人物志》依据人物体别、行为来评论人的内心性情、气质、性格等以及其所以然的根据，打破了先秦以来善恶论性情的传统模式，而与气质、性格相联系。刘劭从体别、素质方面,揭示性情产生的生理机制,与近代心理学研究方法大体相近。才性之辨否定了道德形而上学,高扬了个体人的才能、性情,标志着人的自我价值的觉醒。"❶ 因此我们对《人物志》的才性思想进行研究,不仅有助于我们了解魏晋时期的才性问题,更有助于我们对自身的了解。

同时,我们也要看到《人物志》中存在的不足。尽管刘劭对人之才性进行了详尽地划分和说明,但却未从根本上回答缘何产生偏才的原因,而且未对进德之路提出明确答案。他只是强调不争在实际生活中的作用,理论性不强。正如劳思光先生所说:"刘劭论'兼德'与'偏至',先将'圣人'列为才性层级中之一层,已是主张通过'才性'之'决定',然后论'流业'时,又判定'事功'亦受'才性'决定,最后论'材理',则以为认知与传达亦受'才性'决定。于是,'才性'成为'德性'、'事功'、'认知'等活动背后之总决定力。此说即代表彻底'才性'论之立场,其理论结构虽颇多疏乱处,其代表一特殊方向则无可否认。"❷

总而言之,刘劭《人物志》中的才性思想,尽管没有玄学家如王弼那般高深玄远,但是却具有一定的时代意义,反映了时代的主题和特定的需要。刘劭的《人物志》虽然未完全进入本体论领域,但是却为玄学的产生做出了理论铺垫。而且,刘劭的《人物志》对人物才性的品评也独具特色,值得我们进行更深入的研究和探讨。

---

❶ 张立文. 中国哲学范畴发展史(人道篇)[M]. 北京:中国人民大学出版社,1995:490.
❷ 劳思光. 新编中国哲学史(第二卷)[M]. 桂林:广西师范大学出版社,2005:134.

七、柏拉图《理想国》的主要思想

希腊是西方文明的发源地，希腊古典哲学是近现代西方哲学的故乡。希腊古典哲学时期产生了三位伟大的哲学家，他们是苏格拉底、柏拉图、亚里士多德。柏拉图在希腊三哲中起着承前启后、继往开来的桥梁作用，他既继承了苏格拉底的哲学思想，又培养出了亚里士多德这位百科全书式的哲学家。因此，研究希腊古典哲学就必须要懂得柏拉图的哲学思想。

柏拉图的代表作是《理想国》。《理想国》分为十卷，但有些西方学者试图打破十卷的框架，根据内容分段。康福德的英文译本《柏拉图的国家篇》（1941年初版）便分为六个部分：一、有关正义的某些流行的观点（327A—354C），即第一卷；二、国家和个人的正义（357A—445B），包括第二卷、第三卷、第四卷；三、哲学王（包括两个世界的划分、存在和认识的两个阶段、善的理念、教育课程、辩证法等）（449A—541B），包括第五卷、第六卷、第七卷，其中第五卷的前半部分（449A—471C）论妇女的地位和消灭家庭作为第二部分"国家和个人的正义"的附录；四、社会和灵魂的进步，论各种政治制度（543A—592B），包括第八卷、第九卷；五、哲学与诗之争（595A—608B），即第十卷的前半部分；六、不朽，回到正义（608C—621D），即第十卷的后半部分。这种分法可以让读者对全篇概要一目了然，实际上只有第二、第三、第四三个部分才是全篇的主要内容，第五部分只能算一段插话，第六部分则是对全篇的总结。

（一）什么是正义

1. 有关正义的某些流行观点

这是第一卷的主要内容，在这一卷里苏格拉底批评了当时几种流行的关于正义的观点，他采用的方式是指出对方论点中的矛盾来推翻对方为正义下的定义。

第一种观点。克法洛斯提出了关于正义的第一种观点，他认为正义就是"言行都要诚实，要讲真话和偿还宿债"。苏格拉底对他进行了反驳，他指出把武器给予一个已经疯了的朋友是不正义的。（331B—D）

第二种观点。克法洛斯的儿子玻乐马霍斯提出了关于正义的第二种观点，他认为正义就是"要帮助朋友，损害敌人"，"以善酬友，以恶对敌"。结果为了要损害敌人也可以背信弃义，甚至偷窃，但这是不正义；而且损害敌人便是使他变坏，也不是正义的人所应做的。（331E—336A）

第三种观点。这种观点是智者色拉叙马霍斯提出的，他认为正义就是强者、统治者的利益，而且做不正义的事情比做正义的事情更为有利。他还举出了"窃钩者诛，窃国者诸侯"的例子来论证"与个人正义比起来不正义是多么的有利"这一观点。苏格拉底对此进行了反驳。首先他提出一个又聪明又好的人不愿超过和自己同类的人，但愿超过跟自己不同类而且相反的人；正义的人不愿意超过同类而只愿超过不同类的人。因此，正义者跟又聪明又好的人相类似。而一个又笨又坏的人对同类和不同类的人都想超过；不正义的人同时想要胜过同类和不同类的人。因此，不正义的人跟又笨又坏的人相似。这样，由于两个相像的人性质一样，所以正义的人又聪明又好，不正义的人又笨又坏。其次，由于正义的人有"正义"这种心灵的德性而生活得好，因此是快乐的；不正义的人有"不正义"这种心灵的邪恶而生活得不好，因此是痛苦的。所以，他就得出了"不正义绝对不会比正义有利""多行不义必自毙"的结论。（336B—354C）

最后，苏格拉底和对话者得出了结论：我不知道什么是正义，不知道它是不是道德，也不知道它使人快乐还是痛苦。

2. 国家和个人的正义

这是柏拉图《理想国》第二、三、四卷论述的主题。

（1）国家的正义

第二卷开始格劳孔便提出问题，他说："我想知道到底什么是正义，什么是不正义；它们在心灵里各产生什么样的力量；至于正义和不正义的报酬和后果我主张暂且不去管它。"（358B）格劳孔为什么不讨论正义和不正义的后果呢？因为在社会现实生活中他们看到的无数事实表明凡是行正义的人总是吃亏，而得到利益的总是那些不正义的人。所以格劳孔认为：正因为人们一方面遭受不正义的害处，另一方面又从不正义得到利益，往往害大于利。为了趋利避害，人们开始订立契约和法律，凡是遵约守纪的就叫作正义，他认为这就是正义的本质和起源。（358E—359A）因此，他认为行正义的人并不是心甘情愿，只是不得已而为之。

阿得曼托斯为格劳孔补充说，凡是掌权的人都要尽量作恶，他们表面行正义实际上是为名为利，像智者所说的，不过是一种假象。所以，他要求苏格拉底不要简单地论证正义高于不正义便算了事，而要说明正义和不正义自身是什么，以及对它们的所有者有什么好处和坏处。（367B—367E）苏格拉底说，要进行这样的讨论并不容易。既有个人的正义，也有整个城邦的正义。正像看字时看大字比看小字容易，所以他还是先探讨国家的正义，才容易看清楚个人灵魂中的正义。（368D—368E）苏格拉底虽然早就提出要探究什么是正义，但在其对话中实际上只是讨论正义带来的后果。在《斐多篇》中他只是提出存在正义自身或"正义的相"，但对"究竟什么是正义"并没有给予回答。而在《理想国》中，苏格拉底试图回答这一问题。

苏格拉底先从城邦国家的产生谈起。任何个人不能独立生活，需要许多人在一起组成城邦。首先是要有食物、住房和衣服以及其他等，因此要有农夫、铁匠和纺织工人、鞋匠或别的照料身体需要的人，每个人专干一行工作，实行分工负责。苏格拉底是以分工来说明国家的起源，既然有分工，便发生贸易，还需要有商人，需要有大大小小的老板以及靠出卖劳力以工资为生的人。人的物质生活需要是多种多样的，但是能够满足这种物质需要的国家还是初级的，他称之为"猪的城邦"。（369B—372D）

人的生活还有进一步的要求，需要各种艺术，需要医生，还要发生战争，需要有保卫城邦和人民财产的军人或卫士。卫士和警犬一样既要有敏锐的感觉，又要凶猛勇敢、生气勃勃、有昂扬的精神意气，对自己人温和，对敌人凶狠，因此他们还应该爱好智慧。上面就是护卫者应该具备的天性基础，这是护卫者后天接受教育的基础。

护卫者还应该接受后天教育。课程是体操和音乐，用体操锻炼身体，用音乐陶冶情操。（373A—376E）然后，柏拉图以大量篇幅讨论音乐和体操（体育）。当时的音乐教育主要是传诵荷马等人的神话诗歌，柏拉图对这些诗人描写神的种种恶行大肆攻击。他认为，神是单一的，神就是善，不可能产生恶，也不能变成恶。（377E—383C）诗的作用在于改造人性，培育美德。（386A—392C）诗是一种模仿，应该模仿优美的人和事，废掉挽歌式的调子和靡靡之音，舍弃多弦乐器和多调乐器，只剩下模仿勇敢的人的多利亚调和模仿平时出于自愿工作的人的佛里其亚调，只用七弦琴、七弦竖琴和短笛，这样无意之间就已经净化了城邦。节奏音调跟随文词，而好言词、好音调、好风格、好节奏又都来自好的精神状态，因此年轻人应当随时去追求好的精神状态。而绘画、纺织、建筑等充满了这种好的精神状态，所以我们就只有监督诗人和其他艺人，让他们在诗篇里培植良好品格的形象，阻止他们描绘坏精神；我们必须寻找一些艺人，用其大才美德开辟一条使年轻人进入健康之乡的道路。总之，音乐教育的目的应该是培养对于美的有秩序的事物的一种有节制的和谐的爱。

体育教育要锻炼身体，但也要培育好的精神，不是使人野蛮粗暴，而是将音乐教育和体育教育结合起来，使激情（意气）和理智（理性）达到和谐。只有这样才能最为比例适当地把音乐和体育应用到心灵上，使心灵的爱智部分和激情部分配合适当，达到和谐。(403C—412A)

接着，柏拉图提出如何选择统治者的问题。他说要选择那些真正关心国家利益的人担任统治者的职务，他们必须接受严格的教育，经过严格的考察，并在工作中经受锻炼；还要选择一些护卫者（卫士），他们服从并且执行统治者的法令，成为统治者的辅助者或助手。统治者和护卫者都要通过教育培养，但也有天赋的性质。他们虽然同属一类，但是神铸造他们的时候，在有些人的身上加入了黄金，这些人因而是最宝贵的，是统治者。在辅助者（军人）的身上加入了白银，这些人充当护卫者（卫士）。在农民以及其他技工身上加入了铁和铜，他们是被统治者。柏拉图提出这种为统治者服务的"天赋血统论"，他自己也感到并不理直气壮，所以是吞吞吐吐以故事的方式说出来的，而且他也没有将这种血统世袭绝对化。他说这种品质虽然是可以父子相承的，但有时也会有金子的父亲生了银子的儿子，或者银子的父亲生了金子的儿子。统治者如果发现自己的孩子是废铜烂铁，便应当把他们放到恰如其分的位置上去；并且要注意如果发现农民工人的后代中有金有银者，就要把他们提升到统治者或护卫者的位置上来。(412B—415C) 他还提出，为了防止统治者变成压迫人民的主人，应该规定他们不得有任何私有财产；因为在他们的灵魂中已经有了神赐予的金银，这是纯洁无瑕的至宝；他们不应该再需要世俗的金银，那是罪恶之源。(416A—417B)

在第四卷的前半部分，柏拉图谈了他对法律的看法。在《理想国》里他是主张人治而不主张法治的。柏拉图在第八、九卷对这一问题做了详细的论述。

从第四卷的后半部分 427D 开始，柏拉图才正式回来讨论当初提出的问题：在国家中怎样才是正义和不正义，它们有什么不同，究竟哪一个能使人幸福？他认为一个好（善）的国家应该具有智慧、勇敢、节制、正义这四种美德，他一一讨论它们。首先是智慧。当然不在乎它具有某类技艺的知识，而是它有治理整个国家的知识，能够考虑整个国家大事，改善对内对外关系，只有少数人才具有这样的智慧。(427E—429A) 其次是勇敢。国家的勇敢属于保卫它的卫国者即能够保卫它而上战场打仗的那一部分人，这类勇敢不是兽类或奴隶的那种凶猛，而是把良好的天性和教育培养牢牢结合而成的。(429A—430C) 再次是节制。节制是一种和谐或协调，是一种好秩序或对某些快乐与欲望的控制。在一个国家中多数人包括小孩、妇女、奴隶和那些名义上叫做自由人的为数众多的下等人，他们身上具有的各种各样的欲望、快乐、苦恼是低级的；而只有那些天分最好且又受过最好教育的少数人才具有靠理智和正确信念帮助、由人的思考指导的简单而有分寸的欲望，即"节制"。因此，如果为数众多的下等人的欲望被少数优秀人物的智慧统治着，统治者和被统治者和谐一致，那么这个国家便是节制的，它能够成为自己的主人。因此，节制和智慧、勇敢不同，并不处于国家的不同部分中，并不专属于某一个阶级，而是贯穿于全体公民（包括统治者和被统治者）之中，是由统治者（天性优秀的部分）和被统治者（天性低劣的部分）达到一致性和协调。(430E—432B) 我们已经找到了一个国家的三种德性，那么最后一种即正义就很容易被发现了。柏拉图认为，正义就是每个人在国家内有自己的东西，干一个人自己份内的事情，而不去干涉别人的事，即每个人各自有自己的智慧、勇敢、节制，为国家做出最好的贡献，使国家达到至善，这就是正义的原则。而只有当生意人、辅助者、护国者这三种人在国家中各做各的事情而不互相干涉时才有正义，才能使国家变成正义的国家。相反，如果木匠去做鞋匠的事情，鞋匠去做木匠的事情；或者一个手艺人或生意人由于有财富或能够控制选举或别的原因去爬上辅助者（军人）的等级；或者军人企图爬上立法者和护国者的等级；或生意人、军人、护国者互相干涉或互相替代，这对国家是最大的害处，是不正义。(433A—434C)

由此可见，正义并不是在智慧、勇敢、节制之外的、与它们并列的另一种德性，而是在这三者之上，是比它们更高一个层次的并对它们普遍适用的德性。无论是智慧、勇敢或节制的行为，都有做得是否合适，做得对不对的问题，这就是正义和不正义的问题。柏拉图在《理想国》中第一次提出正义的这种性质。

（2）个人灵魂中的正义

弄清楚大的国家的正义可以帮助我们理解小的个人的正义。苏格拉底说上面得到的关于城邦正义的定义，还要看它能不能适用于个人；他说从正义的"型"（eidos）或正义的概念（idea）说，个人的正义和国家城邦的正义毫无区别。(434D—435B) 就个人和国家的关系说，当时因为智者突出强调个人，以个人的私利压倒了国家的公利；苏格拉底和柏拉图反对他们，比较强调国家的整体利益；但是，他们并不忽视个人，相反他们认为国家的道德品质和习惯来源于个人，即"除了来自个人而外，城邦是无从得到这些品质的"。国家的智慧（理智）、激情（意气）、欲望都只能从个人身上找到根源。因此，柏拉图认为，人的灵魂具有三部分即理智、激情（意气）和欲望。他以相当篇幅论证这一问题。（435B—436A）

　　首先，同一事物的同一部分不能够同时有相反的动作或受相反的动作，例如一个人站着不动，但是他的头和手在摇着，我们不能说这个人同时既动又静，只能说他的一部分静另一部分运动着；陀螺也是这样，它的轴心是静止的但它的圆周部分是运动着的，我们也不能说它既静又动。（436B—436E）

　　接着，柏拉图又对相反的（opposite）和相关的（relative）问题作了分析。柏拉图对这个思想上令人困扰的哲学问题作出了比前人更为细致的分析。他说赞成和反对、争取和拒绝、吸引和排斥都是灵魂中相反的状态。灵魂中的欲望有它的对象，饥饿要吃，口渴要喝，它们又有各种各样的具体情况。例如渴和热的结合就要冷饮；有的要喝得多，有的要喝得少等。欲望都是要达到好（善），这是它们的共同方面。具体的东西是相对的，如所谓的大和小、多和少、重和轻、冷和热等，都是彼此相对的。知识也是这样，它和被认知的对象是相对的。有一般的知识，还有特殊的知识，比如建筑学便是以建筑为知识对象。所以，在有相互关系的两个词中，如果一个是单一的，另一个也是单一的；如果一个是复合的，附有其他属性的，另一个也是如此。但这也并不绝对，例如健康和疾病是相反的，却没有两种相反的知识——关于健康的知识和关于疾病的知识，只有一种医学知识，它是同时研究健康和疾病的。（437B—438E）

　　上面的长段插话对当时的论证似乎没有直接联系，但是可以看出这是柏拉图在反复说明一般和特殊的关系，这是他立论的基础。

　　然后，柏拉图继续论证说，在人的灵魂中有两种不同的东西，即灵魂的理性（理智）部分，和非理性或欲望部分。现在还剩下第三种东西，即激情（意气）。按照格劳孔的暗示，激情和欲望同属于无理性的部分。但柏拉图借苏格拉底之口指出，每当人们的欲望不服从理智时，激情（意气）往往会表示愤怒，并站在理智的一边；而且如果一个人做错了，他不会因自己受到痛苦而感到愤怒；只有当他认识到自己所受的痛苦是错误的时候他才会激动而发怒，加入到正义那边作战，所以，我们应该说，在灵魂的分歧中，激情（意气）是非常宁愿站在理性一边的。激情（意气）更接近理性，但它并不等同于理性。例如小孩子差不多一出生就充满了激情（意气），可是大多数孩子能够使用理智则是很迟以后的事，动物也是如此。由此可见，激情（意气）是灵魂中的第三部分。（439D—441B）

正像国家的正义在于统治者、护卫者和工农群众在国家里各做各的事,个人的正义也就在于他自身的各种品质在自身内各起各的作用,做它们本分的事情。由于理性(理智)是智慧的,所以它起领导的作用;激情(意气)服从和协助它。而音乐和体育的协同作用、共同教育可以使理智和意气达于和谐。欲望在灵魂中占据最大的部分,它是贪得无厌的,必须受到理智和意气的控制。能使快乐和痛苦服从理智控制的意气便是勇敢,具有这种意气部分的每个这样的人就是勇敢的人;能懂得理智、意气、欲望部分各自的利益,也懂得这三个部分共同的利益的便是智慧。而只有当人的这三部分彼此友好和谐,理智起领导作用,意气和欲望一致赞成由它领导而不反叛,这样的人才是有节制的人。(441C—442D)

柏拉图认为,理智、激情、欲望这三个部分各起自己的作用,互不干涉,能够在一起协调相处,使灵魂能够自己主宰自己并且秩序井然,这便是个人灵魂的正义和心灵的健康了。如果它们相互斗争,都想争夺领导地位,都去破坏原来的和谐状态,这便造成了灵魂的不正义。(442C—445A)这样,柏拉图便说明个人灵魂的正义和国家的正义的基本原则是一致的。

在第四卷的结尾处,苏格拉底正要以五种灵魂的不同说明五种不同的政体时,(445B—445E)阿得曼托斯却要求他先讨论妇女和儿童的问题,于是柏拉图又插了一大段关于"共产共妻共子"的理想,这里涉及三个浪头(three waves)。

第一个浪头,讨论男女平等的问题。柏拉图认为,男人和女人的天赋是平等的,按照自然,各种职务凡是男人能参加的女人也可以参加,只是总的来说女的比男的弱一些罢了。因此,男女应该接受同样的教育。

第二个浪头,讨论共产共妻共子的问题。既然男女平等,那么他们不仅应该接受共同的教育也应该共同生活;妇女和儿童都公有,废掉一夫一妻制的家庭,而组成一个共产共妻共子的大家庭;孩子公共养育,并不是某一个个人的孩子。统治者和被统治者互相以"公民"相称。统治者不应该有私人的房屋、土地和财产,他们只能从公民那里得到报酬并共同消费。

第三个浪头,谁治理国家。显然只能由那些具有良好的身体素质和完善的理智的人才能担任统治者的职务。所以,为了培育优秀的人种,最好的男人要和最好的女人相配;小孩在出生后要经过体检,选择优等的,淘汰劣等的;然后就是对选出的孩子进行各种关于身体、智力等方面的训练。

然而,这样的国家只是一个理想,它能不能成为现实还很成问题。(449C—471C)要想使它成为现实,柏拉图认为只有一个办法,那就是让哲学家当王。第五卷后半部分他就转而讨论哲学王及其有关问题。

（二）灵魂的转向

1. 综述

柏拉图将灵魂分为理智、激情（意气）、欲望三个不同的部分，这对他以前的哲学家的灵魂学说以及他自己以前所写的对话中关于灵魂的论述都是一个发展。他在《斐多篇》中所说的灵魂只是理智部分，是不朽的；而激情（意气）和欲望是来自肉体，是要变换的，是要毁灭的，要受到灵魂的控制。在《理想国》里柏拉图则认为，理智、激情（意气）、欲望是灵魂的三个组成部分，激情（意气）要服从理智。在这里，虽然他还认为理智具有对激情（意气）和欲望的统治作用，但是已经将激情和欲望提高到了灵魂部分的地位，而不再是从属于肉体的地位了。对应着理智在灵魂中占统治地位，柏拉图在国家学说里提出应该由具有最高智慧的哲学家为王。但是当时的人或者是绝大数人对他的主张并不理解，因此他接下来要进行详细的说明和论述，特别是要说明如何培养真正的哲学家，这就是他在《理想国》中所讲的"灵魂的转向"问题。

2. 两个世界

让哲学家做王便是要使政治权力和哲学智慧结合在一起。（473D）因此，柏拉图认为须为哲学家下一个定义，即"我们必须对我们敢于认为应该做我们治理者的那种哲学家，给以明确的界说"。哲学家是智慧的爱好者，他们不是仅爱智慧的一部分，而是爱它的全部；但也并不是说他们对任何学问都要去涉猎一下，那种对任何事情都好奇的人并不是真正的哲学家，只是有点像哲学家罢了，只有热衷于寻求真理并且眼睛盯着真理的人才是哲学家。（474B—475E）这样，就需要讨论有关真理的问题，于是便引出了两个世界的学说。

柏拉图说美与丑是相对的，它们是二，但它们自身却各自为一。同样的，正义与非正义、善与恶以及其他类似的型（理念），就它们本身而言，各自为一。但它们可以和各种行为、物体相结合，又可以互相结合，从而显得无处不是多。（475E—476A）一方面是美和丑、正义和非正义等自身，它们是单一的"型"或"理念"；另一方面是由这些"型"（理念）和其他东西相结合的具体事物，它们是多。这样，柏拉图便将两个世界划分开来了。在讲到这两个世界的关系时，柏拉图并没有提到"公有说"，而只提到"型"（理念）或"相"可以和具体事物、行为相结合。但他没有进一步说明如何结合。值得注意的是，柏拉图在这里明确指出丑、非正义、恶等具有负价值的东西也有自身的"型"（理念），对这点他后来不再谈及并且加以否定了。那些只爱好美的声调、色彩、形状以及一切由此而组成的艺术作品的人，不能认识美本身，常把相似的东西当成了事物自身，他们正如在梦中，这样的人在心智中只具有意见而不具有知识；只有那些能够分别美本身和包括美本身在内的许多具体的东西，又不把美本身与含有美的许多个别东西彼此混淆的人，才在心智中具有知识；这样的人才是哲学家。（476B—476D）

怎样区别知识和意见呢？柏拉图认为，一个有知识的人总是知道了某些东西，这些东西是存在还是不存在？当然是存在，因为不存在是不可知的。这样，完全存在的（"相"或"型"）是完全可知的（知识的对象），完全不存在的是完全不可知的（无知的对象），只有那些介乎二者之间的东西才是意见的对象。所以，意见是介乎知识和无知之间的东西。知识和意见都是一种能力。意见的对象是具体事物，在美的事物中包含丑，正义的事物中包含非正义，大的事物中包含小，重的事物中包含轻，对它们的认识不是永恒不变的绝对的知识。所以，只有意见的人只是爱意见者，不是爱智者，不是真正的哲学家，只有那些专心致志于每样东西的存在本身的人，我们才能称他们为爱智者或真正的哲学家。（476E—480A）

到此为止，柏拉图所作的两个世界的划分基本上还是继承爱利亚学派、巴门尼德的思想，也没有超出他在《美诺篇》《斐多篇》中所说的范围。但是他将两个世界从本体论和认识论的角度划分开来：一方面是真正的存在即理念的世界，它是知识的对象；另一方面是介乎存在和不存在之间的现象世界，它是意见的对象。柏拉图这样明确的划分在希腊哲学史上还是第一次，在《理想国》中柏拉图还要再详细阐述。

从第六卷开始，柏拉图又开始长篇大论地讨论哲学家的本性。他说哲学家就是那些能够认识真正的存在和绝对的真理，能够把握永恒不变的事物并且懂得事物实在的知识的人。哲学家能够制订关于美、正义和善的法律，并守护它们。只有这些人才能做守卫城邦的法律和习惯的护卫者，也就是国家的统治者。他们天生具有"真"的品质，永远酷爱那种能让他们看到永恒的不受产生和灭亡过程影响的实体的知识；他们爱好智慧、爱好真理、爱好一切真实和智慧的东西。不去追求肉体的快乐和物质的欲望，不贪财，不畏死，心境宽广。他们敏而好学，记忆良好，善于理解，豁然大度，温文而雅，爱好和亲近真理、正义、勇敢、节制。所有的这些优点、天性使哲学家很容易认清事物的"理念"。柏拉图认为，我们应该把城邦托付给具有以上所有优良品质的人即哲学家。但是，在一般人的心目中，哲学家却被认为是怪人，是对城邦无用的人，这是因为人们不懂得真正的治国之术,他们杀死了"船长",却由于不懂得"航海之术"而无法使船驶向正确的方向,只能在大海中漂泊。同时,那些自称为哲学家的人即智者也给哲学带来了坏名声。

上面所说的这些哲学家的本性如果得到了合适的教育,便可成长达于至善;如果遇到坏的教育,他们则会变得更坏,成为大奸大恶之徒。而败坏青年的正是智者和诡辩家,他们在公共场合煽动蛊惑青年。当言辞不能说服的时候,他们便用剥夺公民权、罚款和死刑来惩罚不服的人。那些被称为智者的收取学费的私人教师传授这样的"智慧",将这些恶人所喜欢的称为"善",他们不喜欢的称为"恶"。他们向那些具有哲学家本性的青年献媚,诱惑他们走向歧途;出身高贵富有财产的年轻人的野心被他们鼓动起来,忘自尊大,便不可能继续研究哲学。

另外一些不具有哲学天赋的人却进入了哲学的神殿,他们就像逃出监狱进了神殿的囚徒,虽然洗了澡,穿了新外套,打扮得像个新郎,但还是糟蹋了一个失去照顾处于贫穷孤立境地的姑娘——哲学。他们不产生哲学,只能制造诡辩。在这种情况下,一个真正的哲学家只能脱离现实保持沉默,但求自己能避开罪恶。但事实上,国家变成了邪恶之邦,就连他们躲避的矮墙也最终坍塌了。所以,只有在适合的国家里哲学家才能充分成长,而当前所有的政治制度都不适合哲学的成长,都不适合哲学的本性,因而哲学的本性堕落了。(484C—497B)

这一长段议论并没有讲很多哲学理论,柏拉图只是说明了哲学之所以被人们认为无用,是因为当时社会愚昧无知,不适合哲学的成长。因此,我们必须创造理想的政治制度让哲学家真正发挥作用,让哲学家"英雄有用武之地",这就是柏拉图提出理想国的缘由所在。

(三) 善的理念

怎样才能使一个受哲学主宰的城邦不腐败呢?柏拉图认为最根本的是要让那些具有哲学才能的人很好地接受哲学训练。他的设想是,当具有哲学才能的人幼年时要接受适合儿童接受能力的哲学功课;当他们长大成人时应该好好注意锻炼身体,为哲学研究准备好"革命的本钱";当他们的灵魂成熟时,应当加强心灵、理智训练;当他们变老、体力转衰时应该放弃政治军事工作去从事哲学研究,这样他们才能够在死后和现世生活得到同样的幸福。(498B—498C)他认为,只有那些被称为无用的极少数的未腐败的哲学家出来主管城邦或者国王当权者及其子孙后代真正爱上哲学时,国家才能达到完善。(499B—499C)因为他们能够注意到永恒不变的事物及其相互之间按理性要求建立的神圣的秩序，并且通过模仿这种神圣的秩序去塑造国家和个人即塑造节制、正义以及一切公民美德；他们一方面看到绝对正义、美、节制等自身，另一方面要在人类中描画出它们的摹本；只有这样的哲学家才是最完善的哲学家，而我们也必须得确定他们为最完善的护卫者。但是要塑造这样的哲学家必须走一条曲折的更长的路程。（500C—504C）

柏拉图认为，在讨论漫长的教育路程之前，还有一个更大的问题需要讨论，那便是"善的理念"的问题。因为善的理念是最大的知识问题，关于正义等的知识只有从它演绎出来才是有用和有益的。所谓善的理念就是指"最好的东西"，只有知道了什么样的东西对自己和国家最好，才是有益的。（505A—505B）

接着柏拉图又说，每一个灵魂都追求善，都把它作为自己全部行动的目标。人们直觉到它的存在但却对此没有把握，因为他们不能充分了解善究竟是什么，不能确立起对善的稳固的理念。（505E）对于什么是善，柏拉图用了三个比喻来说明。

1. 日喻

在《理想国》第五卷中，阿得曼托斯要求苏格拉底说明什么是善，格劳孔也在催促苏格拉底给善作一个像曾给正义、节制等解释的一个同样的解释。苏格拉底说这点我办不到。我只能先谈谈善的儿子——太阳。（506D—506E）他说：我们看东西的时候，一方面是眼睛具有看的能力，另一方面有看到的对象——颜色。但是还需要第三种东西即光的存在，否则人的视觉什么也看不见。正是第三种东西——光把视觉和对象结合起来。光来自太阳，有了太阳的光，我们的眼睛能够很好地看见，对象也能够很好地被看见。太阳同视觉和可见事物的关系，正好像在可知世界中善本身同理智和可知对象的关系一样。即用图1表示：

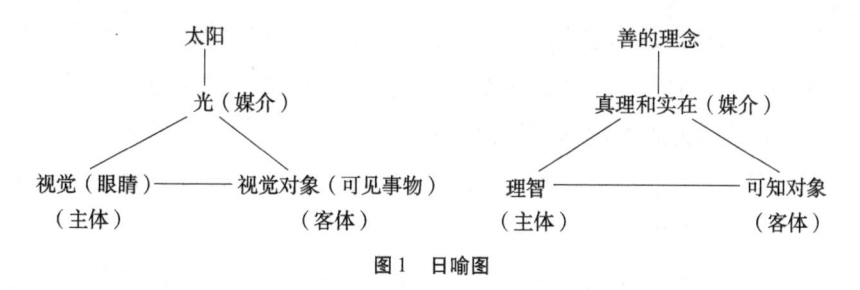

```
        太阳                         善的理念
         |                              |
       光（媒介）                  真理和实在（媒介）
        / \                            / \
视觉（眼睛）—视觉对象（可见事物）   理智————可知对象
 （主体）      （客体）            （主体）    （客体）
```

图1　日喻图

最后，柏拉图得出结论：善本身虽不是实在，但在地位和能力上都却高于实在。(509B) 这是柏拉图打的第一个比喻——日喻。

2. 线喻

接着，柏拉图又打了第二个比喻——线喻。他说，世界分为两个世界，即可见世界和可知世界（理智的领域），它们分别受着太阳和"善的理念"统治。如果我们用一根线代表它们，将线分为不相等的两段，一段是可见的，另一段是可知的；对其中每一段都按相同的比例分为两小段，表示它们清楚和不清楚的程度。(509D) 如图2所示：

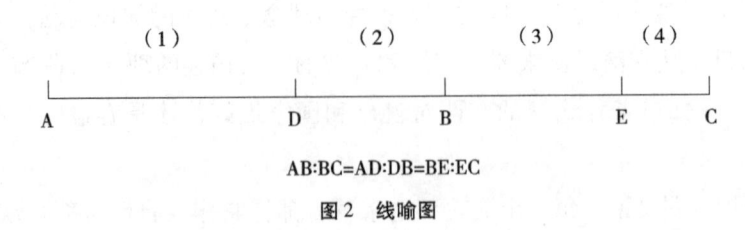

```
         (1)              (2)           (3)        (4)
  ├──────────────┼──────────────┼──────────┼──────────┤
  A              D              B          E          C
              AB:BC=AD:DB=BE:EC
```

图2　线喻图

然后，他分别说明这四个阶段，先从最后一段说起。

第一，(4) 是影象，如影子和水面或别的平面上反映出来的东西。(509E—510A)

第二，(3) 影象所像的事物，包括我们在内的动植物、各种自然物和人造物。可见世界的这两个部分即 (4) 和 (3) 的不同比例表示它们的真实性不同。(510A)

第三，可知世界（理智世界）中也分为两小段。在其中一小段 (2) 中，灵魂将前一大段的影象的实物即 (3) 作为影象来研究。这种研究只能从假设出发，而且不是由假设上升到最后原理，而是由假设下降到结论。而在第二小段 (1) 中却是相反，灵魂从假设上推到第一原理；它不再是使用影象而是使用"理念"来作系统的研究。(509B—509C)

正像 (4) 是 (3) 的影象一样，(2) 也是 (1) 的影象，但这种说法也只是一个比喻。柏拉图认为它们的区别有两点：一是 (2) 的研究只能使用假设而且不能由假设上推到第一原理，只能向下达到结论；二是在 (2) 的研究中只能使用 (3) 的那些具体事物作为影象，在可见世界中 (3) 是 (4) 的原本和实物，但是在可知世界的 (2) 中，具体事物 (3) 自己只不过起影象的作用。这两点柏拉图在511A中进行了解释。

但是，格劳孔对这种说明不能理解，柏拉图又作了进一步的解释。他说，我们研究几何学、算术等时，先要假设偶数和奇数、各种图形、三种角（直角、锐角、钝角）等，将它们当作是已知的东西，用作假设，认为它们是自明的东西，毋需对自己或别人再作说明。从这些假设出发，通过没有矛盾的首尾一致的推论得到结论。(510C) 这是他对以上第一点所作的解释。

柏拉图又对第二点进行了解释。他说虽然在（2）中人们利用各种可见的图形来讨论，但是他们心中想的却是这些图形的原本即正方形或对角线自身，他们见到的那些特殊的具体的正方形或对角线不过是它们的影象和摹本。在可见世界（3）中，这些具体的事物是原本，有它们的影象；在可知世界（2）中，这些具体事物便只是影象，那里要研究的是只有用思想才能看到的实在。(510D—511A) 由此可见，柏拉图在这里所说的（2）就是一般具体科学所研究的对象，因为任何一门科学的研究都是要从具体事物中得到普遍的原理。由于柏拉图在这里举的都是算学和几何学的例子，所以一般都将（2）说成"数理对象"，它是介乎"理念"和具体事物之间的。

第四，可知世界的另一阶段即（1）是逻各斯（理性）自身凭着辩证力量所认识的东西。它将假设只当作假设而不是第一原理，以假设为出发点，超越它们达到不要假设的领域，达到整体的第一原理。并且在达到这点以后，又以这个原理为根据，从它引申出来向下得出结论。它不使用任何感觉对象，而只使用"理念"，通过一系列步骤从"理念"到"理念"，最后达到最高的"理念"。(511B—511C)

柏拉图认为，（1）的特性和（2）的特性有两点区别：一是（1）是从假设向上追溯到第一原理，达到第一原理后再向下推出结论的比较复杂的过程；（2）是以假设作为第一原理，直接向下推出结论的比较简单的过程。二是（1）不使用具体事物作为认识的手段，而只使用"理念"，从假设追溯到第一原理即最高的"理念"，是抽象的哲学思维；（2）是用和具体事物有关的假设直接推出结论，是一般的科学思维。

对于苏格拉底的解释，格劳孔表示明白了，但并不完全懂，因为这是一件十分艰巨的工作。格劳孔还作了补充说明，他说，你要将辩证法所研究的更精确更真实的东西和一般人称为"技艺"所研究的东西区别开来，这是哲学和科学的区别。尽管后者也必须使用理智而不是使用感觉来思考，但因为它们从假设出发并不回溯到第一原理。我以为你是将研究几何学或其他类似技艺的人的心理状态称为理智而不是理性，理智是介乎意见和理性之间的。(511C—D)

柏拉图最后说，相应于对象的这四个阶段，灵魂的状态也可以分为四个阶段：最高的阶段是理性，其次是理智，第三是信念，第四是想象或猜测。将它们

按比例排列起来，其清晰性和精确性依次递减，这和它们的对象之真理性和实在性的程度一一相应。(511D—E)

这样柏拉图已经将灵魂及认识的能力分为四个阶段，它们依次是：（1）理性，（2）理智，（3）信念，（4）想象；它们各自的对象即存在方面也有相应的阶段，它们依次是：（1）理念，（2）数理对象，（3）具体事物，（4）影象。这就是柏拉图在《理想国》中提出的存在和认识的结构。

3. 洞喻

柏拉图为了让读者容易理解他的意思，在第七卷开始时又作了一个洞穴的比喻，以生动的实例说明存在和认识的这四个阶段。

柏拉图说设想有一个很深的洞穴，有些人从小就被捆绑在洞穴的底部，全身都被锁住，头部不能转动，眼睛只能看着洞壁。在他们背后，洞中燃烧着一堆火，在火和那些囚徒之间垒起一堵墙，沿墙有些走动着的人举着用木头和石头制成的假人假物像演傀儡戏，火光将这些傀儡的影子照在墙壁上。囚徒们只能看到这些影子，他们认为这就是最真实的事物。一旦解除他们的束缚让他们回过头来看到火光，便会感到闪耀眩目产生剧烈的痛苦，所以他们看到那些实物时会认为他原来看到的影子比这些实物更为真实，因为他们分不清影子和实物的关系。如果将他们拉出洞外让他们看到真正的太阳，他们一定会眼花缭乱，什么真实的事物都看不清楚。因此，需要给他们一个逐渐习惯的过程，先让他们看人物在水中的投影，然后再看这些事物本身；先让他们看天空中的月亮和星星，最后才能看太阳本身。只有到这个时候，他们才能认识到正是太阳造就了四季和年月，主宰着可见世界的一切，它是万物的原因。(514A—516C) 他说，已经看到太阳和真实事物的人是不愿意再回到洞穴去作囚徒了，如果他们回到洞里去，会因为黑暗什么也看不见，可是那些在洞穴里的人却反认为他们到洞外去了一趟将眼睛弄坏了。(516D—517A)

柏拉图最后说，这个洞穴的比喻可以和以上所说的整个学说联系起来，可以将洞穴比作可见世界，其中的火光就是现实世界中太阳的能力；如果将到洞穴外面看到真实事物比作灵魂上升到可知世界就没有错。

他认为，在可知世界中最后看到也是最难看到的是"善的理念"，一旦认识了它便可以知道它是万物所以正确和美的原因，它是可见事物的光明的创造者，同时也是可知世界（理智世界）的真理和实在的源泉。任何要能智慧地处理公共和私人事务的人必须认识"善的理念"。(517B—C)

在《理想国》第七卷的后半部分，柏拉图论述了对哲学家的教育。在第八、九卷中，他对四种政体即贵族制、寡头制、民主制、僭主制展开了评论。在第十卷中，他又论述了三种床、哲学与诗歌之争、灵魂不灭等内容。

（四）论理想国的某些可实施性

柏拉图的"理想国"是一个完善国家的理想，是人间神国的迷梦。这往往被人们称为乌托邦。然而，柏拉图是把它当作一个小的城邦来设想的，他的许多"理想"在古希腊时期的斯巴达已经实现，不少的"理想"也成为今天的事实。

1. 男女平等理想实现的可能性

斯巴达是古希腊时期极少数允许妇女搞体育锻炼的城邦之一。斯巴达的妇女从小就和男子接受同样的教育——体育训练。她们是希腊城邦中最健壮的妇女，而且在性格上也是最坚强、最勇敢的。由于斯巴达的男子也只接受体育教育，很少接受音乐教育，所以我们可以说在某种意义上斯巴达的男女实现了受教育的平等，柏拉图"理想国"中的男女平等得到了某种程度上的实现。

2. 军营生活实现的可能性

自称"平等人"的斯巴达男性公民必须按国家的要求终生过着严格的军事生活，其全民皆兵、重武轻文在历史上非常罕见。每个斯巴达男性公民从小就接受严格到不近人情的体育和军事训练，甚至婴儿出生时体质不合格也要被抛弃。少年时他们要经历缺衣少食日夜操练等艰苦生活的考验。成年后，他们则始终生活在军营中，除了行军作战就是反复操练。精神上，他们也培养出了绝对服从、视死如归的军人气质。这样，直到六十岁他们才能卸甲归田，过平民生活。由于这套制度执行得非常彻底，所以斯巴达的公民社会确实有如军营。历史上也流传下许多斯巴达战士赴汤蹈火的佳话。公元前480年的春天，薛西斯亲征希腊，在中希腊的主要道口温泉关，波斯陆军主力和希腊人进行了首次大战。以斯巴达王李奥尼达为司令的300名斯巴达战士，还有400名底比斯人和700名特斯皮亚人，与数十万波斯大军苦战竟日，全部牺牲，这就是著名的斯巴达三百勇士的故事。柏拉图"理想国"中对护卫者搞严格的军事训练、进行军营生活的设想，在斯巴达得到了很好的实现。

3. "哲学家当统治者"或"帝王师为国立法"的可实现性

历史上，毕达哥拉斯曾经试行过哲学家的统治。在柏拉图的时代，当柏拉图访问西西里和南意大利的时候，毕达哥拉斯派的阿尔奇塔斯（即现在的塔兰多）在政治上是非常有势力的。请一位贤人来拟订法律，这在当时的城邦乃是一种通行的办法；梭伦就曾为雅典这样做过，而毕达哥拉斯也曾为图里这样做过。在当时，殖民地是完全不受它们的母邦控制的；某些柏拉图主义者要在西班牙或高卢的沿岸建立起一个哲学家为王的理想国来，那是完全可能的事。

按照柏拉图《理想国》中的设想，培养一个真正完善的哲学家、并使他成为城邦的统治者，这在当时具有很大的可能性，同时也具有一定的现实条件。但是，不幸的机缘把柏拉图带到了叙拉古，而这个伟大的商业城邦又正在和迦太基进行着决死的战争；在这样一种气氛之下，任何哲学家都不能有什么成就。正如在动荡不安的19世纪五六十年代的中国，战争使得洪仁玕《资政新篇》的实施方案成为泡影一样。到了下一个时代即希腊化时代，马其顿的兴起使得过去的小城邦国都成了过时的陈迹，并使一切雏形的政治实验都成了徒劳无功的事情。

八、亚里士多德的"德性伦理学"

亚里士多德在《尼各马科伦理学》第一卷第十三章到第三卷第五章这一段中集中讨论了有关德性的问题，即所谓"德性伦理学"。

亚里士多德说，既然幸福是一种合乎完满德性的实现活动，我们必须研讨德性，因为这种研讨有助于我们对幸福的思辨。按照真理治理城邦的政治家更应该注重此项研究，因为他们想把公民变得善良和服从法律。不过我们所说的德性并非肉体的德性，而是灵魂的德性。因此，政治家须对灵魂有某种认识，正如医生要治病必须对身体有所认识一样。亚里士多德认为，对灵魂的认识尤为重要，所以政治学比医学更为高尚。而研究政治学和伦理学问题必须从分析灵魂开始。

（一）德性的内涵与分类

1. 德性的内涵

第一，德性是一种品质。亚里士多德认为，人的灵魂分为非理性部分和理性部分。非理性部分是双重的，一部分是植物的，与理性绝不相干；另一部分是欲望，即意向的部分，在一定程度上分有理性，受到理性的约束。理性的部分也可一分为二，一部分是理性在其中占主导地位的，另一部分只是对父亲般的顺从。在灵魂中有三种东西，即情感（感受）、潜能（能力）和品质。所谓"情感"是指欲望、愤怒、恐惧、自信、嫉妒、喜悦、友爱、憎恨、期望、骄傲、怜悯等，它们与快乐和痛苦相伴随；所谓"潜能"是指那些我们由之而感受的东西，如由于它们被激怒，受痛受苦，或产生怜悯之心；所谓"品质"是我们由之而感受好或坏的东西，以激怒为例，过于强烈或过于软弱都是坏品质，如果适中那就是好，对其他情感也是如此。

亚里士多德还认为，善和恶不是指情感，因为情感本身无所谓善恶。一个人并不因为他害怕或发怒而被称赞或被谴责，只是以某种方式害怕或发怒才有善和恶的问题，才被称赞或被谴责。害怕和发怒是未经选择的情感，德性却是"有选择的行为"。此外，情感是被动的，而德性却是主动的，它是以这样或那样的方式为安排。所以，德性不同于情感，它也不是潜能，因为发生情感的潜能并无善恶可言，它不会被称赞或被谴责。自然赋予我们潜能时既没有令我们善，也没有令我们恶。因此，亚里士多德得出结论：德性既不是情感，也不是潜能，而是一种品质，他说这是从种上讲"德性是什么"。

第二，德性是选择行为中道的品质。亚里士多德对"德性是什么"作了回答，说它是一种品质，说明它的"种"，但什么样的品质才是好的，才是合乎道德的呢？亚里士多德的回答是要选择行为的中道，所以"选择行为中道的品质"便是亚里士多德为伦理德性下的定义。亚里士多德认为，任何事物的定义都是由"种"和"属差"构成的，伦理德性的"种"是品质，它的"属差"就是选择中道。

亚里士多德指出，伦理德性是处理情感和行为的，这里有过度、不足和中间三种状态。而无论就伦理德性的本质还是定义来讲它都是中道，即要在过度和不足之间找出严格适度的量来。亚里士多德还列举了许多具体事例，例如在恐惧和自信方面的中道就是勇敢，一个人如果什么也不怕，无以名之。如果过于自信，便是莽撞。如果过度恐惧又自信不足，则是怯懦。他还列举了其他一长串事例，如表1所示。

表1 《尼各马科伦理学》"德性"示例表

过度	不足	中道
易怒	麻木	温和
鲁莽	怯懦	勇敢
无耻	羞怯	谦谨
放荡	冷漠	节制
忌妒		义愤
牟利	吃亏	公平
挥霍	吝啬	慷慨
虚夸	谦卑	真诚
谄媚	傲慢	友爱
卑屈	顽固	高尚
娇柔	病态	坚韧
自夸	自卑	大度
放纵	小气	大方
狡诈	天真	明智

接着，亚里士多德又讨论了中道、过度和不足三者之间的对立关系。他说这三者中每一项和其他两项都是相反的，中道和不足、中道和过度是相反的；不足和过度也是相反的。正如中间对于多来说是少，对于少来说又是多；中间品质对于不足来说是过度，对于过度来说又是不足。在这三者的相互对立中，以两个极端即不足和过度之间的对立最大，因为大和小之间的距离比它们与中间之间的距离要大。但在某些情况下，似乎是不足和中间更加对立，如一般以为和勇敢对立的是怯懦而不是鲁莽；也有些情况似乎是过度和中间更加对立，如一般以为和节制对立的是放纵而不是冷漠。亚里士多德认为，这是由于两方面的原因，一方面是由于事物自身的性质，另一方面是由于我们自己的倾向，由于我们倾向于享乐，所以容易流为放纵。

在伦理行为中选择中道是不容易的，亚里士多德分许多情况讨论这一问题。第一种，要在每件事情上找到中道是很难的。正如要找到圆的中心，只有有知识的人才能做到。第二种，不足和过度这二者有时这方面的危害大一些，有时那方面的危害大一些，要恰当地取得中道是困难的，我们只有两害相权取其轻。第三种，选择适度行为是困难的，如对谁发怒，以什么理由、什么方式、多长时间和多大程度发怒是不容易确定的。所以，伦理研究不能精确，只能是粗略的。

2. 德性的分类

亚里士多德认为，根据对灵魂的划分，德性可以分为两类，一类是理智的德性，另一类是伦理的德性。智慧、理解、明智都是理智德性，慷慨、节制、温良、谦恭都是伦理德性。理智德性主要由教导而生成，由培养而增长，需要经验和时间；伦理德性则是由风俗习惯沿袭下来。

（二）如何选择中道的行为

亚里士多德认为，一个人是不是选择合乎中道的行为是由他自愿决定的。因此他从《尼各马科伦理学》第三卷第一至五章开始讨论自愿和非自愿的问题。

1. 自愿和非自愿

亚里士多德在《尼各马科伦理学》第三卷第一章开始说，既然德性是关于情感（感受）和行为的，那么对于那些自愿的行为就称赞和责备，对非自愿的行为就宽恕甚至怜悯，立法也只是对自愿行为进行奖赏或惩罚。对于自愿和非自愿，亚里士多德作了层层分析。

第一，非自愿行为的产生，或是由于强制，或是由于无知。强制是从外来的，行为者自己无能为力。可是，在有些行为中区分自愿和非自愿是十分困难的。例如一个人由于害怕更大的坏事因而去做某件自己并不想做的事情，这里既有自愿也有非自愿。因为在行为中有了选择是他自己决定这样去做的；但这里也有非自愿的成分，因为就他自己说本来是并不自愿去做这件事情的。

第二，出于无知而做的行为，并不是自愿的。如果因无知而做了不当的行为，行为者因此而感到痛苦和悔恨，才能说是非自愿的；如果行为者没有悔恨，便不能说是非自愿。

第三，自愿的行为起因于行为者自身，不但由于他的认识，也由于他的感情和欲望。

2. 选择

亚里士多德在《尼各马科伦理学》第三卷第二章开始谈论选择。他认为，在德性中选择是比其他行为更能判断一个人的品质的。选择是自愿的，但二者并不等同，自愿比选择的意义更广。儿童和其他动物的活动都可以说是自愿达到，但它们不会选择；有些突然发生的行为是自愿的，却不是经过选择的。

亚里士多德说，有些人把选择等同于欲望、激情、意图以及某种意见，这是不对的。因为选择并不属于非理性的东西，欲望和激情却可以。那些不能自制的人按照欲望来行动，但不能选择。选择也不是意见，意见是关于一切的，只有真和假、对和错的区别，没有善和恶的区别；选择却可以通过善与恶的选择，使我们成为什么样的人。最后，亚里士多德得出结论：选择就是在行为之前所做的审慎的考虑，是一种先在的策划，其中包括着理性和思索。

3. 审慎的考虑

在《尼各马科伦理学》第三卷第三章，亚里士多德又开始分析这种审慎的考虑。他指出了两点：第一，考虑或策划的对象是什么？他认为，除了疯狂人和痴呆人外，没有人会去考虑或策划永恒的东西或者偶然的事情，我们只考虑力所能及、通过自己的行为能够做的事情。第二，他认为，我们考虑或策划的不是目的，而是达到目的的东西即手段和方式。任何一个正常的人都想把自己的工作做好，实现自己的德性，这个最终的目的是已经确定的，例如医生以病人的健康为目的，因此他并不考虑策划健康是怎么回事；演说家的目的是要说服群众，因此他并不考虑说服是怎么回事。他们考虑的只是达到这目的的手段，医生只考虑用什么方式使病人恢复健康，演说家只考虑如何说服群众。由此可见，亚里士多德所说的目的是任何一个正常的有理性的人共同认同的目的，而不是我们通常要做的某种特殊行为的具体目的。

4. 目的

在《尼各马科伦理学》第三卷第四章,亚里士多德又对目的进行了分析。他说愿望都是有目的,但有些人愿望的是真正的善,另一些人愿望的只是些显得善的东西。他认为,只有合乎真正的善才是愿望的对象和目的;而个别人愿望的对象却只是显得是善的东西。好的人所愿望的对象是真正的善,而坏的人却只能碰机会,他们的目的并不一定是真正的善。亚里士多德认为,存在着客观的普遍的善,那就是合乎真理、合乎理性的。

亚里士多德在《尼各马科伦理学》第三卷第五章得出结论:各种德性的活动都是自愿的,也就是说都是由自己的服从理性分配的意志决定的。人应该对自己的行为负责,因为无论行善或是行恶的人总是自己行为的主宰。

(三) 伦理德性的形成与获得

亚里士多德认为,没有一种伦理德性是自然形成的,因为自然本性是不能改变的。石头的本性是下落,不能让它习惯上升,同样不能用习惯使火焰下降。伦理德性却是可以改变的,它既不是出于自然本性,也不是违反自然本性的,而是将它自然地接受下来,通过习惯使它完善起来。这样亚里士多德便说明了伦理德性是如何生成的问题。

亚里士多德还认为,自然赋予我们各种潜能或能力。我们总是先有能力然后才有行为。感官就是这样,我们是先有听或看的能力,然后才用于行动的。但是,德性却是先进行实践活动才能获得的。这同技艺的获得一样,我们学习一种技艺时,学了就做它,然后才逐渐学会。由于从事建筑而成为建筑师,由于奏琴而成为琴手。同样,由于实行正义的行为而成为正义的人,由于实行节制和勇敢的行为而成为节制和勇敢的人。城邦也是如此,立法者用训练的方法提高公民的德性,这是所有立法的目的。办不到便没有达到目的,好的城邦和坏的城邦的区别也在于此。

亚里士多德总结说,相同的原因和方式既可造就也可毁坏每一种德性。技艺也如此,学习建筑的好或坏可以造成优良或是低劣的建筑师。伦理德性也是这样,在和别人交往的行为中有人公正,有人不公正;在遇到危险时有人习惯于恐惧,有人习惯于坚强,前者怯懦,后者勇敢。由此可见,同样的活动可以产生不同的状况和性格,从小养成这样或那样的习惯是非常重要的。

亚里士多德认为,伦理研究与其他理论研究的根本区别在于它们的目的不同。伦理研究不像其他哲学分支那样以思辨、以理论为目的,而是以实践为目的。我们不仅应该知道德性是什么，更重要的是要懂得应该怎样去行为。他批评那些只谈理论不去行为的人，认为他们就像那些仔细听了医生的话却不按医嘱去做的人一样，最终并不会得到真正的幸福。

九、晚期斯多亚学派与罗马帝国初期社会状况之关系

斯多亚学派并不是一个统一的、理论一贯的学派，它在发展的几百年间经历了许多变化，甚至是基本方向的转折。而这一基本方向的转折——从早期斯多亚学派到晚期斯多亚学派的过渡——与当时的历史条件和社会环境密切相关。晚期斯多亚学派是罗马帝国初期的社会状况的反映，是罗马帝国初期历史的特有产物。在晚期斯多亚学派和罗马帝国初期的社会历史之间存在着一种内在的必然联系。

（一）罗马帝国初期的社会状况

关于罗马的历史，可以追溯到新石器时代。早在新石器时代末期，罗马就有居民生活。公元前21世纪中叶青铜时代居民的遗物已有发现，属亚平宁文化。约在公元前21世纪初，属于维兰诺瓦文化的拉丁部落分支移居罗马，融合了原先亚平宁文化的居民在第伯河畔帕拉丁等山岗建立了居住地。公元前8世纪，罗马居民普遍使用铁器，村落各自组成公社。到公元前7世纪末期，塔克文王朝建立。公元前6世纪，罗马面貌焕然一新，真正成为城市。而"从公元前753年罗慕路斯建城起到公元前510年高傲者塔克文被推翻为止，先后有七个王朝统治罗马，这个时期称为王政时代。"[1]

王政时代统治罗马的最后一个伊达拉里亚王高傲者塔克文（公元前534—前510年在位）是个暴君。公元前510年，罗马贵族联合平民的力量，终于驱逐了塔克文及其家族，继而建立了罗马共和国。罗马共和国实质上是贵族共和国。罗马共和国从公元前510年开始，到公元前27年结束。公元前27年，元老院授予屋大维"奥古斯都"和"大元帅"的尊号，表明罗马已由共和国转变为帝国。

---

[1] 吴于廑、齐世荣. 世界史：古代史编（上卷）[M]. 北京：高等教育出版社，1994：314.

而"罗马从一个意大利共和国转变为一个伟大的帝国,是突然而惊人的。"❶ 罗马是在经历了三次布匿战争之后才攻占了迦太基,彻底毁灭了这座城市。三次布匿战争之后,罗马进入了一个连锁反应:征服导致进一步的征服。罗马人迅速地接连蹂躏、并吞了马其顿、希腊、小亚细亚的帕加马、比希尼亚和西里西亚,然后是塞琉西王朝的叙利亚,最后于公元前 31 年并吞埃及。经过一系列的征服之后,罗马最终成为一个横跨欧亚非三洲的庞大帝国。

罗马帝国的开创者奥古斯都大帝通过一系列措施建立了一整套有效的行政管理体系,确保罗马帝国统治下的和平能维持 300 年之久。也就是在这 300 多年时间,罗马帝国的疆域达到了最大范围,其政治、经济、文化也达到了鼎盛时期。罗马帝国初期就是指这 300 多年,即从公元前 27 年到公元 284 年。

罗马帝国初期的社会状况,主要表现在以下几方面:

第一,政治上:统一的大帝国和行省制度。到罗马帝国初期,屋大维实行了一系列的内外政策,在国内竭力维护奴隶制,改善行省制度,实行元首制;对外则是依靠军队向外扩张,而这一系列政策带来的结果是行省地位的提高和帝国的鼎盛。

第二,经济上:大土地庄园所有制,经济繁荣。公元 1 世纪至 2 世纪,罗马帝国出现相对安定的局面,进入所谓"罗马的和平时期"。这一时期,由于帝国鼎盛,社会政治相对稳定,交通的恢复、文化技术的传播和交流,以及行省和城市地位的改善,都促进了帝国社会经济的发展。罗马帝国前期的农业、手工业获得了极大发展,帝国的统一使各地交通畅通无阻,商业活动活跃。在手工业和商业发展的基础上,帝国初期的城市达到了前所未有的繁荣。罗马成为当时帝国的经济、政治、文化中心,占地 5000 英亩,人口在公元 2 世纪时达到 100 多万。

第三,阶级关系方面:奴隶主和奴隶矛盾不断,社会关系复杂。公元前 3 世纪至公元前 2 世纪,随着罗马社会经济和奴隶制的发展,社会经济结构和阶级关系发生了变化,罗马社会阶级关系日趋复杂。到公元前 2 世纪下半叶,在罗马社会中,奴隶和奴隶主阶级的矛盾,小土地所有者和大土地所有者的矛盾,罗马和同盟者、被征服者的矛盾,统治阶级内部元老贵族和骑士阶层的矛盾,都充分暴露,日益尖锐。而这些错综复杂的矛盾则引发了罗马共和国后期一系列的社会斗争(西西里奴隶起义就是其中的代表),最终导致了罗马共和国的覆灭。罗马帝

---

❶ [美] 斯塔夫里阿诺斯. 全球通史 [M]. 吴象婴等, 译. 上海:上海社会科学院出版社, 1999:230.

国初期，社会经济繁荣，奴隶制获得进一步发展，但在此时期，经济衰退和奴隶制危机征兆已见端倪。

（二）斯多亚学派的分期

斯多亚学派（Stoic School）分为三个时期：（1）芝诺（Zenon，公元前336－264年）及其门徒克里安雪斯（Kleathes，公元前313－232年）、克吕西普（Khrisippos，公元前282－206年），构成了早期斯多亚学派；（2）中期斯多亚学派兴盛于公元前2世纪至公元前50年左右，代表人物有巴内修斯（Panaetius，公元前185－109年）、波塞多纽（Posidonius，公元前135－50年）和西塞罗（Cicero，公元前106－43年）；（3）晚期斯多亚派则是从公元1世纪延续到公元3世纪中叶，基本与前期罗马帝国（公元前27—公元284年）相始终，其主要代表人物有塞涅卡（Seneca，公元前4—公元65年）、爱比克泰德（Epictetus，公元55—公元135年）和马可·奥勒留（Marcus Aurelius，公元121—公元180年），由于这三个人都是罗马人，所以晚期斯多亚派又被称为"罗马斯多亚派"。晚期斯多亚派不同于早期和中期的斯多亚学派，这时的斯多亚主义者早已"摆脱了早期的禁欲主义、个人主义的遁世，转变为遁世和政治责任的一种紧张。"❶

（三）罗马帝国初期的社会状况和晚期斯多亚学派的关系

1. 罗马帝国初期的政治、经济、文化等社会状况，为晚期斯多亚学派的诞生提供了发育的温床，促进了晚期斯多亚学派的诞生

虽然说晚期斯多亚学派是从早期和中期斯多亚学派发展而来的，但它却是罗马帝国初期社会的特有产物，深深地打上了当时社会的印记。"在罗马斯多亚学派那里，我们可以寻觅到我们先前假定的那些希腊政治观念的变化。大致来说，这意味着一个人不再被认为是一群体的有机部分，而被认为是普遍法规和政府体制之下的一个个人。原则上所有个人在任何时候、任何地方都适用的法律之下都是彼此平等的。"❷ 由此可见，晚期斯多亚学派与罗马帝国初期的社会状况之间有一种密切的内在联系。

罗马帝国的建立为晚期斯多亚学派的诞生提供了一个良好的社会环境。正如

---

❶ ［挪威］G. 希尔贝克、N. 伊耶. 西方哲学史——从古希腊到二十世纪［M］. 童世骏等，译. 上海：上海译文出版社，2004：111.

❷ ［挪威］G. 希尔贝克、N. 伊耶. 西方哲学史——从古希腊到二十世纪［M］. 童世骏等，译. 上海：上海译文出版社，2004：111.

马克思主义哲学原理所讲,"经济基础决定上层建筑",罗马古典文化(包括哲学)的形成是罗马帝国初期的经济、政治和社会生活的必然反映。哲学作为一种文化的精髓,也必然是它所处时代和历史的产物。晚期斯多亚派就是在当时罗马帝国初期的经济、政治、社会状况的基础上产生的,是罗马帝国初期社会关系和道德状况的反映,是罗马社会没落奴隶主阶级的人生哲学和道德意识的集中表现,其形成和发展具备一定的历史条件。公元前 27 年—公元 284 年,罗马帝国经过一系列的东征西讨,成为一个地跨欧亚非三洲的庞大帝国,打破了以前各城邦、各地区的隔绝状态。而"这种社会结构的巨大变化,给那些头脑敏锐、思想开阔的人们带来一种'人类一体'和'世界国家'的观念,使以往的种族心理和邦国观念逐渐淡漠。"[1] 因此,随着罗马帝国的建立,"一种前所未有的世界主义思潮便在意识形态领域,特别是在上流社会的人们中间,迅速萌发和扩展起来。这种思潮在哲学中的表现,就是所谓'斯多亚主义'。"[2]

这种提倡克己、忍耐、为义务而义务的新斯多亚主义(即晚期斯多亚主义),自从诞生之日起便成为罗马帝国奴隶主贵族进行侵略扩张和实行帝国统治的现成的思想武器。斯多亚学派的伦理学也就成为"奴隶主贵族统治的伦理学",是"被利用去掩饰奴隶主贵族极端利己主义的行径而已"。

罗马帝国的盛衰和社会道德状况给晚期斯多亚主义的演变提供了最适宜的温床。随着罗马帝国内部各种社会矛盾的激化及奴隶起义的连续爆发,罗马帝国在建立之后逐渐开始面临日益加深的危机。奴隶主贵族和执政者对前途极度不安和恐惧,他们开始鼓吹自我精神的安宁,为义务而义务,强调对命运的容忍和禁欲主义,以愚弄广大奴隶和被压迫人民。与此同时,各种已被批判和抛弃的神秘主义、信仰主义思潮重新兴起,各种巫术活动猖獗。公元 1—2 世纪的罗马帝国,如恩格斯所说"正是在这个时候,奇迹、狂热、幻觉、魔影、命运卜算、炼金术、犹太秘教以及其他神秘的劳什子发挥着极其显著的作用。"[3] 在这种宗教迷信泛滥的时代,斯多亚主义日益陷入神秘主义,同宗教迷信相结合,最终形成了基督教哲学。

晚期斯多亚主义的产生、发展及演变过程,是罗马帝国初期社会历史条件的反映,也是奴隶主贵族阶级利益和意志的表现,这也正是它特别投合罗马统治者

---

[1] 罗国杰、宋希仁. 西方伦理思想史(上卷)[M]. 北京:中国人民大学出版社,1985:261-262.
[2] 罗国杰、宋希仁. 西方伦理思想史(上卷)[M]. 北京:中国人民大学出版社,1985:262.
[3] 罗国杰、宋希仁. 西方伦理思想史(上卷)[M]. 北京:中国人民大学出版社,1985:264.

的地方。

2. 从晚期斯多亚学派代表人物的思想来看该学派与罗马帝国社会的关系

（1）宿命论和禁欲主义的思想是当时社会历史的反映

罗马帝国初期，国家达到了空前的统一，一种世界帝国、人类一家的思想在国内弥漫。罗马人相信只要通过自己的征服，全世界各民族都会臣服于罗马帝王，全世界的人都会成为罗马帝国的一分子。但是庞大的帝国内部并非风平浪静、万世太平，而是集结了各种蓄势待发的阶级矛盾和社会矛盾。当时的罗马人一方面体会到了自己庞大帝国的伟大和荣耀，另一方面又感到了人生的无常与不幸，因为连年的征战带来的不仅是帝国的统一、疆域的扩大，更是生灵的涂炭、家园的破坏。因此，一种宿命论和禁欲主义的思想在当时普遍流行。当时的斯多亚学派的代表人物由于多是皇帝或王宫大臣，所以他们均站在奴隶主阶级的立场上希望被统治阶级能够安于现状，希望国内阶级矛盾能够缓和。所以，他们提倡"忍耐、克制"的道德，提倡禁欲主义和神秘主义的理论，提倡一种宿命论与安于现状的思想主张。

罗马帝国初期的思想代表和晚期斯多亚学派的奠基人塞涅卡（Seneca）的一句名言——愿意的人，命运领着走；不愿意的人，命运牵着他走——就充分表达了他的宿命论的处世哲学和为尼禄的暴政统治宣扬忍耐和克制的道德的企图。而晚期斯多亚学派的另一位代表人物爱比克泰德（Epictetus），作为尼禄的大臣，其"整个思想体系本质上还是体现着奴隶主贵族统治者的意志和愿望的"。他发挥了芝诺关于克制的伦理思想，突出地强调忍耐、禁欲的道德；他几乎像一个教主那样向罗马人们宣扬"要弃绝一切快乐，安于现实的痛苦和不幸"，甚至劝说奴隶应该爱他们的敌人——奴隶主贵族。晚期斯多亚学派的第三个代表人物马可·奥勒留（Marcus Aurelius）作为罗马帝国的皇帝，由于经历了种种天灾人祸——地震、疫疠、饥荒、战争、军事叛乱和奴隶起义等，所以感到一种极大的困倦、失望、悲观和苦恼，这种思想和情绪也是当时罗马人民的普遍情绪。马可·奥勒留同其他晚期斯多亚学派的代表人物一样，要揭示人身上的软弱、空虚、沮丧，从而提倡一种消极的宿命论和"容忍、赎罪、拯救"的思想。从他的代表作《沉思录》中可以看出，奥勒留坚持命运的主宰，主张人应该接受一切境遇，忍受不幸，保持心灵的寂静和寡欲，劝导人们反省自己的内心。他强调的是忍受，而不是希望，这可以从他常说的一句话——人就是一点灵魂载负着一具尸体——中反映出来。他认为神给我们每个人都分配了一个精灵，作为一个"世界国家"的公民，就是要服从神的意志，超脱现实世界的"牢狱"，追求来世的希望和慰藉。"晚期斯多亚学派哲学所宣扬的宿命论和忍耐、克制原则,无疑迎合了统治阶级的政治需要,同时也是对处于动荡社会的人们普遍心态的真实反映。"❶

(2) 提倡道德责任和义务是当时帝国统治的需要

晚期斯多亚学派为了符合罗马帝国统治的需要,更强调人的社会责任和道德义务,并按照他们哲学和伦理学说对"责任"做了解释。芝诺是第一个使用"责任"(Kathekon)这个概念的人,他认为"责任"就是"应符合自然的条件,符合生活的本性,也即按照理性去选择行为"。德谟克利特则第一次提出了"良心""义务"概念,并把良心、义务同人们行为的内在动机联系起来。

晚期斯多亚学派把良心、责任和义务理解为"按照理性生活",把"去做一切与理性相合的事"看作生活的原则,从而强调责任、义务同国家和公民利益的关系,强调服从国家法律。由此可见,他们的伦理学带有浓厚的政治色彩,他们强调对国家的责任和义务也是为帝国统治服务的。

(3) 晚期斯多亚学派的世界主义的政治伦理主张

晚期斯多亚学派强调"依照本性而生活的"责任和义务。在国家观上,他们宣扬世界主义。晚期斯多亚学派的世界主义的政治伦理主张,是从人类共同的理性和宇宙的普遍秩序这些观念中来的,但也与当时罗马帝国"大一统"的社会环境密切相关。希腊哲人处于各城邦独立发展的时代,强调的是希腊人与野蛮人、雅典人与外邦人在伦理道德观念上的差异,希望建立的是一个仅有一万人左右的小型哲人之城——理想国。

而晚期斯多亚派的世界主义却突破了希腊城邦的界限,主张"真正的国家或理想的法律都是没有民族界限的,这样的国家应该是理性的人的联合体,一个理想的帝国。"❷ 在世界国家中,每一个人都可以凭借人类共同拥有的理性去取得公民权。马可·奥勒留在他的《沉思录》中说,"分给每一个人的是无限的、不可测的时间中的那么小的一部分! 它立刻就被吞没在永恒里。还有,分给每一个人的是整个实体的多么小的一部分! 你匍匐在上面的是整个大地上的那么小一块土壤! 想到这一切,就除了按照你的本性所领着你的去做,以及忍受共同本性所带给你的东西之外,就没有伟大的事情了。"❸ "我们本性是有理性和合群的,就

---

❶ 张志伟. 西方哲学史 [M]. 北京:中国人民大学出版社,2002:162.
❷ [挪威] G. 希尔贝克、N. 伊耶. 西方哲学史——从古希腊到二十世纪 [M]. 童世骏等,译. 上海:上海译文出版社,2004:114.
❸ 罗国杰、宋希仁. 西方伦理思想史 (上卷) [M]. 北京:中国人民大学出版社,1985:282.

我是安托宁（因为他的全名是马可·奥勒留·安托宁）来说，我的城市和国家是罗马；但就我是一个人来说，我们的国家就是这个世界。"❶ 这段话表明了晚期斯多亚派宣扬的是以维护罗马帝国为目的的世界主义政治理想和道德观念。这种世界主义的实质就是把维护罗马帝国的统治上升为必然命运的至高无上的义务。这种"世界主义""世界公民"的思想创新无疑揭示了一个新时代——罗马帝国大一统的时代——的出现，同时也深深地影响了罗马人，使他们进一步地扩大世界征服，建立更加庞大的帝国。

由此可见，晚期斯多亚学派基于理性基础之上的世界主义的国家学说和政治伦理思想与罗马帝国"大一统"的政治格局之间是有着内在的必然联系的。

(4) 晚期斯多亚学派的博爱主义

罗马奴隶主阶级用武力创造了一个横跨欧亚非大陆的帝国，其地域之辽阔，人口之众多，都是希腊时期所无法比拟的。这种"天下一家"的情形给晚期斯多亚派留下了深刻影响，刺激着他们提出了博爱主义的道德理想。这种博爱主义的理想可以从两个方面来理解。第一方面是从空间的意义上把整个世界都纳入爱的范围之中。晚期斯多亚派的代表人物之一马可·奥勒留就说，人们不应该说我是一个雅典人或罗马人，而应该说我是一个世界公民，所以每一个社会成员都应该为全人类着想、互敬互爱。第二方面是从社会结构的意义着眼，它要求爱一切等级、一切阵营的人，甚至包括奴隶和敌人。在晚期斯多亚派看来，大家都是神的儿子，都分有神性，即使奴隶和敌人也不例外，故应列入爱的范围之内。所以，大家应求同存异，和谐相处，这样才符合人的本性。

这种博爱主义观念的形成，与罗马帝国的大一统、天下一家的局面之间有着密切关联。正如罗素在《西方哲学史》中所指出的那样，"我们已经看到斯多亚派信仰人类的博爱，他们并不把自己的同情心局限于希腊人。"❷ 而这种博爱的产生，则是因为"罗马长期的统治使人们习惯于一种在一个单一政府之下的单一文明的概念。……在罗马人的心目中，罗马帝国在本质上、在概念上都是全世界性的。"❸ "一个人类的家庭、一个公教、一个普遍的文化、一个世界性的国家，这种观念自从它被罗马差不多实现以来，始终不断地萦绕着人们的思想。"❹

---

❶ 罗国杰、宋希仁. 西方伦理思想史（上卷）[M]. 北京：中国人民大学出版社，1985：282.
❷ [英]罗素. 西方哲学史（上卷）[M]. 何兆武、李约瑟，译. 北京：商务印书馆，1963：355.
❸ [英]罗素. 西方哲学史（上卷）[M]. 何兆武、李约瑟，译. 北京：商务印书馆，1963：355.
❹ [英]罗素. 西方哲学史（上卷）[M]. 何兆武、李约瑟，译. 北京：商务印书馆，1963：356.

十、《逻辑哲学论》中的世界观

按照马克思主义哲学的经典解释,世界是由物质组成的,物质是不依赖于意识而独立存在的,物质决定意识;意识是物质的反映,但同时也会对物质具有反作用。这种辩证唯物主义的世界观是我们现在通常普遍接受的世界观。然而,维特根斯坦在《逻辑哲学论》中却提出了一种独特的世界观。他认为,世界不是由事物组成的,而是由事实组成;世界不是我们所感知的经验世界,也不是客观存在的物理世界,而是"一切发生的事情",是一个逻辑可能世界。维特根斯坦的这种独特的世界观通常被称为"逻辑原子主义的世界观"。

(一) 逻辑原子主义世界观在《逻辑哲学论》中的位置

维特根斯坦的《逻辑哲学论》是由以下7个命题组成的。它们分别是:
1. 世界是一切发生的事情。
2. 发生的事情,即事实,就是诸事态的存在。
3. 世界的逻辑图像是思想。
4. 思想是有意义的命题。
5. 命题是基本命题的真值函项(基本命题是自身的真值函项)。
6. 真值函项的一般形式是:$[\bar{p}, \bar{\xi}, N(\bar{\xi})]$。这也是命题的一般形式。
7. 对凡是不可说的就必须保持沉默。

这7个命题之间有着密切的联系,而不是彼此孤立的。"它们其实是层层递进的,就是从关于世界的本体论到关于思想的认识论,再到关于命题的逻辑学,最后一句话是全书的点睛之处,表明了可说与不可说的界限。"[1] 具体来讲,命题1和命题2提出了关于世界构造的逻辑原子主义思想;命题3和命题4提出了

---

[1] 江怡.《逻辑哲学论》导读[M]. 成都:四川教育出版社,2002:77.

关于命题与世界之间关系的图像论；命题5和命题6提出了关于基本命题的真值函项理论；命题7则表明了关于不可说的态度，它是全书的中心所在。

我们也可以把这7个命题的结构比作一座六层大楼。每一层楼的入口处都写着一句话，表明这一层楼的主题。这就像我们走近某一个大型服装商场时会在每一层楼的入口处看到写有"男装""女装""童装"等字样的牌子，这些牌子告诉我们这一层楼经营的服装类型。每层楼都包含着若干部门，这些部门在工作上是逐级递进的关系。每个部门又分为若干个小组，有的小组下面还有更细致的分类。级别越小，处理的工作就越细微，但却不是越不重要。当你按照顺序走完这六层楼之后，你会看到一架通往楼顶的梯子。你顺着梯子爬上楼顶，便会看到楼顶上写着一句话，这句话是"凡是不可说的东西，必须对之沉默。"❶ 它提醒你"只要看，不要说"。当你经过层层艰难跋涉终于看到这句至理名言时，你便会觉得整个世界都一下子豁然开朗了，你便会沉浸在一种既神秘又幸福的体验中。虽然你这时有一种想表达自己喜悦心情的冲动，但是又"不敢高声语，恐惊天上人"，所以你只好沉默了。

按照上面这个比喻，命题1和命题2所论述的关于世界构造的逻辑原子主义世界观就是这座六层楼的基础，它是通达楼顶的必经之路。所以，这部分是全书的基础所在。其实，关于世界的本体论——探讨世界是由什么组成的，世界的本原是什么，世界是怎么构成和存在的等问题——历来都是哲学家们探讨的首要问题。"西方哲学在古希腊以及中世纪时期是以本体论为主要内容的，讨论的核心问题是世界的本原或超验物的存在问题。"❷ 维特根斯坦也不例外，他首先从这个问题入手来进行哲学探讨。所以，维特根斯坦在《逻辑哲学论》的开篇便提出了"世界是一切发生的事情"这个命题，展示了世界的本来面目，接着便又通过命题2表明了他对这个世界的根本看法："发生的事情，即事实，就是诸事态的存在。"通过这两个命题，维特根斯坦表达了自己与众不同的世界观——逻辑原子主义的世界观。我们接着便来看一下这个独特世界观的主要内容。

（二）逻辑原子主义世界观的主要内容

1. 世界与事实

"世界"（Welt）通常是指我们生活于其中的现实世界，维特根斯坦在《逻

---

❶ 涂纪亮. 维特根斯坦全集（第一卷）[M]. 石家庄：河北人民出版社，2002：263.
❷ 江怡.《逻辑哲学论》导读 [M]. 成都：四川教育出版社，2002：77.

辑哲学论》中也持这种观点。不同的是，他认为世界的结构是由事实（Tatsache）而非由事物（Ding/things）构成的。在他看来，事实（或实际情况）的总和构成或规定了世界。所以，他说：

世界是所有实际情况。(1)

世界是事实而不是事物的总和。(1.1)

世界是由事实决定的，而且是经由如下之点由其决定的，即它们是全部事实。(1.11)

因为事实的总和既规定了实际情况，也决定了所有非实际情况。(1.12)

世界分解成诸事实。(1.2)❶

上面的五句话表明：世界是由全部事实加在一起才构成的，而不是由部分事实构成的，所以，世界是事实的总和。世界作为一个整体，不仅包含着所有的肯定事实（eine positive Tatsache），而且包含着所有的否定事实（eine negative Tatsache）。但是，只有肯定的事实的全体才决定了所有肯定事实和所有的否定事实。维特根斯坦的命题2.06表述的就是这个意思。

我们也称诸基本事态（Sachverhalte）的存在为一肯定事实，其不存在为一否定事实。(2.06)❷

维特根斯坦的独特之处就在于认为世界是事实而非事物的总和。他在这里区分了"事实"和"事物"，并且告诫人们不要将世界看成是"事物的类聚或简单的罗列"，而应看成是"事实的总和"。那么维特根斯坦为什么不像哲学史上大部分哲学家以及日常生活中的普通人所认为的那样——将世界看成是事物的总和呢？关于这个问题，维特根斯坦在20世纪三十年代初的剑桥讲演中给出了说明：

世界是如何的，这是由描述而非对象的罗列给出的。(LWL119)❸

维特根斯坦这句话的意思是，当某人问我世界是什么样子时，我如果只给他罗列一大堆具体的事物和人名，那么他是不会满意的。他一定会进一步要求我告诉他这些具体的事物和人具备怎样的属性、处于什么样的关系中，也即让我去给他描述事实是什么样的、世界是什么样的。

2. 逻辑空间和事态

在探讨完世界（Welt）的构成之后，维特根斯坦开始分析"逻辑空间"（lo-

---

❶ 韩林合.《逻辑哲学论》研究 [M]. 北京：商务印书馆，2000：33.
❷ 韩林合.《逻辑哲学论》研究 [M]. 北京：商务印书馆，2000：34.
❸ 韩林合.《逻辑哲学论》研究 [M]. 北京：商务印书馆，2000：35.

gischer Raum）这个概念。

逻辑空间的事实是世界。(1.13)

图像（Bild）呈现逻辑空间中的事态（Sachlage），呈现诸基本事态的存在和不存在。(2.11)

图像表现逻辑空间中的可能事态。(2.202)❶

通过上面的三句话，维特根斯坦告诉我们：逻辑空间（logischer Raum）是由事态构成的，是事态的总和。而每一种事态（Sachlage）又具有存在和不存在两种可能性。事实则是指事态之实际存在（发生）和不存在（不发生）。由于事态是可能存在（发生），也可能不存在（不发生），而事实则是实际存在（发生）或不存在（不发生）的事态；所以事态包括事实，由事态组成的逻辑空间（logischer Raum）包括由事实组成的世界（Welt）——世界是逻辑空间的一个子部分。

维特根斯坦接着提出了一个新概念——"逻辑位置"（logischer Ort），用它来指称"构成逻辑空间的事态"。在他看来，逻辑空间（logischer Raum）是由无穷多个逻辑位置（logischer Ort）构成的整体。每一个逻辑位置都代表了一种逻辑可能性，即某个特定的事态的存在或不存在的可能性。

维特根斯坦又拿"几何位置"和"逻辑位置"进行比较，他说：

几何位置和逻辑位置具有如下共同之处，即它们都是某种存在的可能性。(3.411)❷

几何位置指几何空间中的点，每一个几何空间中的点——几何位置——都表示了一种可能性，即某一物质粒子出现在这一点的可能性。无论是几何位置还是逻辑位置，都是一种可能性。维特根斯坦这里强调的是，逻辑与可能性之间有一种密不可分的关系——逻辑限定了一切可能性的范围。

逻辑处理每一种可能性，所有可能性都是它的内容。(2.0121)❸

3. 事态、事实与实在

维特根斯坦认为，世界是事实的总和，逻辑空间是事态的总和。维特根斯坦关心的是事实、事态的结构，而不是它们的内涵。关于事实、事态的结构，维特根斯坦在《逻辑哲学论》中是这样说的：

---

❶ 韩林合.《逻辑哲学论》研究 [M]. 北京：商务印书馆，2000：37.
❷ 韩林合.《逻辑哲学论》研究 [M]. 北京：商务印书馆，2000：38.
❸ 韩林合.《逻辑哲学论》研究 [M]. 北京：商务印书馆，2000：38.

实际情况，事实，是诸基本事态的存在。(2)

事实的结构是由诸基本事实（Sachverhalte）的诸结构构成的。(2.034)❶

从上面两句话中，我们可以得出结论：事态是由基本事态组合而成的，是基本事态的一定方式的排列；事实则是由基本事实按照一定的方式排列而成的，基本事实即基本事态的存在。所以，事实是诸基本事态的特定方式的排列的存在；图像呈现逻辑空间中的事态，也就是呈现逻辑空间中诸基本事态的特定方式的排列的存在和不存在。

接着，维特根斯坦讨论了事态（事实）之间的关联情况。维特根斯坦认为，两个事态（事实）A 和 B 含有部分相同的构成成分时，二者之间才会有逻辑结构上的关联及由这种关联导致的推导关系——从其中的一个事态（事实）的存在（或不存在）可以推导出另一个事态（或事实）的存在（或不存在）；而如果它们没有逻辑结构上的关联，那么它们也不具有因果上的关联及由这种关联而导致的推导关系。所以便有了下面这两个命题：

绝对不可能从任何一个事态的存在推导出另一个与之完全不同的事态的存在。(5.135)

不存在为这样的推理提供依据的因果关系（Kausalnexus）。(5.136)❷

维特根斯坦在论述了事实和事态的结构之后，又提出了另一个重要概念——"实在"（Wirklichkeit）。关于"实在"的定义，在《逻辑哲学论》中维特根斯坦是这样论述的：

诸基本事态的存在和不存在是实在。(2.06)❸

由此可见，"实在"是指诸基本事态的某一特定方式的排列的存在和不存在。"实在"在事实上是和"事实"一样的，二者都是诸基本事态的特定方式的排列的存在和不存在；二者的区别仅仅在于，"实在"是不可数名词，"事实"是可数名词。因而，便有了命题 2.063 中的观点：

全部的实在（die gesamte Wirklichkeit）是世界。

维特根斯坦在后面的论述中又使用另一个表示"实在"的词——"Realität"，参见下面的命题 5.5561 和命题 5.64。这里的"实在"（Realität），不同于前面的作为不可数名词的"实在"（Wirklichkeit），是指"全部的实在""整个的实在"，

---

❶ 韩林合.《逻辑哲学论》研究 [M]. 北京：商务印书馆，2000：39.
❷ 韩林合.《逻辑哲学论》研究 [M]. 北京：商务印书馆，2000：40.
❸ [奥] 维特根斯坦. 逻辑哲学论 [M]. 贺绍甲，译. 北京：商务印书馆，1996：84.

亦即世界。

经验的实在受到对象总体的限制。……等级系列是独立于实在的，而且必须独立于实在。(5.5561)❶

严格贯彻的唯我论与纯粹的实在论是一致的。唯我论……保留的是与它相关的实在。(5.64)❷

4. 基本事态与基本事实

通过上面的分析，我们知道事态（事实）经过逻辑分析最终得到基本事态（基本事实），基本事态（基本事实）是构成事态（事实）的最小的构成成分。所以，维特根斯坦接下来探讨的是基本事态（基本事实）。在维特根斯坦这里，"Sachverhalt"既指"基本事实"（elementary fact），也指"基本事态"（elementary situation），它的最基本的意思是"最简单的事实或事态"。维特根斯坦有时也用"Sachlage"这个词，不过它指的应该是可以发生、也可以不发生的事态（states of affairs）或事况（situation），而不指基本事态（基本事实）。

维特根斯坦认为，基本事态或基本事实具有以下几个特征：

第一个特征是，基本事态和基本事实分别是最简单的事态和事实结构，在它们内部不再含有任何其他的事态和事实。我们如果对它们进行进一步地分析，得到的是对象，而非事态和事实。

第二个特征是，基本事态和基本事实完全是由对象构成的，是诸对象的结合或配置。"基本事态［基本事实］是对象的结合。(2.01)""诸对象的配置构成基本事态［基本事实］。(2.0272)"❸ 那么对象是以一种什么样的方式结合（或配置）成基本事态和基本事实呢？维特根斯坦认为，"在基本事态［基本事实］中诸对象有如一条链子的诸环节一样彼此套在一起。(2.03)"❹ 这种链子的比喻，说明诸对象在基本事态（基本事实）中是借助于它们各自的独特性质自行结合或配置在一起的，而不是通过外在的中介物结合或配置的。而这种诸对象结合或配置构成基本事态（基本事实）的独特的方式，被维特根斯坦称作基本事态（基本事实）的结构（Struktur）。

在基本事态［基本事实］中诸对象彼此以确定的方式互相关联。(2.031)

诸对象在基本事态［基本事实］中关联在一起的那种方式是基本事态［基

---

❶ ［奥］维特根斯坦. 逻辑哲学论［M］. 贺绍甲，译. 北京：商务印书馆，1996：86.
❷ 韩林合.《逻辑哲学论》研究［M］. 北京：商务印书馆，2000：42.
❸ 韩林合.《逻辑哲学论》研究［M］. 北京：商务印书馆，2000：45-46.
❹ 韩林合.《逻辑哲学论》研究［M］. 北京：商务印书馆，2000：46.

本事实]的结构。(2.032)❶

在定义了"结构"后,维特根斯坦又定义了"形式"(Form)这个概念。他认为,"形式是结构的可能性。(2.033)"❷"形式"是一个比"结构"更抽象、更根本的概念,因为基本事态(基本事实)的结构是指其构成对象的特定的结合或配置方式,基本事态[基本事实]的形式则是指其构成对象之具有它们所具有的那种特定的结合(或配置)方式的可能性。

第三个特征是,基本事态和基本事实具有变动性和不稳定性。因为"对象是稳定的东西,持续存在的东西;而配置则是变动的东西,不稳定的东西。(2.0271)"❸ 在维特根斯坦看来,只有没有任何结构的东西——对象——才是永恒不灭、持续存在的;而任何有结构的东西——基本事态(基本事实)——必然是不稳定的、可以毁灭的,这是因为:一旦组成它们的成分的配置或结合方式发生变化了,它们也就不复存在了。所以,由对象配置或结合而成的基本事态和基本事实必然是变动不居的,必然是始终处于不稳定的状态。

第四个特征是,基本事态和基本事实是彼此独立的。"基本事态[基本事实]彼此独立。(2.061)"❹ 这里的"独立"是指"从一个基本事态的存在[即基本事实]或者不存在不能推导出另一个基本事态的存在[基本事实]或者不存在。(2.0262)"❺ 既然基本事态(基本事实)不含有其他事态(事实),是最简单的事实结构,那么它们之间不可能具有因逻辑结构上的关联而导致的推导关系,它们之间也不存在因果关联。同时,由基本事态(基本事实)依特定方式排列而成的事态(事实)之间也不存在因果关联。所以,我们得出了下面的结论:

我们不能从当前事情(事态)推导出将来事情(事态)。

迷信恰恰是相信因果联系。(5.1361)❻

5. 对象

(1) 对象的含义和特点

"对象"(Gegenständen/Objects)是《逻辑哲学论》中一个非常重要、同时

---

❶ 韩林合.《逻辑哲学论》研究[M].北京:商务印书馆,2000:47-48.
❷ 韩林合.《逻辑哲学论》研究[M].北京:商务印书馆,2000:48.
❸ 韩林合.《逻辑哲学论》研究[M].北京:商务印书馆,2000:48.
❹ 韩林合.《逻辑哲学论》研究[M].北京:商务印书馆,2000:49.
❺ 韩林合.《逻辑哲学论》研究[M].北京:商务印书馆,2000:49.
❻ 韩林合.《逻辑哲学论》研究[M].北京:商务印书馆,2000:50.

也不容易理解的概念。维特根斯坦认为，"对象"具有如下特征："对象是简单的。(2.02)"❶ 因为对象是最简单的、不可再进一步分析的东西，所以它们是世界（或逻辑空间）的结构元素（Struckturelle Elementen），是一切存在的元素（Elementen des Sein）。

由于只有对于有结构或者复合而成的东西，我们才能有意义地谈论其存在或不存在、生成或毁灭，所以对象无所谓存在或不存在，它们是一切存在和不存在的基础。在这种意义上我们也可以称对象为永远存在的东西、稳定不灭的东西。对象的这种"永远存在"是绝对的存在，不是与"不存在"相对而言的相对的存在；对象是"无毁灭"而非"无变化"。正是由于对象的这种独特的性质——永远存在、稳定不灭，所以它们才构成了世界，进而构成了逻辑空间的实体（Substanz）。由此可见，对象不仅构成了实际的世界的实体，而且也构成了逻辑空间的实体；所以它们也构成了一切设想出来的世界的实体。因而，一切设想出来的世界都是逻辑空间的子部分。

"对象"和"实体"一样，也是"独立于实际情况而存在的东西"；无论实际情况如何，无论世界中发生了什么事情或者没有发生什么事情，它们都始终存在。

在"独立于实际情况而存在"这层含义上，对象是独立存在的；但是，由于对象始终只能作为基本事态（基本事实）的构成成分而存在于其中，不可能片刻地独立其外，所以在这层含义上对象又不是独立存在的。这一点对于对象尤为重要。我们必须在某一对象与其他的对象结合的可能性之中设想对象，而"不能在其（指对象）与其他对象的结合的可能性之外设想任何对象。"❷ 而一个对象出现于诸基本事态（基本事实）之中的那种可能性，实际上从一开始就已经包含在它（指对象）之中了。因而，可以说构成了其（指对象）本质：

能成为基本事态[基本事实]的构成成分，这一点对于物（与对象同义）来说具有本质的意义。(2.011)❸

维特根斯坦接着指出，一个对象出现于诸基本事态（基本事实）之中的那种可能性是一种"逻辑的可能性"，而不是一种"经验的可能性"。这反映了他一贯的思想——本质总是与逻辑的可能性息息相关。既然一个对象出现于诸基本

---

❶ 韩林合. 《逻辑哲学论》研究 [M]. 北京：商务印书馆，2000：51.
❷ 韩林合. 《逻辑哲学论》研究 [M]. 北京：商务印书馆，2000：55.
❸ 韩林合. 《逻辑哲学论》研究 [M]. 北京：商务印书馆，2000：54.

事态（基本事实）之中的那种可能性是一种"逻辑的可能性"，那么从逻辑上讲我们就不能将一个对象与"包含于它之内的这种可能性"分别开来，同时我们也不能在这种可能性之外去设想对象。

在逻辑中不存在任何偶然的东西：一个物［即对象］，如果它出现在一个基本事态之中，那么该基本事态的可能性便已经被断定在该物之中了。(2.012)

如果诸物［即对象］能出现在诸基本事态之中，那么这一点便已经包含于它们之中了。

正如我们根本不能在空间之外设想空间对象，在时间之外设想时间对象一样，我们也不能在其与其他对象的结合的可能性之外设想任何对象。

如果我能在一个基本事态的联结之中设想一个对象，那么我就不能在这种联结的可能性之外设想它。(2.0121)❶

在上面的论述中，维特根斯坦举空间对象和时间对象的例子是为了强调我们只能在逻辑的可能性之中设想对象。显然，我们不能设想"不存在于空间中的空间对象"，不能设想"不存在于时间中的时间对象"。所以，我们也不能设想"不存在于逻辑空间中的对象"。每一个对象都必然处在由所有可能的基本事态构成的逻辑空间之中。逻辑空间是由所有可能的事态构成的总和。

维特根斯坦在这部分内容中反复强调的是：对象与其在基本事态中出现的可能性之间的必然联系——虽然一个对象或物可以出现在这个或那个基本事态中，但是它必须出现于某个基本事态中，而不能独立于其外而存在。这也就是说，对象只能有一种出现形式，即"在事态中出现"。另一方面，对象又包含了有它出现的所有基本事态的可能性，包含了其在诸基本事态中出现的所有可能性，所以"给出了所有对象，由此就给出了所有可能的基本事态。(2.0124)"❷ 同时，由于所有事态都是由基本事态构成的，都是基本事态特定方式的排列，所以"对象包含了所有事态的可能性。(2.014)"❸

此外，在维特根斯坦看来，如果存在着某些对象，那么因之也就必然存在着所有的对象，因为世界和逻辑空间之结构元素（或实体）的所有对象必须是始终共同存在的、缺一不可的。"如果某些对象被给予了我们，那么所有的对象便因之也已经被给予了我们。(5.524)"❹ 所以最后的结论必然是：给出了某些对

---

❶ 韩林合.《逻辑哲学论》研究［M］. 北京：商务印书馆，2000：55.
❷ 韩林合.《逻辑哲学论》研究［M］. 北京：商务印书馆，2000：59.
❸ 韩林合.《逻辑哲学论》研究［M］. 北京：商务印书馆，2000：59.
❹ 韩林合.《逻辑哲学论》研究［M］. 北京：商务印书馆，2000：60.

象，便给出了所有的对象，便给出了所有的基本事态，便给出了所有的事态，从而便给出了整个世界或者整个逻辑空间。

（2）对象的形式和对象的性质

在探讨完对象的含义和特点之后，维特根斯坦开始探讨"对象的形式"这个概念。

一个对象在诸基本事态中出现的那种可能性是其形式。（2.0141）❶

对象的形式有两类：一类是指一种逻辑形式（logische Form），即一个对象与所有其他的对象结合的可能性。而一个对象的形式就是包含着它的所有基本事态（基本事实）的集合。另一类是指空间、时间和颜色。"空间、时间和颜色是对象的诸形式。（2.0251）"❷ 也就是说，对象必须处于空间和时间中，而且也必须具有某种颜色。需要说明的是，"空间、时间和颜色是对象的诸形式。（2.0251）"与"对象是没有颜色的（farblos）。（2.0232）"并不矛盾，这是因为：对象必须处于"颜色空间"之中，必须具有某种颜色，具有某种颜色的逻辑可能性是对象的本质；但是，对象具有赤、橙、黄、绿、青、蓝、紫诸颜色中的哪一种具体的颜色是无法确定的。对于对象来说，"具有诸颜色中的哪一种特定的颜色（如赤、橙、黄、绿、青、蓝、紫中的某一种）"这一点不具有本质意义。

对象所具有的上面两类形式对于对象而言是本质性的，因为"一个性质，如果不可设想其对象不具有它，那么它就是内在的。"❸ 显然，不能设想对象不具有以上两种形式（逻辑形式、时间、空间和颜色），所以它们构成了对象的内在性质。对象的内在性质是不可以用命题加以描述的。

维特根斯坦认为，对象的外在性质也有两类：一类是指对象在某一个或某一些特定的对象的配置中的出现或者不出现。另一类是指对象在某一特定的时空位置上的出现或不出现、具有或不具有某一特定的颜色。对象的外在性质是可以用诸命题加以描述的。

（3）对象存在的必要性的证明

首先，维特根斯坦从本体论的角度对"对象存在的必要性"进行了证明。

显然，一个想象的世界，无论它怎样不同于实在的世界，必有某种东西——

---

❶ 韩林合.《逻辑哲学论》研究 [M]. 北京：商务印书馆，2000：60.
❷ 韩林合.《逻辑哲学论》研究 [M]. 北京：商务印书馆，2000：61.
❸ 韩林合.《逻辑哲学论》研究 [M]. 北京：商务印书馆，2000：62.

一种形式——为它与实在的世界所共有。(2.022)

正是诸对象构成这种不变的形式。(2.023)

如果世界要有一个不变的形式，就必须要有对象。(2.026)❶

上面三个命题说明，只有当对象存在时才会存在着一种稳定不变的世界形式。事实上，世界是确定的，而不是摇摆不定、变幻无常的；稳定的世界形式是客观存在着的。所以，构成稳定的世界形式的对象也必然存在。

其次，维特根斯坦又从语义学的角度对"对象的存在"给予了证明。他认为，"假如世界没有实体［对象］，那么一个命题是否有意义就要依赖于另一个命题是否为真。(2.0211) 在这种情况下就不可能勾画出世界的任何图像（真的或假的）。(2.0212)"❷ 按照维特根斯坦的理解，我们的语言的任一命题之所以有意义，是因为它们描述了世界；而它们描述世界的能力又来自于组成它们的基本命题。基本命题描述世界的可能性是经由组成它们的名称之有对象作为其"所指"(Bedeutung/meaning/reference)。"命题之所以可能乃基于对象以指号为其代表的原则。(4.0312)"❸ 换句话说，语言的任一命题的意义的可能性最终是以对象的稳定不灭性、持续存在性为其保证的。这样，对任一命题而言，如果不存在对象，那么这一命题的意义就只有通过另一个断言它的结构元素（即名称）的所指存在的命题的真来予以保证。

但是，"一个命题是否有意义这个命题绝对不能取决于另一个关于它的某个构成成分的命题的真理性质。(MN117)"❹ 因为，如果一个命题的意义是通过另一个断言它的结构元素（即名称）的所指存在的命题的真来予以保证，那么另一个命题的真又得依赖第三个命题的真来予以保证，第三个命题的真又得依赖第四个命题的真……如此类推，我们便陷入了无穷后退的境地，命题的意义或命题的真就永远得不到真正的保证。

因此，维特根斯坦认为，为了保证命题意义的确定性和完全性，世界必须有对象或实体。

(4) 对象与事物的关系

维特根斯坦在《逻辑哲学论》中严格区分了"对象"(objects) 和"事物"(things) 这两个概念。

---

❶ ［奥］维特根斯坦. 逻辑哲学论 [M]. 贺绍甲, 译. 北京：商务印书馆，1996：27-28.
❷ ［奥］维特根斯坦. 逻辑哲学论 [M]. 贺绍甲, 译. 北京：商务印书馆，1996：27.
❸ 涂纪亮. 维特根斯坦全集（第一卷）[M]. 石家庄：河北人民出版社，2002：207.
❹ 韩林合.《逻辑哲学论》研究 [M]. 北京：商务印书馆，2000：69.

对象是逻辑上的简单体,只能被命名。它们是我可知、可意谓、可思想的东西。它们本质上是简单的,而非事实上的简单,这意谓着它们每一个只有一个形式和内容,它们是存在论意义上的用以描述不同种类的性质的对等者。事物是经验的复合体,既可命名亦可描述。它们是我们所经验的,也是我们所能描述的;事物具有独立的形式,它们在事况中出现的可能性只受事态的可能性的限制;事物被命名时,其作用有如对象,被描述时,则成为事实。

对象与事物有以下区别:

(1) 对象在时空之外,事物在时空之内;
(2) 对象决定了可能性(possibility),可能性在事物之中;
(3) 对象在事态中是彼此套在一起,事物是事态可能的组成部分;
(4) 对象包含了所有事况的可能性,事物可以在所有可能的事况中发生;
(5) 对象是被知道和被给予,事物是被图示;
(6) 对象总是简单的,事物既不是简单的也不是复杂的;
(7) 对象有内在的和外在的属性,事物仅仅有属性;
(8) 对象是内在相关的,事物是外在相关的;
(9) 对象只能被命名,事物能够被命名和描述;
(10) 名称指示和意谓对象,名称仅仅指示事物;
(11) 对象只有通过名称来区分,事物通过描述来区分;
(12) 对象作为整体限定经验的实在(empirical reality),事物没有整体。

对象与事物的联系在于,我们通过"事态中的对象"表现"事况中的事物",世界的本性就是我们能够这样表现世界,而且只能这样表现。

(三) 逻辑原子主义世界观的意义

维特根斯坦在《逻辑哲学论》中提出了一种全新的世界观即逻辑原子主义的世界观,从而对传统的世界观进行了颠覆,给我们提供了一种完全不同的看待世界、认识世界、把握世界的方式。

首先,维特根斯坦在这里区分了世界的两个方面:一个是"经验的方面"(empirical aspect),其结构是"事物—在—事况—中";另一个是"形式的方面"(formal aspect),其结构是"对象—在—事态—中"。我们只有通过后者(即形式的方面)才能经验、思考、谈论前者(经验的方面)。换句话说,经验世界的这种结构(事物—在—事况—中)的逻辑基础在于"事实—基本事实(事态)—对象"这样一种独特的结构。这同时也说明,我们生活于其中的实际的经验世界是"逻辑上的世界"的诸可能性的现实状态。

其次,维特根斯坦设定了我们进行逻辑分析的基点,使我们对可能世界的认识有了一个坚固的基础。维特根斯坦假定在逻辑可能世界中存在着对象——这样一个逻辑上的简单体,也就是罗素称之为"逻辑原子"的那个东西。实际上,世界上并不存在"对象",它是维特根斯坦为我们设立的一个逻辑分析的终点;因为从自然科学的角度看,世界的任何事物都是可分的,我们可以把它分为分子、原子、基本粒子等,而且可以一直分下去。这样一来便没有终点了。但是,从逻辑的观点看,分析不可能没有终点,我们也不可能无限地分析下去,否则我们的思维便失去了根基。正是基于此,维特根斯坦为他的世界观设定了一个"最后的不可分析的根基",即"对象"或"简单对象"。因为"对象是简单的"。❶这个"对象"或"简单对象"是逻辑学中的基本构成单元,是"一种逻辑要求,一个逻辑终点:'简单对象的存在是一种先天的逻辑必然性'。"❷ 我们要认识可经验的现实世界以及逻辑意义上的可能世界,必须从对象入手;认识了对象,我们对世界的认识便有了一个可靠的基础。

再次,维特根斯坦从对世界的逻辑分析入手,转而谈论语言的界限;他通过对哲学的语言批判,为我们认识世界、言说世界划定了一条清晰的界线,从而改正了那些由于我们的语言逻辑的不清晰导致的哲学错误。因此,只要使用这种符合逻辑句法的语言来表达我们的思想,我们就可以避免犯"传统哲学的错误"——用普遍的概念去表达具体的事物,用经验的语言去言说超验的事物。

最后,当我们明白了自己"可说"和"不可说"的界限时,我们的理性就再也不会去冲撞"语言的界限",我们再也不会像传统形而上学那样去"胡说八道""乱冲乱撞"。因此,维特根斯特认为经过这种对传统形而上学的语言批判,我们就可以"摧毁一些空中楼阁"并且"清理出我们的语言赖以立足的地基"。

---

❶ 涂纪亮. 维特根斯坦全集(第一卷)[M]. 石家庄:河北人民出版社, 2002:191.
❷ 陈嘉映. 语言哲学[M]. 北京:北京大学出版社, 2003:141.

十一、论拉康的"镜像阶段"理论

20世纪五六十年代,法国思想界和学术界进入了鼎盛时期。当时,以"结构主义理论为创造契机,法国又一次走在了欧洲理论界的前列。一批具有世界声誉的学者如列维·斯特劳斯、福柯、罗兰·巴尔特、拉康、萨特、德里达等群雄并立而又各领风骚,出现了法国历史上罕见的繁荣。从笛卡尔之后,法国从来没有在欧洲理论界处在如此崇高的地位。他们所精心构造的各种理论模式被人们比作巴黎的时装,花样翻新,层出不穷,源源不断地向世界各国输送。"❶ 雅克·拉康就生活在这样的"百家争鸣"时代,他的哲学思想和理论也成为法国学术界的一朵奇葩。

(一)拉康生平和思想简介

雅克·拉康(Jacques Lacan,1901—1981年),法国著名的心理学家和哲学家,第二次世界大战后最具独立见解而又最有争议的欧洲精神分析学家,被称为"法国的弗洛伊德"。他不仅是法国精神分析学大师,而且是当代结构主义和后结构主义思潮的代表人物之一。他的理论独树一帜,而且远远超越了精神分析和心理学的范围,对西方当代文学和文化的研究都产生了重大的影响。

青年时代的拉康曾在巴黎高等师范学院学习哲学,在巴黎大学学习医学,后来在巴黎圣安娜诊所、高等学术研究院任职。作为弗洛伊德的追随者,拉康选择了从事精神病医生的职业,毕生致力于一条既不同于精神病学又不同于心理学的精神分析学道路。他于1966年创立"巴黎弗洛伊德学派",从而使法国成为当代精神分析的一个中心。拉康还把结构主义语言学与精神分析结合起

---

❶ 方汉文. 后现代主义文化心里:拉康研究[M]. 上海:上海三联书店,2000:1.

来❶，把精神分析的治疗实践与哲学研究结合起来，由此对弗洛伊德的学说做了新的解释。他以思想精辟、文风怪异、语言晦涩、行为叛逆而著称于世。他的许多惊世骇俗的演讲与销路极畅的专著使他被称为"现代精神分析行列中最有独创性的人物。"❷

自拉康的《文集》在1966年问世以来，世界各地（主要是欧美）关于拉康的研究活动一直长盛不衰，至今仍十分活跃。研究他的专著和论文也是汗牛充栋，数不胜数，以至于有人把这种现象称为"拉康产业"。

在拉康思想中，"镜像阶段"理论是一种非常重要的理论，它是拉康最重要的理论之一。

（二）"镜像阶段"的内涵

"镜像阶段"（the mirror stage）是拉康理论的核心概念之一。1936年7月，在捷克的马里安巴召开的第十四届国际精神分析学大会上，拉康首次提出了"镜像阶段"概念。不过，他这次宣读的论文并没有正式发表。1949年7月，在瑞士苏黎世举行的第十六届国际精神分析学大会上，拉康宣读了一篇题为"镜像阶段：精神分析经验中揭示的'我'的功能构型"（The mirror stage as formative of the function of the I as revealed in psychoanalytic experience，简称《镜像阶段》）的论文，重新阐述了他在13年前提出的理论。这篇论文成为拉康思想的秘密诞生地，里面几乎涵盖了拉康以后思考的所有问题。除《镜像阶段》外，拉康还撰写了《谈心理因果》(1946)、《精神分析中的侵略性》(1948)和《对自我的一些反思》(1951)等论文，对"镜像阶段"概念作了概述、发挥和补充，使之更趋完善和丰富。

一般认为，拉康的"镜像阶段"概念是他对法国儿童心理学家亨利·瓦隆的比较人类儿童与动物的镜前反应行为的"镜子测验"、弗洛伊德的"自恋理论"以及黑格尔的"主奴辩证法"进行创造性综合的产物。瓦隆的实验证明了人类婴儿尽管在身体协调性方面不及其他动物，但在智能上却能领会到自身与其镜像间的相互关系，而动物则不能。可以说，正是瓦隆的研究成果给拉康提供了强有力的经验基础。弗洛伊德早期的"自恋理论"提供了一种不同于其后期

---

❶ 除了受弗洛伊德精神分析学的影响，拉康的学说还受到了法国结构主义和解构主义思想的影响。他把精神分析与结构主义方法结合在了一起。

❷ [法] C. 克莱芒等著. 马克思主义对心理分析学说的批评 [M]. 金初高，译. 北京：商务印书馆，1985：217.

的"现实的自我"的"自恋的自我"概念。❶ 拉康认为，弗洛伊德的"自恋的自我"比"现实的自我"更富有理论上的洞见，所以他把这一概念应用到了自己的理论中。黑格尔的"主奴辩证法"是用以说明其自我意识论的一个寓言，它表明了黑格尔对自我意识问题的基本立场：一个自我意识必然是相对于另一个自我意识而存在的，两个主体各自的自我意识均无独立性。他者不是被看作另一个自我意识，而是被看作主体自我意识的投射，即主体在他者中看到自身。从某种意义上说，由科耶夫解读的黑格尔哲学构成了拉康"镜像阶段"理论的哲学基础。

拉康的"镜像阶段"理论涉及多方面的论题，但其主题则可说是讨论"形象"对于人类主体的"自我"之形成的构型作用以及"镜像阶段"对"自我"形成和确认的重要性。拉康说："十三年前在上一届会议上，我就提出了镜像阶段（The mirror stage）的概念。……当我们在精神分析中经验到它的时候，它能使我们洞识到'我'的构型过程。正是这种经验使我们能够去反对任何直接源自'我思'的哲学。"❷

那么，什么是"镜像阶段"呢？拉康这样描述道："这个概念（指'镜像阶段'）源自比较心理学的一个事实所揭示的人类行为的一个特征。婴儿在一定的年龄段——不论多么短暂——尽管在工具智能方面低于黑猩猩，但已能在镜子中辨认出他自己的模样。这种辨认在儿童的'啊哈，真奇妙！'这一富有启发性的拟态中有所体现。柯勒（W. Kohler）视其为情境认知的表现，并认为它是智力行为的关键一步。"❸拉康接着说，"面对镜像——不会像猴子那样，一旦捕捉了某个形象，并发现它是空洞的，就很快会失去兴趣——婴儿立即会以一连串的动作作为回应，并乐此不疲。在这些姿态动作中，婴儿会以游戏的方式体验到镜像中显现出的运动和被反照的环境之间的关系，体验到这一虚设的复合体与它所复

---

❶ 弗洛伊德于1914年发表了一篇题为《论那喀索斯主义》的论文，其中引用希腊神话中的故事。根据希腊神话传说，河神卡凯菲斯的儿子那喀索斯喜欢对着河水欣赏自己映射在水中的倒影，并且为自己的形象所倾倒。由于这种心理的折磨，他终于憔悴而死。死后，他变成了水仙花，日夜映射在水中。之后，那喀索斯（narcissus）成了西方语言中水仙花的名称。弗洛伊德认为，这则故事表达了一种自我爱恋的原型。人类普遍存在这种心理或情结，弗洛伊德称之为"自恋情结"或"那喀索斯情结"。这种心理或情结对人的"自我"概念的形成很重要，人的"自我"就是在这种心理作用下形成的。弗洛伊德的"现实的自我"指的是主体内部调节"本我冲动"和"超我压制"之间冲突的"代理机构"，它是稳定的心理实体，与"自身"是一致的。而"自恋的自我"则是一系列完全流动的、易变的、无定形的具有利比多投注（libidinal cathexes）性质的对自身形象的认同和内化。
❷ 拉康等. 视觉文化的奇观：视觉文化总论[M]. 吴琼, 编. 北京：中国人民大学出版社, 2005：1.
❸ 拉康等. 视觉文化的奇观：视觉文化总论[M]. 吴琼, 编. 北京：中国人民大学出版社, 2005：1.

制的现实——婴儿自己的身体、环绕他的人和物——之间的关系。"❶

拉康认为,"镜像阶段"是"对人的心理发展过程的认识,同样是对人的自我意识的生成的理论。"他把"镜像阶段"划分为三个阶段:前镜像阶段——镜像阶段——后镜像阶段。

拉康把婴儿生命的头六个月称为"前镜像阶段"(Pre–mirror stage)。这一时期,婴儿开始对自身和外部世界产生意识。不过,这一时期的婴儿所产生的只是意识的幻象和片断。这些幻象和片断"不具有完整的认识意义,因为他还不是对于独立的个性和主体的认知,而只是对于主体的一种幻象(拉康称之为imago)。"❷ 换言之,在这一时期的婴儿并没有任何整体感或个体统一感,有的只是关于自己身体的心象和支离破碎的身体经验。所以,"前镜像阶段"的基本特征是"婴儿在这一时期还没有形成完整的身体概念,他对自身躯体还缺乏同一性的'理解',在这种情况下还缺乏构成完全形象的能力。"❸

"镜像阶段"(The mirror stage)是指婴儿成长期的第六至十八个月。这期间婴儿首次在镜中看见自己的形象,他或她认出了自己,发现自己的肢体原来是一个完整的统一体。拉康声称,必须把婴儿在镜中认出自己的行为和条件反射与非意识或非控制的行为区别开,因为前者乃是一种智力的认知行为。处于"镜像阶段"的婴儿,其身体动作尚不能自主控制。但是,他或她却已能在镜中看到自己完整的身体形象而兴奋不已,这与黑猩猩的情形截然不同。在拉康看来,这乃是由于统一形象的矫形作用使婴儿产生了自身机体完满性的幻觉,镜中形象遂成为婴儿进行想像认同的理想统一体。在拉康看来,"我"的原初形式即"自我"正是在这种与镜中的理想形象的认同中产生的。

所以,"镜像阶段"是婴儿自我认证、自我确立的标志,是婴儿心理发育的一个重要阶段。与"前镜像阶段"不同的是,婴儿在"镜像阶段"首次看到了自己的完整的形象。在"前镜像阶段","儿童对于自我和他人的认识是片断的、零碎的,也是幻想性的,没有得到实质性的认同。"❹ 到了"镜像阶段",儿童才会"把昔日破碎的断片连缀成一个整体,从一个感觉的映像的联合体变为一个经验的、自身成立的身体。"❺

---

❶ 拉康等. 视觉文化的奇观:视觉文化总论[M]. 吴琼, 编. 北京:中国人民大学出版社, 2005:2.
❷ 方汉文. 后现代主义文化心理:拉康研究[M]. 上海:上海三联书店, 2000:30.
❸ 方汉文. 后现代主义文化心理:拉康研究[M]. 上海:上海三联书店, 2000:30.
❹ 方汉文. 后现代主义文化心理:拉康研究[M]. 上海:上海三联书店, 2000:32.
❺ 方汉文. 后现代主义文化心理:拉康研究[M]. 上海:上海三联书店, 2000:32.

"后镜像阶段"（Post mirror stage）是指婴儿十八个月以后的阶段。拉康认为，经过"镜像阶段"后儿童变得成熟起来，其表现是"自我的身份确认显示出它的力量，使得儿童与自己周围环境间的联系性质发生了变化，他不再把外界的客体作为自己的组成，因为他已从镜子中认出了自己的映象。"❶ 需要注意的是，拉康一再强调儿童"从镜子中认出自己的映象"并不等于他有了"自我意识"。但是，这是通向"自我意识"的最关键步骤。

（三）"镜像阶段"的意义

拉康的"镜像阶段"理论主要具有两方面的意义：一方面是心理学上的意义，以及对精神分析学发展的重大影响。"镜像阶段"理论"在当代精神分析学理论的革故鼎新中具有一定地位，代表着研究方向的转换。"❷另一方面，从当代文化发展的意义上讲，"镜像阶段"理论"与西方文化特别是哲学和文学艺术的观念有密切联系，这种联系已经超出了心理学的范围，与当代文化的发展总趋势相呼应，与社会心理相互阐发。所以，它有更为广阔的现实性与深层的文化底蕴"。❸

从心理学意义上讲，"镜像阶段"是婴儿生活史的关键时期与重要转折，是我们每个人自我认同初步形成的时期，其重要性在于揭示了"自我"就是"他者"，是一个想象的、期望的、异化的、扭曲的与被误认了的对象。在拉康看来，婴儿是在一种想象的层面上认同了自身的影像，婴儿是在"不是他"的地方见到了自己。他会把镜像内化成一个理想的自我，并且被镜像给铐住与俘虏住。完整的倒影与婴儿在此之前支离破碎、不协调的知觉印象，形成了极尖锐的对照。婴儿的狂喜是一种辉煌却又基于幻影的自恋经验，同时产生了一种误认的过程——误认一个理想化的自我。这时候"自我"也被异化成另一种客体而存在。由此可见，"镜像阶段"是一个从破碎到想象的认同过程。婴儿透过肢体的动作与镜像的辨认将自我形象从不完整的印象延伸成全角的幻觉。实际仍然缺乏独立能动性的婴儿，在想象上提前展现自己对于躯体的驾驭。婴儿是靠着那外于自身的他者才认识到自己的存在，这种过程实质上包含了期待与错觉。"我是完整的"这一镜像幻觉成立的时刻，也是"我是分裂的"这个事实被揭露的时刻，

---

❶ 方汉文. 后现代主义文化心理：拉康研究 [M]. 上海：上海三联书店，2000：33.
❷ 方汉文. 后现代主义文化心理：拉康研究 [M]. 上海：上海三联书店，2000：38.
❸ 方汉文. 后现代主义文化心理：拉康研究 [M]. 上海：上海三联书店，2000：38.

镜像认同的吊诡即在于"自我就是他者"[1]。

像弗洛伊德的"自恋的自我"观一样，拉康也认为"自我"不是自然的存在，而是婴儿主体与自身之镜像认同的"自恋的激情"的产物。镜中的形象并不是简单的映象，它形成了"自我"。在这个意义上说，"自我"即是"我"的形象，"我"正是在这一完整的形象中获得统一的身份感的。拉康把"自我"称为"理想的我"（ideal I），理想即有想像的、非真实的含义，所以拉康说"自我"的形成是朝着虚构的方向发展的。这是因为，自我得以形成的婴儿主体与自身之镜像的认同乃是一种误认，即主体误把自己在镜中的形象当作了真实的自己，从而漠视了形象的他异性。换言之，主体是在把自己视为某种实际上不是自己的东西。所以，由误认而产生的"自我"就是主体的异化的幻象。这正是拉康的"镜像阶段"理论对人类"自我"之虚幻性质的揭示。

对拉康而言，"镜像阶段"不仅是一个"阶段"，而且还是一个"舞台"[2]。在这个舞台上上演的是一出悲剧，演示了主体异化的命运。婴儿被决定性地抛出那短暂的欢乐时刻而进入充满焦虑的"历史"中，一如亚当和夏娃被逐出伊甸园而进入人间。就像男人和女人虽已创造出来，但直到被逐出伊甸园才进入人的状态一样。婴儿虽已出生，但直到"镜像阶段"才成为一个"自我"。这两种情况都包含着双重的诞生过程：第一次进入"自然"，第二次进入"历史"。当亚当和夏娃偷吃了智慧树上的禁果时，他们期望能把握自己。但其实他们得到的只是惊恐地认识到自己的赤身裸体。这颇类似于婴儿通过预期僭取了一个完整的、自我控制的身体形象，然后回溯式地感知到自身的欠缺与不足（如他的"赤身裸体"）。在这里，拉康实际上书写了另一则亚当夏娃式的悲剧。在这出悲剧中，婴儿的命运是注定了的——从不足（支离破碎的身体）到预期（矫形的形式），最后到僵硬的异化的身份盔甲。在这个意义上说，"镜像阶段"是主体的"失乐园"。

---

[1] 婴儿将自我认同为一个对象或异己，这个过程是建立在一个错误认知的基础上。这个过程也构成了人们后来所有的认同模式。这也就是说，不仅仅是对于自我的认同，主体对任何对象的认同都是一种期待的、想象的与理想化的关系。拉康认为，所谓的"镜像"并不只限于真实的镜子，也包括周遭他人的眼光与其对自我的反映。主体在成长过程中的认同建立，是经过各种不同的镜像反射，这也包括与周遭他人的互动与意见来确立。

[2] stage 一词本身就具有"阶段""舞台""场所"之意，这是拉康玩弄语义双关游戏的一个实例。

十二、关于人与自然关系的哲学思考

当人类步入21世纪时,全球性的生态危机正日益成为人类面临的最大问题。"时至今日,全球环境日益恶化的总体趋势并未从根本上得到遏制。地球的皮肤还在被大面积地撕毁,它的肌体还在被成片地掏空;河流正在变得浑浊不堪,湖面上漂浮着死亡的阴影;我们那些不会说话的动物兄弟正在荒凉的大地上呻吟,在腐臭的污水中挣扎;植物正在浓烟滚滚的天空下枯萎,在污浊的空气中瑟瑟发抖;每天仍有约140个物种从我们的生命家谱中消失。地球曾是生命的乐园,如今却被人类糟蹋得满目疮痍,破败不堪!"[1] 在这种背景下,应用伦理学领域诞生了一门新型的分支学科——生态伦理学。这门新学科试图从价值观和伦理学方面对建设生态文明、走可持续发展之路提供一个强有力的理论基础。生态伦理学的核心是要扭转"人类中心主义"的错误价值观,坚持一种人类对待自然的正确价值观即生态伦理观,而这种转向的背后则隐藏着关于人与自然关系的全新的哲学反思。

(一)生态伦理学的产生

生态伦理学作为伦理学和生态学的交叉学科,主要是研究人与自然之间的伦理关系。其产生有着深刻的历史根源,那就是20世纪人类面临的生存危机,主要表现在以下四个方面:

第一,人口激增。20世纪初全球约有16亿人,到了20世纪末全球人口已经达到60亿。短短的一个世纪,人口却增加了44亿之多。人口的激增带来了粮食、就业、教育、贫困等一系列社会问题,产生了持久的环境压力和生态压力,威胁着人与自然之间的平衡。

第二,自然资源的短缺。自然资源是自然界为人类生存与发展提供的所有物

---

[1] 傅静.科技伦理学[M].成都:西南财经大学出版社,2002:112.

质和能量的总称。人口的激增及对自然资源的不合理利用，使得地球上的自然资源日趋匮乏。而资源的匮乏不仅减少了人类生活和生产资料的来源，也引发了国家之间、区域之间的能源争夺和斗争，两次"海湾战争"就是美国为争夺中东的石油而发动的。

第三，生态危机。"臭氧层破坏""温室效应""酸雨危害"已成为世界性生态危机的三大突出问题。而全球性生态危机的出现，则标志着人类与自然界之间更具破坏性的冲突和日益猛烈的对抗，同时也造成了人类对自己生存家园的破坏与毁灭。

第四，自然灾害的频繁发生。地球上的自然变异包括人类活动诱发的自然变异，无时无刻不在发生，而当这种变异给人类带来危害时，即构成自然灾害。自然灾害的频发是大自然对人类掠夺式开发的无情反击。

由上观之，人类生存危机的出现使人与自然之间的矛盾达到了不可调和的地步，正如恩格斯在《自然辩证法》中所预言的那样，"我们不要过分陶醉于我们对自然界的胜利。对于每一次这样的胜利，自然界都报复了我们。"而人与自然矛盾的激化迫使人类开始重新思考我们应该以怎样的方式和价值观对待大自然，生态伦理学就是在这样的背景下产生的。

（二）对人与自然关系的哲学反思

无论是人类对待自然的错误的价值观——"人类中心主义"的价值观，还是人类对待自然的正确的价值观——生态伦理观，都涉及一个最为本质的问题即人与自然的关系问题。"人与自然的关系问题是生态伦理学的一个基本理论问题。对这个问题的不同回答将导致不同的生态伦理学理论体系。"[1] 要探讨生态伦理学的基本理论问题就必须先弄清楚人与自然的关系这一基本问题。

回顾历史，我们可以发现人与自然的关系在原始文明、农业文明、工业文明时代都是不同的。在原始文明时期，由于人类物质生产能力和精神生产能力的低下，人类处于被支配的地位，匍匐于自然的脚下。他们把自然视为自己的主宰，对自然既敬畏又崇拜。人类对于自然是一种完全依赖的关系。到了农业文明时期，由于生产力的发展，人类对自然的依赖程度逐渐降低。这一时期，人类对自然的认识和变革尚处于初级阶段，人类尊重自然规律，人与自然之间保持了一种较为和谐的关系。

---

[1] 傅华. 生态伦理学探究 [M]. 北京：华夏出版社，2002：69.

在工业文明时代，人与自然的关系发生了根本性的变化。人类由服从、依赖自然转向支配、控制自然，人与自然的关系也被抽象的主体与客体关系所取代。资本主义生产方式的出现、科技的发达给人类提供了越来越强大的改造自然、征服自然的能力。无论是普罗泰哥拉的"人是万物的尺度"，还是培根的"拷问自然"，都预示着这一种新型的人与自然关系的诞生。"人类中心主义"无疑是这种新型关系的体现。在人类中心主义思想的指导下，人类举起了征服自然之剑，一切都是为了征服、改造自然。恺撒在征服欧洲大陆和埃及之后，返回罗马时曾说到，"I came, I saw, I conquered（我来了，我看见，我征服）"，人类对于自然也如是说。那种建立在人类中心主义之上的科技万能论则更加剧了人类自我意识的膨胀。伟大的自然的征服者——人类在现代工业和科技的帮助下，高举着理性主义的大旗，踏上了征服自然的不归路。

然而，就在现代人类高唱文明进步凯歌的同时，巨大的人类生存危机也随之产生。在20世纪上半叶，人类经历两次世界大战的洗礼，这对人类中心主义者、科技万能论者来说无疑是个不小的打击。人类就是利用自己发明的高科技差一点毁灭了自己的家园。"二战"以后，人口危机、粮食危机、能源危机、生态危机等一涌而出。作为自然主人的人类似乎很难接受这些事实，他们无论如何也想不到自然界对人类的报复是如此的猛烈，他们无论如何也想不到正是对自身能力的盲目乐观造成了一场场毁灭性的灾难。

上述种种危机的出现迫使人类开始反思人与自然之间到底是一种什么样的关系，迫使人类开始对自己过去的行为进行检讨。总结历史我们不难发现，造成人与自然关系严重失衡主要有以下四个要素：一是人类认识自然的能力有限，未预料到自然生态系统恶化的严重后果；二是人类对科学技术的控制能力不够，无限扩大了科技的能力；三是受功利主义思想的影响，人类片面重视近期利益、经济利益而忽视长远利益和生态利益；四是人类中心主义的思想及其主导的"机械自然观"认为，"既然自然界是一架机器，那么它就应该完全被人类所认识、所拆卸和重新组装，以及用来为人的目的服务。机械化隐喻着人是操纵和控制这架机器的主人。"❶

（三）人类如何应对生态危机

人类想要摆脱生态危机，走向生态文明之路，需要做到以下几点：

---

❶ 曹孟勤. 人性与自然：生态伦理学基础反思 [M]. 南京：南京师范大学出版社，2004：166.

第一，重新认识人与自然的关系。不再把人类看成是自然界的主人，把自然界看成是人类征服与利用的对象；而是认为，人类是自然生态系统中的成员，人与自然之间是一种和谐共处、和合共生的关系。人与自然界关系的全面协调可持续发展是人类生存与发展的必由之路。

第二，走出人类中心主义的误区，树立生态价值观。人类中心主义是现代性的重要特征之一，也是导致生态危机不断加重的重要原因之一。人类中心主义认为，人与自然是二元对立的关系，"在这样的关系中，自然界作为'他者'是没有任何'内在价值'的。"[1] 历史经验与教训证明，人类中心主义是错误的。人类只是自然的一部分，是众多物种的一种。关于这一点，施韦泽进行了精确的说明，"人类感情的最基本的事实是'我是个要活下去的生命，是众生之一员'。"[2] 所以，人类要敬畏和尊重自然界的所有生命。

此外，由于人的认识能力是有限的，所以人类认识自然、改造自然的活动必须遵循一定的自然规律。人类与自然之间是相互依存、相互联系的整体，整个生态系统是一个统一的有机体，包括人类、动物、植物、无机物、生态环境。无论哪一部分受到损害，这一有机体的平衡机制都会被打破，其他部分也会受到牵连。所以，我们要树立生态价值观。

第三，建立生态伦理学，走可持续发展之路。生态伦理学不仅探讨人与自然的关系，而且为人类摆脱困境、正确对待大自然提供了很多有益的经验。可持续发展战略则是一种全面的发展观，不仅考虑经济价值、眼前利益，而且考虑生态价值、长远利益。只有坚持这一战略，才能实现人与自然的和谐共处。

综上，要摆脱当前的生态危机，我们必须建立生态伦理价值观，走可持续发展之路。

---

[1] 蒙培元. 人与自然——中国哲学生态观 [M]. 北京：人民出版社，2004：55.
[2] [美] 戴斯·贾丁斯. 环境伦理学——环境哲学导论 [M]. 林官明、杨爱民，译. 北京：北京大学出版社，2002：153.

十三、当下中国社会底线道德缺失的原因及对策

底线道德是一个社会最基本的道德,是道德的下限,是所有社会成员在任何时候都必须恪守、必须遵循的最基本的、最低限度的道德义务和伦理规范,是一条不能逾越的基准线,跨出这个基准线就等于触犯了法规和纪律。近年来,社会上相继发生了"李刚门事件""药家鑫案""毒奶粉""瘦肉精""地沟油""彩色馒头"等一系列底线道德缺失的事件。这些事件表明,当下中国社会诚信的缺失、道德底线的滑坡已经到了何等严重的地步。基于此,加强底线道德教育和道德文化建设,培养良好的社会主义道德风尚就变得尤为重要。

(一)药家鑫案透露出当下中国社会底线道德的缺失

道德行为是人们经过自主意识抉择并具有社会意义的行为。人的道德行为具有层次性,底线道德是其中较低层次的道德。底线道德中的"底线"是一个比喻的说法,是指当代现实社会人们最基本的、最低限度的、不能逾越的行为基准线和水平线,是"对所有人、所有社会成员共同的最低限度的道德规范要求,如果打破了这个底线,则社会不成其为社会,人不成其为人。"❶ "如果一个社会上的人们越来越多地逾越这些界限,这种'恶的蔓延'就很可能造成社会的崩溃。"❷底线道德,即道德底线,它是善的最低、最基本的层次,是指"在一定社会历史时期社会成员在调整利益关系中符合善的最低、最基本要求而履行的基础性道德义务,是社会成员或社会角色必须履行的基本道德义务。"❸

底线道德具有时代性,"它是在社会主义初级阶段提出来的、与社会主义市场经济相适应的一种道德规范。底线道德经常表现为一些禁令。如以'不准'、'必须'的形式出现。我们在日常生活中,在履行社会工作的过程中,必须要遵

---

❶ 何怀宏. 底线伦理[M]. 沈阳:辽宁人民出版社,1998:3.
❷ 何怀宏. 底线伦理的概念、含义与方法[J]. 道德与文明,2010(1):19.
❸ 张鹏,黄爱教. 底线道德的内涵与特征新探[J]. 长春工业大学学报(社科版),2007(2):39.

守一个底线。并且我们不能超越这个底线。这个底线让我们的行为保持对社会是有利的，而不会对社会及其他人产生影响和损失。"❶

底线道德是社会主义初级阶段每一个社会成员应该自觉遵守的最低限度的道德，是处于社会关系的个人最起码要遵循的规则，是逾越之后需付出巨大代价的最后屏障。突破了这道防线，道德信仰危机就会非常严重。"当代中国社会最严重的价值危机，不是道德理想的失落，不是功利主义和世俗文化的泛滥，而是中国文化中底线伦理在一定程度上的崩溃。底线伦理崩溃表现为人必须遵守的最起码的伦理道德发生危机。"❷

药家鑫案可以看作是展示当下中国社会底线道德缺失的一个很好的案例。一起普普通通的交通肇事案，在药家鑫向受害人张妙连捅数刀之后变成情节恶劣的杀人案。一名无辜的受害者在惨死之后没有得到应有的同情，却得到了药家鑫师妹李颖"我要是他（药家鑫），我也捅"的暴力话语。身为国家栋梁、民族希望的大学生，药家鑫与其师妹的言行为何如此的丧失人性和良知，把社会的道德底线一步步地推向万丈深渊。当下中国社会，像药家鑫案这样道德底线失守的案例还有很多。从杭州"富二代"胡斌飙车撞人死亡案，到"我爸是李刚"事件，反映出当代大学生道德底线的缺失；从三聚氰胺、瘦肉精和染色馒头的大行其道，到房地产开发商的贪婪，折射出当代中国商人身上道德血液的缺失；从白衣天使的见死不救到高校教师的剽窃成风，反映出医生、教师这些神圣行业从业者身上道德光环的消失；从百度侵犯知识产权的蛮横行径，到360与腾讯的桌面弹框大战，反映出互联网领域丛林法则的横行，这一系列事件已经彻底将我们的道德底线、社会规则底线推进了万丈深渊。在这种背景下，进行底线道德建设就变得非常重要。何怀宏教授认为，底线道德或底线伦理这一概念的提出，是对新出现的市场经济和社会转型带来的各种严重问题的反应。道德底线缺失的问题，亦引起了党和国家领导人的高度重视。2009年2月2日，温家宝同志在英国剑桥大学发表了题为《用发展的眼光看中国》的演讲，指出："道德缺失是导致这次金融危机的一个深层次原因。一些人见利忘义，损害公众利益，丧失了道德底线。我们应该倡导：企业要承担社会责任，企业家身上要流淌着道德的血液。"❸ 2011年2月27日，温家宝同志在新华网在线与网友访谈谈到抑制房价时说，

---

❶ 张鹏，黄爱教. 底线道德的内涵与特征新探 [J]. 长春工业大学学报（社科版），2007（2）：39.
❷ 陈新汉，冯溪屏. 现代化与价值冲突 [M]. 上海：上海人民出版社，2003：225.
❸ http：//www.gov.cn/ldhd/2009-02/03/content_1220032.htm，2009-02-03.

"我认为房地产商作为社会的一个成员,你们应该对社会尽到应有的责任。你们的身上也应该流着道德的血液。"

(二) 当下中国社会底线道德缺失的原因

当下中国社会之所以出现这么多底线道德失守的事件,原因主要有以下几点:

第一,是因为我们在推进经济社会发展和民主法治建设的同时忽视了道德文化建设。温家宝同志在同国务院参事和中央文史研究馆馆员座谈时指出:"当前文化建设特别是道德文化建设,同经济发展相比仍然是一条短腿。举例来说,近年来相继发生'毒奶粉''瘦肉精''地沟油''彩色馒头'等事件,这些恶性的食品安全事件足以表明,诚信的缺失、道德的滑坡已经到了何等严重的地步。一个国家,如果没有国民素质的提高和道德的力量,绝不可能成为一个真正强大的国家、一个受人尊敬的国家。"❶

第二,是因为市场经济下传统义利观的颠倒,导致整个社会缺乏一个正确的价值观念。"市场经济初始,价值多元化胚胎形成之际……机遇、自由降临同时,底线伦理亦直面挑战。不杀人、不说谎、不欺诈、不奸淫、不偷盗,在市场经济下亟待重申。你可以做不到舍己为人,但你不能损人利己;你可以不是圣贤,但你应该认同道义和人道。你攀升不到道德最高境界,但道德最低下限必须坚守,那是人类最后的屏障!"❷ 当下底线道德失守已成为中国社会的一个大问题,"这是因为整个社会缺乏一个正确的价值观念。在市场经济社会,义利观却完全颠倒,变成了'以利为本、以义为末;以财为本、以人为末'。正是这种颠倒的义利观使人们的道德底线基本沦丧。目前社会上弑母弑父的行为不断发生,都是没有底线的后果。失控的社会造就了失控的人,价值观沦丧的背后,'潜规则'大行其道,人人为利似乎可以勇往直前而不会畏而退却。"❸

第三,是因为当下中国家庭教育、学校教育、社会教育中对底线道德教育的忽视。当下中国社会之所以发生像药家鑫案这样一系列道德底线失守的事件,是因为当下我国公民教育中底线教育的缺失:"底线教育是公民教育的一部分,底线意识也是公民意识的一部分。底线意识的缺失直接导向整体公民素养的缺失。

---

❶ http://news.xinhuanet.com/video/2011-04/18/c_121316776.htm,2011-04-18.
❷ 肖英.生命的原则———访北京大学教授何怀宏 [N].中国青年报,1998-12-09.
❸ 夏学銮."底线失守"已成社会大问题 [N].国际先驱导报,2011-04-22.

以药家鑫案为例，他的悲剧正是在底线的滑坡上。越过一级又一级的底线，以至于最后将人撞伤后连砍数刀，生生把伤者扎死。正是由于长期底线教育的缺失，因此遇到困境时行为才会毫无底线约束，比如药家鑫，比如之前福建南平杀童案的凶手等。"❶

此外，社会上发生如此多的底线道德失守的事件，还因为学校教育（包括大学教育）中对道德教育、人格培养、价值信仰的忽视。华南师范大学的教育学专家王建军认为，"现在许多大学都只强调知识的传授，而忽视了对学生人格的培养。这一现状，并不是哪个学校的个案，而是中国大学普遍存在的一个问题。"❷与学校教育一样，面对改革开放后出生的 80 后、90 后等独生子女青少年，家庭教育对道德教育的忽视也是造成当下青少年底线道德失守悲剧的原因之一。"随着生活条件越来越好，而且都是独生子女，家长都是能力所及给孩子最好的生活条件和最好的教育，然而却缺失了对道德教育的重视，对法律、生命存有敬畏之心的教育。"❸

（三）如何解决当下中国社会底线道德缺失的问题

第一，在新的历史条件下注重和加强道德文化建设，培育具有时代精神、自尊自信、深入人心的社会主义道德风尚。在新的历史条件下，加强道德文化建设是一项复杂而艰巨的社会系统工程。具体来讲，在进行道德文化建设时我们要把依法治国和以德治国紧密结合起来，深化政治体制改革、经济体制改革、文化体制改革、司法体制改革，完善法律法规，使有道德的企业和个人受到法律的保护和社会的尊重，使违法乱纪、道德败坏者受到法律的制裁和社会的唾弃。此外，"我们要从绵延数千年的中华优秀传统文化中汲取营养，从世界优秀的文明成果中取长补短，从而培育具有时代精神、自尊自信、深入人心的社会主义道德风尚。"❹

第二，在全社会培育和践行社会主义核心价值观，同时加强底线道德教育。党的十八大提出，要在全社会积极培育和践行"富强、民主、文明、和谐、自由、平等、公正、法治、爱国、敬业、诚信、友善"的社会主义核心价值观。在进行社会主义核心价值观教育的同时，也要加强底线道德教育。"无论是学校教

---

❶ 王旭明."底线教育"事关公民素养的形成［N］.国际先驱导报，2011-04-22.
❷ 药家鑫师妹认同师兄捅人行为：我要是他也捅［N］.南方日报，2011-04-03.
❸ http://news.xinhuanet.com/comments/2011-04/06/c_121270960.htm，2011-04-06.
❹ http://news.xinhuanet.com/video/2011-04/18/c_121316776.htm，2011-04-18.

育，还是家庭教育、社会教育，都应该承担底线教育的责任。如果一个人从小就接受底线教育，长大后自然就会具备底线意识。"❶ 而加强底线道德教育的目的则在于让处在各种情况下的受教育者作出一种适时、适当并适合他自己实际情况的底线选择，即"你可以不进步，但不能退步；你可以原地踏步，但不能退步；你可以退步，但不能退到底线以下。你可以不当积极分子，但是必须当一名合格公民，这是公民教育最基本的内容。"❷

第三，营造良好的社会伦理生态环境，把大学生培养成为恪守道德底线的合格的社会公民。马克思认为，"人创造环境，同样，环境也创造人。"❸ 环境对人的性格和道德价值的培育具有重要的影响作用。所以，我们要营造出有利于社会成员道德品质形成的良好的社会伦理生态环境。社会伦理生态环境"是指通过一定道德教育和道德实践，整个社会形成的一种相互作用、相互影响、相互促进那样一种和谐共生的生态伦理关系和伦理氛围。"❹ 社会伦理生态环境对于广大青少年的道德品质的生成和发展具有非常巨大的影响作用。以大学生为代表的广大青少年，是国家的未来和民族的希望，是中国特色社会主义事业的建设者和接班人，他们的道德状态关乎国家的前途和民族的未来。所以，我们要通过营造良好的社会伦理生态环境，通过报刊、电视、网络、微博、微信等载体来加强对当代大学生和广大青少年底线道德和理想价值的教育，引导他们明辨是非、分辨荣辱，树立正确的世界观、人生观和价值观，把他们培养成为具有社会责任感和社会使命感的合格的社会公民。

---

❶ 王旭明．"底线教育"事关公民素养的形成 [M]．国际先驱导报，2011-04-22．
❷ 王旭明．"底线教育"事关公民素养的形成 [M]．国际先驱导报，2011-04-22．
❸ 马克思，恩格斯．马克思恩格斯选集（第一卷）[M]．人民出版社，1995：92．
❹ 谭培文．从底线伦理到终极价值的转换和实现——兼以社会主义核心价值认同为视角 [M]．道德与文明，2010（1）：32．

十四、论道德与幸福的关系

道德与幸福是两个不同的范畴,然而在中国传统伦理思想中二者却有着密切的联系。

(一) 福的含义及内容

在汉语中福与祸是一组对立范畴,二者是相对于对方而言的。在一般人看来,祸就是灾害、灾殃;福就是吉祥、幸福。汉代许慎《说文解字》对"福"的定义是:"福,备也。"唐代孔颖达解释说:"世人谓福,唯寿考吉祥佑助于身。"

最早论述"福"的内容的是《尚书·洪范》:"五福:一曰寿,二曰富,三曰康宁,四曰攸好德,五曰考终命。""寿"指长寿,"富"指家财富裕,"康宁"指没有疾病,"攸好德"指生性喜好道德,"考终命"指不横夭死、平安地走到生命的尽头。这五个方面的"福"是人人所欲求的。

《尚书·洪范》把"福"与"德"联系起来,把"所好者德"本身也看作一种幸福,表明了其对幸福的深刻理解。"攸好德"是人获得幸福的重要途径,一个人如果能把喜好美德作为自己的人生爱好去追求,就不会因一时的贫穷而忧愁,就能够虽处困苦之中亦能自得其乐。由此可见,《尚书·洪范》把"攸好德"作为"五福"之一,在很大程度上突破了殷商以前"天降祸福"的观念,同时开创了周初"敬德保民""以德配天"思想的先河。

(二) 周代思想家有关德福关系的论述

以周公姬旦为代表的周代开明思想家们提出了"敬德保民""以德配天"的思想。他们把德与福密切联系起来,甚至把德看作福的根源,从而使人们对祸福的理解大大前进了一步。过去人们主张"事神以致福",重点在"尊天事神",周人却是"敬德以致福",重点在"约己事人"。这样,祸福的主宰权就从上帝鬼神的手里逐渐转移到人自己的手里了。

周人不仅强调道德的自觉性，提倡"敬德""修德"，而且开创了"德""得"相同的道德精神传统，把"德"作为"得天下"的依据。周初统治者告诫后代说："无念尔祖，聿修厥德，永言配命，自求多福。"（《诗经·大雅·文王》）由此观之，周人第一次明确地把道德与幸福相联系，提出了"敬德以祈福"的思想。

周人对德福关系的另一大贡献是对殷代"福善祸淫论"的进一步发挥和改造。《尚书·汤诰》载，"天道福善祸淫，降灾于夏，以彰厥罪。"殷商统治者虚构了一个至高无上的神——上帝来主宰人事，来决定人的祸福命运。周人一方面利用"上帝""天命"的权威来吓唬殷之顽民，为周代商辩护；另一方面除了讲"受于天"之外，周人更强调"敬德"以"保民"，提出了"以德配天"和"敬德保民"的思想，认为只有这样才能"永享天命"。以美好的德行来保持天所赋予的福，是周代明智的君主对于子孙的一贯训诫。从周初直到春秋时期，这种观念在周王室和列国开明君主和士大夫的头脑中都占据着主导地位。

《国语·周语上》有一则"内史过论神"的故事。相传，周惠王十五年，有神灵下降于莘。对此，周大夫内史过发表了看法。他认为，神灵下降，不是为了给忠善者赐福，就是为了给邪恶者降祸。在他看来，国君中正无邪，精诚廉洁，仁爱谦和，其德政就可以昭明远方，神灵就会自天而降，观察其德政并赐给幸福。如果国君贪婪暴虐，邪僻不正，荒怠政事，神灵就会降下灾殃。

（三）春秋时期思想家论德福关系

"以德定福"的观念在春秋时期也颇为盛行，《左传·闵公二年》载："无德而禄，殃也。"《左传·哀公二十三年》载："福祸无门，为人所召。"《左传·哀公二十八年》载："善人富谓之赏，淫人富谓之殃。"《国语·晋语》载："唯厚德者能受多福，无德而服者众，必自伤"，又载："夫德，福之基也"。《易经·文言》载："积善之家，必有余庆。积不善之家，必有余殃。"春秋时期思想家们的这些言论很明显地把祸福归于人的行为，而不再认为是由鬼神所决定的。在他们看来，福因德而至，而唯德能保；祸因恶而来，因善而去。由此可见，春秋时期的思想家们看到了祸福与人的道德行为之间的必然性联系，实际上就把获得祸福的权利交还给了人自身。人们只有为正、修德、做善事，才可获得福报。

(四) 孔孟对德福关系的看法

先秦儒家的创始人孔子在"以德祈福论"和"命定祸福论"之间摇摆不定，他一方面强调人应该通过完善道德去争取幸福，强调"天生德于予""为仁由己"；另一方面，由于受春秋时期天命观的影响，他最终又倒向了命定论，承认命运对人生际遇起决定作用。他强调"畏天命""知天命"，即是此理。

德福关系在孟子那里获得了新的发展。孟子在孔子德福思想的基础上赋予了"德"以新的内容，他说，"君子有三乐……父母俱存，兄弟无故，一乐也；仰不愧于天，俯不怍于人，二乐也；得天下英才而教育之，三乐也。"在孟子看来，君子的幸福观包括履行自己的家庭义务，事亲从兄，以及自己的道德充实和完善，还包括为人师的特有幸福。因此，孟子在坚持"德行为福"的前提下扩展了福的具体内涵。

孟子提倡通过内求和修德来获得幸福，他在探求获得幸福的途径时提倡返回到人自身。具体说，也就是通过存心养性，扩充人的善端，摒除外物的诱惑来获得和享有幸福。"祸福无不自己求之者""尊德乐义""存其心，养其性……修身以俟之，所以立命也。"(《孟子·尽心上》)通过上面这些论述我们可以看出，孟子主张道德至上，主张个体通过修身、"养浩然之气"来获得幸福。

然而，我们亦可以发现，孟子在德福关系上实际上坚持的是一种德福不一致的观点。他坚持德福二分，认为道德至善、人不能为了幸福放弃道德。他认为，仁人志士不能一味去追求个人幸福，而应该为了实现自己的道德理想去牺牲个人的幸福和生命，这就是他所提倡的"舍身取义"的主张。孟子还提出"富贵不能淫，贫贱不能移，威武不能屈"的思想，提倡仁人志士应该把道德放在第一位，把个人的幸福放在次要的地位。因此，在孟子这里，由于他过于强调道德和心性的修养，从而使得他把从孔子那里继承来的"以德祈福论"最终变成了"德福不一致论"。当然，这是在道德和幸福不一致的情况下所采取的做法。当道德和幸福一致时，孟子还是强调"以德定福"。

(五) 为什么道德可以导致幸福？

第一，道德高尚的人不作恶，多为善，上无愧于天地，下无愧于自己的良心，因而心情舒畅。而良好的心情是有助于一个人的学习、工作和生活的——它可以促使人更加充满活力地去面对生活。另外，人的心情好，自然食欲也就大增，睡觉也安稳，而良好的饮食和充足、高质量的睡眠有助于人的身体健康。所谓"仁者寿""德者福"就是这个道理。

第二，道德高尚的人由于经常帮助别人，所以有一个良好的人际关系。当他遇到困难时，那些曾得到他帮助的人自然会伸出援助之手，这样，他便可以化险为夷、顺利地渡过难关。而一个时时处处都能得到别人帮助的人，自然事业和生活会更加地顺利，他也就获得了更多的幸福。

第三，古代中国是一个"德治社会"，中华民族是一个"礼仪之邦"。建立在血缘亲情和宗法等级制基础之上的中国传统社会，是靠道德、礼仪来维护等级次序、社会稳定的。因而，从周代开始，统治者和思想家们就提倡"以德治国"，提倡通过道德教化来规训普通百姓。他们只有把道德与幸福挂钩才有说服力，才能促使普通百姓去提高自己的道德修养。

第四，道德和幸福也有不一致的时候。在现实中，有些人作恶多端仍然活得很好，而那些经常为善之人却生活贫困，有的甚至短命。像颜回这样的道德楷模却是早年丧命。在这种情况下，"因果报应"的思想成了中国人解释"道德和幸福不一致"的良方。普通的中国老百姓认为，"恶有恶报，善有善报；不是不报，时候未到"。在他们看来，坏人终究是会遭报应的，好人也终会获得好的结果，只不过是时机未到罢了。一个为善的人，即使自己享受不到幸福，自己的子孙也会享受到。一个作恶的人，即使自己活得很好，自己的后代也会遭殃。所以，我们不必为一时的贫困、不幸而烦恼，只要我们一心向善，修德为正，多做善事，我们及自己的子孙后代终能享有幸福。

（六）德福关系在现代社会的价值和意义

在当今社会，我们重新提倡"德福一致论"有着重大的现实意义。

首先，提倡"德福一致论"，有助于人们在追求物质利益的同时进一步提高自己的精神生活，扩展个人幸福的内涵。在市场经济浪潮的推动下，处于现代都市的普通大众在金钱拜物教、利益至上的诱导下，已经开始逐渐地迷失自我，其精神生活是如此的贫乏，以至于人都快失去了"人之为人"的本性。我们只有重新完善自己的道德修养，按照"格物、致知、诚意、正心、修身、齐家、治国、平天下"的路数去提高自己的心性修养，才能摆脱人的"异化"和"物化"，最终走向人的全面发展，最终实现个人真正的幸福。

其次，提倡"德福一致论"有助于德治和法治的协调发展，有助于群体幸福的维护。在现代社会，职业道德、家庭道德、公共道德已经变得非常重要。我们在进行法治建设的同时，只有进一步提倡德治，提倡公民道德建设，才能创造一个和谐、美好的社会，才能实现社会的全面发展，才能促使群体幸福的实现。

最后，虽然道德不是必然导致幸福，但是，只要我们坚持自身道德的完善，坚持社会公德的完善，我们必将迎来一个美好的人生与和谐的社会，我们的幸福必然会获得进一步的提升。

十五、中国精神的当代内涵与历史发展

国家主席习近平在第十二届全国人民代表大会第一次会议上指出,"实现中国梦必须弘扬中国精神。这就是以爱国主义为核心的民族精神,以改革创新为核心的时代精神。这种精神是凝心聚力的兴国之魂、强国之魂。"[1]中国精神与社会主义核心价值体系、社会主义核心价值观是辩证统一的关系。它们"既统一于全面建设小康社会的宏伟目标,又统一于建设中国特色社会主义的伟大实践中"[2]。在全面建设小康社会、实现中华民族伟大复兴"中国梦"的历史进程中,我们既要努力建设社会主义核心价值体系、培育和践行社会主义核心价值观,又要大力弘扬中国精神。

(一)中国精神的当代内涵与历史发展

精神是与物质相对而言的概念,是指人的意识、思维活动和一般心理状态。哲学意义上的精神是指人类的一切精神现象,包括思维、意志、情感等有意识的方面,以及人的一般心理活动等无意识的方面。[3]中国精神是指中国人所具有的意识、思想观念、心理状态和情绪意志等,它既可指作为个体的中国人的精神状态,也可以指作为群体的中国人的精神面貌。中国精神是中国人民团结一心的精神纽带,是中华民族自强不息的精神动力。

1. 中国精神内涵的历史发展

历史上,与中国精神相关的概念主要有中华民族精神、中国文化精神、中国哲学精神、中华民族共有精神家园等。中国精神与这几个概念之间既有区别,又有联系。

---

[1] 习近平. 在第十二届全国人民代表大会第一次会议上的讲话[N]. 人民日报, 2013-03-18.
[2] 鲍振东. 坚持社会主义核心价值观与传承中国精神[J]. 文化学刊, 2010 (5): 9.
[3] 冯契. 哲学大辞典:分类修订本[M]. 上海:上海辞书出版社, 2007: 35.

第一，中国精神与中华民族精神。中华民族精神是中华民族在长期的历史发展进程中形成的具有中华文化特性的民族心理、民族意识、精神风貌和价值取向的总和，是中华民族发展进步的精神动力。按照历史发展脉络，中华民族精神分为三个时期：古典时期的中华民族精神，近代中华民族精神和当代中华民族精神。古典中华民族精神"反映的是自然经济、宗法社会条件下道德至上、贵和尚中、求稳求安的守成精神"，近代中华民族精神"体现的是内忧外患挤压之下反抗侵略、救亡图存、争取民族独立的狂飙突进式的革命精神"，当代中华民族精神"主要表现为经济全球化、改革开放背景下的解放思想、与时俱进的建设现代化国家的开拓创新精神。"[1]

第二，中国精神与中国文化精神。中国文化精神是指中国文化特有的精神品质，是中国文化不断发展的思想基础和内在动力。中国文化精神主要包括四个方面：一是天人合一，即肯定人与自然的统一。《老子》的"人法地，地法天，天法道，道法自然"，《周易》的"与天地合其德，与日月合其明，与四时合其序"等都包含了丰富的"天人合一"思想。二是以人为本，即肯定"人是社会生活之本"。孔子的"仁者，爱人"思想，孟子"民贵君轻"思想，管子的"霸王之所始也，以人为本"的思想等都是中国文化中以人为本精神的生动体现。三是刚健自强，即《周易·乾卦·象传》所言"天行健，君子以自强不息"。四是以和为贵，即以"和"为中国文化的最高价值。孔子所说的"君子和而不同，小人同而不和"，孟子所讲的"天时不如地利，地利不如人和"，史伯所言"夫和实生物，同则不继"，这些以和为贵的思想在历史上曾经起了促进民族团结与加强民族凝聚的积极作用。以上这些"都是中国古代哲学中的精湛思想，亦即中国文化基本精神之所在。"[2]

第三，中国精神与中国哲学精神。哲学是时代精神的精华。中国哲学精神是"中华民族的灵魂和精神支柱"，是"推动中国社会发展的精神动力"。[3] 中国哲学精神含义丰富，内容多样。有的学者把中国哲学精神归纳为五个方面："刚健有为，自强不息；经世致用，实事求是；阴阳互补，辩证思维；民贵君轻，以人为本；大同理想，止于至善。"[4] 有的学者把中国哲学精神提炼为五种：忧患精

---

[1] 李宗桂. 中华文化精神和中华民族精神的若干问题 [J]. 社会科学战线，2006（1）：250-251.
[2] 张岱年. 中国文化的基本精神 [J]. 齐鲁学刊，2003（5）：8.
[3] 许全兴. 马克思主义哲学的自我革命 [M]. 北京：中国社会科学出版社，2009：161.
[4] 许全兴. 马克思主义哲学的自我革命 [M]. 北京：中国社会科学出版社，2009：161.

神、乐道精神、和合精神、人本精神、笃行精神。❶ 有的学者把中国哲学精神总结为六种：自强不息；实事求是；辩证思维；以人为本；内在超越；"海纳百川，有容乃大"。❷

第四，中国精神与中华民族共有精神家园。精神家园是"一个人在文化认同基础上产生的精神寄托和心灵归宿"，是"人们精神安顿和心灵休息的地方"❸。它主要包括两个层面：一是个人的精神家园，即个人安身立命的精神支撑；二是群体的精神家园，即一个集体、一个民族、一个国家的精神家园。中华民族共有精神家园是中华儿女在长期奋斗和实践过程中形成的心理、情感、精神的统一，是"整个中华民族都可以心灵安顿的精神家园"❹，其核心是共同的理想信念和核心价值观。党的十七大报告指出："弘扬中华文化，建设中华民族共有精神家园。"弘扬中华文化可以彰显中华文化的魅力、增强民族认同感与凝聚力，为共有精神家园的建设提供坚实的思想文化基础；建设中华民族共有精神家园则可以促进中华文化的发展，为实现中华民族的伟大复兴提供强大的精神动力。

中国精神与中华民族精神、中国文化精神、中国哲学精神、中华民族共有精神家园之间是辩证统一的关系。一方面，中国精神与中华民族精神、中国文化精神、中国哲学精神、中华民族共有精神家园之间具有相同点，它们在本质上是同一的。这是因为哲学是文化的核心、时代精神的精华、民族精神的结晶，所以，"中国哲学精神与中国文化精神、中华民族精神等说法虽然有差别，但本质是同一的。"❺ 另一方面，中国精神与中华民族精神、中国文化精神、中国哲学精神、中华民族共有精神家园之间的侧重点又不一样：中国精神表述的是国家精神，中华民族精神表述的是民族精神，中国文化精神表述的是文化精神，中国哲学精神表述的是哲学精神，中华民族共有精神家园表述的是精神安顿之所。

2. 中国精神的当代内涵、主要内容和重要作用

中国精神不仅是中华文明的核心，而且是中华民族在悠久的历史中积淀和形成的民族精神与时代精神的结合。它包括传统中国精神、近代中国精神和当代中国精神。传统中国精神的基本内涵包括自强不息、厚德载物、居安思危、实事求是、天人合一、崇德尚义等内容；近代中国精神是以革命英雄主义为特征、以争

---

❶ 张立文. 中国哲学史新编 [M]. 北京：中国人民大学出版社，2007：18 - 19.
❷ 宋志明. 中国古代哲学研究 [M]. 北京：中国人民大学出版社，1998：2 - 24.
❸ 李宗桂. 国学与中华民族精神家园 [J]. 中山大学学报（社会科学版），2009 (3)：139.
❹ 李宗桂. 国学与中华民族精神家园 [J]. 中山大学学报（社会科学版），2009 (3)：145.
❺ 许全兴. 马克思主义哲学的自我革命 [M]. 北京：中国社会科学出版社，2009：158 - 159.

取民族独立与国家富强为目标的革命精神；当代中国精神是在中国共产党领导下，中国人民开创的以爱国主义为核心的团结一致、爱好和平、勤劳勇敢、自强不息的民族精神和以改革创新为核心的求真务实、与时俱进、科学发展、社会和谐的时代精神的统一。易言之，当代中国精神是中华民族精神与中国时代精神的统一，是以中国化的马克思主义即毛泽东思想和中国特色社会主义理论为指导、以社会主义核心价值体系和核心价值观为灵魂，从各种具体的精神中提炼出来的具有共性的新时代中国精神。

当代中国精神的内容主要包括三个方面：一是新民主主义革命时期形成的敢于牺牲、勇于斗争的共产主义精神和革命精神。在新民主主义革命时期，我们党团结和带领全国各族人民完成了民族独立和人民解放的历史任务。在这一历史时期，中国人民形成了诸如井冈山精神、长征精神、延安精神、太行精神、西柏坡精神、沂蒙精神等中国精神。二是社会主义建设时期形成的艰苦奋斗、乐于奉献的主人翁精神。新中国成立后，我们党创造性地完成了由新民主主义到社会主义的过渡，实现了中国历史上最伟大最深刻的社会变革，开始了在社会主义道路上实现中华民族伟大复兴的历史征程。在这一历史时期，中国人民形成了诸如抗美援朝精神、愚公移山精神、雷锋精神、焦裕禄精神、大庆精神、北大荒精神、红旗渠精神、等中国精神。三是改革开放以来形成的改革创新、与时俱进的科学发展精神。十一届三中全会以来，我们党开始实行改革开放的伟大决策，找到了建设中国特色社会主义的正确道路。在这一历史时期，中国人民形成了诸如改革精神、创业精神、深圳精神、载人航天精神、抗震救灾精神、奥运精神等中国精神。

当下弘扬中国精神具有非常重要的意义。按照马克思主义唯物辩证法的观点，物质决定精神，社会存在决定社会意识；精神和社会意识又具有相对的独立性和能动性，对物质和社会存在具有巨大的反作用。而且，在一定条件下，精神的力量可以转化为物质的力量。中国精神具有巨大的反作用，可以为全面建成小康社会、实现中华民族伟大复兴的"中国梦"提供精神动力。毛泽东同志说："物质可以变成精神，精神可以变成物质"❶。邓小平同志指出："在长期的革命战争中，我们发扬革命和拼命精神，严守纪律和自我牺牲精神，大公无私和先人后己精神，压倒一切敌人、压倒一切困难的精神，坚持革命乐观主义、排除万难去争取胜利的精神，取得了伟大的胜利。搞社会主义建设，实现四个现代化，同

---

❶ 毛泽东. 著作选读（下册）[M]. 北京：人民出版社，1986：840.

样要发扬这些精神。"❶江泽民同志指出:"一个民族,一个国家,如果没有自己的精神支柱,就等于没有灵魂,就会失去凝聚力和生命力。"❷ 胡锦涛同志指出:"一个国家要发展,一个民族要自立于世界民族之林,不仅要通过发愤图强积累强大的物质基础,而且要通过艰苦奋斗形成强大的精神力量。"❸ 习近平同志进一步指出,"实现中国梦必须弘扬中国精神。"❹ 实践证明,无论是在新民主主义革命时期,还是在社会主义建设和改革开放时期,当代中国精神都是中华民族和中国人民极为宝贵的精神财富,都是中国各族人民自强不息、团结奋斗的精神纽带,都是推动科学发展、促进社会和谐、振兴中华民族的强大精神动力。

(二) 中国精神与地方精神、城市精神

当前,全国各地都在培育和践行社会主义核心价值观,提炼地方精神和城市精神。北京、上海、天津、广东、浙江等直辖市和省份都已经公布了自己的地方精神表述语,深圳、杭州、南昌等城市都已经发布了自己的城市精神表述语。目前,全国有代表性的地方(城市)精神主要有:

第一,北京精神。北京精神是北京人民在长期发展建设实践过程中所形成的精神财富的概括和总结,是反映首都人民精神面貌、代表首都城市形象、引领首都科学发展的强大精神力量,体现了社会主义核心价值体系的要求,体现了首都群众的精神文化追求。北京精神的表述语是"爱国、创新、包容、厚德",爱国是北京精神的核心,创新是北京精神的精髓,包容是北京精神的特征,厚德是北京精神的品质。

第二,浙江精神。浙江精神是浙江人民在改革开放伟大实践中形成的具有时代特征、区域特色的人文精神,是以爱国主义为核心的民族精神和以改革创新为核心的时代精神在浙江的生动体现,是推动浙江发展的强大精神动力❺。习近平同志曾撰文对浙江精神进行了概括:"在新的历史起点上,我们要坚持和发展'自强不息、坚忍不拔、勇于创新、讲求实效'的浙江精神,与时俱进地培育和弘扬'求真务实,诚信和谐,开放图强'的精神。"❻

---

❶ 邓小平. 文选(第二卷)[M]. 北京:人民出版社,1994:367-368.
❷ 江泽民. 文选(第二卷)[M]:北京:人民出版社,2006:229-231.
❸ 胡锦涛. 在抗震救灾先进基层党组织和优秀共产党员代表座谈会上的讲话[EB/OL]. [2008-06-30]. http://news.xinhuanet.com/content_8468500.html.
❹ 习近平. 在第十二届全国人民代表大会第一次会议上的讲话[N]. 人民日报,2013-03-18.
❺ 陈一新. 浙江现象·浙江模式·浙江经验·浙江精神[J]. 三江论坛,2009(3):7.
❻ 习近平. 与时俱进的浙江精神[J]. 哲学研究,2006(4):6.

第三，上海城市精神。城市精神是城市的历史文化与形态格局，市民的价值观念与道德素养、社会的风尚与精神风貌的集中体现，是城市文化的核心。上海城市精神是对长期以来上海市民在各项建设中表现出的精神面貌与处事行为的概括总结，上海城市精神的表述语是"海纳百川、追求卓越、开明睿智、大气谦和"。

上述地方精神与城市精神的提出，为中国精神的弘扬提供了有益的借鉴。运用马克思主义哲学"共性与个性关系"原理来分析地方精神、城市精神提炼，可以发现中国精神与地方（城市）精神之间是共性与个性的关系。马克思主义唯物辩证法认为，共性与个性是一切事物所固有的本性，共性指不同事物所共有的普遍性质，个性指某一事物区别于其他事物的特殊性质。共性揭示了同类事物之间的统一性，使事物之间相互联系；个性揭示了事物之间的差异性，使事物之间相互区别。共性寓于个性之中，个性体现和丰富着共性，二者在一定条件下可以相互转化。地方（城市）精神这些不同的"个性"之中必然包含着"共性"，这些共性就是不同的地方精神所反映出的"共性精神"，我们把它称之为中国精神。所以，弘扬中国精神，需要把握各地方（城市）精神之间的共性，从北京精神、上海精神等地方城市精神中提炼和概括出中国精神的一些基本特质，例如爱国团结、包容宽厚、诚信求实、自强坚忍、和谐创新等，这些基本特质为丰富中国精神的内涵提供了有益的参考。

（三）弘扬中国精神需要把握的五大原则

第一，弘扬中国精神，必须以马克思主义中国化的最新成果为指导，必须与社会主义核心价值体系和核心价值观相符合。中国精神与社会主义核心价值体系、核心价值观之间有着密切的联系。中国精神是中国人内在的精神财富和共同的精神特质，是社会主义核心价值体系和核心价值观的生动体现。社会主义核心价值体系内在地蕴含着以爱国主义为核心的民族精神和以改革创新为核心的时代精神为主要内涵的中国精神，是弘扬中国精神的思想基础和价值指导。中国精神是社会主义核心价值体系和核心价值观的内在要求，弘扬中国精神离不开社会主义核心价值体系和核心价值观的指导，建设社会主义核心价值体系、培育和弘扬社会主义核心价值观有赖于中国精神的支撑。

第二，弘扬中国精神，必须立足于中华民族精神和中国优秀文化传统，在继承传统的基础上开拓创新，建设中华民族共有精神家园。中国人民用自己的勤劳和智慧谱写了辉煌灿烂的中华文明史，创造了优秀的中华文化传统，形成了历久弥新的中华民族精神。中华民族精神是中华民族在长期的历史发展进程中形成的具有中华文化特性的民族心理、民族意识、精神风貌和价值取向的总和，是中华民族发展进步的精神动力，是弘扬中国精神、建设中华民族共有精神家园的思想基础。

第三，弘扬中国精神，必须与中国的时代精神相符合。时代精神是指"体现于社会精神生活各个领域的一定历史时代的客观本质及其发展趋势。它集中体现于社会意识形态中的那些代表时代发展潮流，标志一个时代精神文明，对社会生产的发展产生积极影响的思想。"❶ 它具有时代的、历史的特征，随着时代的推移而不断变化发展。在当今时代，中国化的马克思主义即毛泽东思想和中国特色社会主义理论体系是时代精神的真正代表，马克思主义哲学则是当今时代精神的精华。中国精神的弘扬，必须与中国的时代精神即中国化、时代化、大众化的马克思主义相符合。

第四，弘扬中国精神，必须展现出中国人民普遍的价值追求和精神信仰，必须反映出中国人民的共同理想。中国人民的精神信仰是中国化、时代化、大众化的马克思主义和共产主义理想；中国人民的价值取向是社会主义核心价值观；中国人民的共同理想是中国特色社会主义。中国精神的弘扬，必须与中国人民的精神信仰、价值追求、共同理想相符合相一致。

第五，弘扬中国精神，必须坚持科学的方法论。既要面向中国特色社会主义实践，又要遵循精神发展与精神文明建设的规律；既要体现社会主义的本质，又要反映中国优秀的文化传统；既要体现传统与现代的结合，又要体现民族性与世界性的统一；既要反映全体中国人民的共同心声，又要浓缩整个社会主义社会的精神信念。一言以蔽之，弘扬中国精神需要把握好历史与现实、继承与发展、国内与国外的关系。

综上，中国精神是民族精神与时代精神的统一，是科学精神与人文精神的统一，是各地方精神和城市精神共性的体现，是建设中国特色社会主义、全面建成小康社会、实现中华民族伟大复兴"中国梦"的强大精神动力。弘扬中国精神，需要在社会主义核心价值体系和核心价值观的指导下，在继承前人积淀的民族精神与优秀文化传统的基础上，结合中国当下的实际，与时俱进，开拓创新；同时，又要保持开放与包容的心态，吸收其他民族与国家的精神文明中的优秀成果，在中外文化交流中丰富和发展中国精神的当代内涵。

---

❶ 冯契. 哲学大辞典：分类修订本［M］. 上海：上海辞书出版社，2007：137.

十六、古典艺术追求静穆还是美？

——温克尔曼和莱辛有关"拉奥孔"的争论

在古希腊雕塑中，群雕"拉奥孔"无疑是一件伟大的艺术作品，而由它所引发的争论更是绵延了几个世纪。温克尔曼和莱辛在各自的著作（《论古代艺术》和《拉奥孔》）中对这一作品发表了各自的见解，并且针对"拉奥孔的激烈痛苦在诗中尽情表现出来，而在雕刻里却大大冲淡了"这个问题进行了争论。通过仔细阅读莱辛的《拉奥孔》一书及温克尔曼《论古代艺术》中"关于绘画和雕刻中模仿希腊作品的一些意见"一文，以及参阅其他西方美术史关于"拉奥孔"的论述，笔者对这一问题进行了重新思考，得出了新的见解。

（一）拉奥孔故事的由来

据希腊传说，拉奥孔（Laocoon）是特洛伊（Troy）日神庙的祭司。特洛伊国王普里阿摩斯（Priamus）的小儿子帕里斯（Paris）访问希腊，带着希腊著名的美女海伦（Helen）王后私奔回国。希腊人组成远征军，由阿伽门农（Agamennon）率领去攻打特洛伊，打了九年未攻下该城。第十年，希腊联军的一位将领奥德休斯（Odysseus）献计，把一批精兵埋伏在一匹大木马的腹内，放在特洛伊的门外。特洛伊人好奇，把木马移到城内，夜间希腊伏兵从木马中跳出，打开城门，于是希腊士兵一拥而入，攻下了特洛伊。

在特洛伊人把木马移入城内之前，祭司拉奥孔曾极力劝阻，并用长矛穿刺木马的腹部，结果触怒了偏爱希腊的海神波塞东（Poseidon），海神于是派遣两条大蛇把拉奥孔和他的两个儿子一起绞死。这就是拉奥孔故事的由来。

历史上最早对拉奥孔事件进行详细记载的是古罗马诗人维吉尔，他在其著名的史诗《埃涅阿斯纪》曾这样描写道：

这时，一件对可怜的特洛亚人说来是更可怕得多的事情发生了，我们思想毫无准备，因此非常惊惶。拉奥孔不久前经过抽签当选为海神涅普图努斯的祭司，他正在神坛前屠宰一头大公牛，忽然从泰涅多斯岛的方向，沿着平静的海面——我现在提起这件事都觉得毛骨悚然——匍匐着一对巨大无比的水蛇，并排向海岸游来。在水波之间它们昂起胸膛，它们血红的冠露出海面；蛇体的其余部分拖在后面，在水里游动，大幅度蜿蜒前进，冲破海沫，发出洪亮的声音，很快它们就游到了岸上，眼睛里充满了炽热的火和血，舌头在抖动，不住地舐嘴，发出嘶叫声。

我们面无血色，四散奔逃。两条蛇就直奔拉奥孔而去；先是两条蛇每条缠绕住拉奥孔的一个儿子，咬他们可怜的肢体，把他们吞吃掉；然后这两条蛇把拉奥孔捉住，这时拉奥孔正拿着长矛来救两个儿子，蛇用它们巨大的身躯把他缠住，拦腰缠了两遭，它们的披着鳞甲的脊梁在拉奥孔的颈上也绕了两圈，它们的头高高昂起。这时，拉奥孔挣扎着想用手解开蛇打的结，他头上的彩带沾满了血污和黑色的蛇毒，同时他那可怕的呼叫声直冲云霄，就像一头神坛前的牛没有被斧子砍中，它把斧子从头上甩掉，逃跑时发出的吼声。

这两条蛇这时开始退却，向城堡高处可怕的雅典娜神庙溜走，躲进女神脚下的圆盾牌下面去了。这景象使已经怕得发抖的众人更加感到胆战心惊，人们说拉奥孔用枪刺投掷这神圣的木马，用罪恶的长矛去扎穿马背，他为这罪行付出了代价，咎由自取。人们高喊道，快把这匹马拉到神座去，向女神的神灵祷告去。❶

然而，由于拉奥孔的故事在希腊各地和希腊之外广为流传，所以反映这一题材的作品除了维吉尔的史诗，还有许多其他艺术作品，群雕拉奥孔就是一件最为重要的艺术作品。据考证它是由希腊罗德岛上三位雕刻家——阿格桑德罗斯、波利多罗斯和阿塔多罗斯一起创作的。在群雕中，拉奥孔没有像在维吉尔的史诗中那样痛苦地哀号，而是静静地叹息。那么，为什么在不同的艺术作品中，拉奥孔的表情会大相径庭呢？关于这个问题，温克尔曼和莱辛展开了激烈的争论。

（二）温克尔曼对拉奥孔的论述

德国启蒙运动时期卓越的艺术史家和文艺理论家温克尔曼（Winckelmann，1717—1768年）在《论古代艺术》的"关于在绘画和雕刻中模仿希腊作品的一些意见"一文中以拉奥孔雕像群为例，说明希腊艺术具有一个普遍的和主要的特征："高贵的单纯和静穆的伟大"。他说，"最后，希腊杰作有一种普遍的和主要的特点，这就是高贵的单纯和静穆的伟大。正如海水表面波涛汹涌，但深处总是

---

❶ ［古罗马］维吉尔. 埃涅阿斯纪［M］. 杨周翰，译. 北京：人民文学出版社，1984：22-23.

静止一样,希腊艺术家所塑造的形象,在一切剧烈情感中都表现出一种伟大和平静的心灵。"❶

温克尔曼认为,要表现一颗伟大的静穆的心灵,就不能表现剧烈的动作;要表现拉奥孔在极度的痛苦中挣扎时以精神力量控制住他的肉体痛苦,就不能像罗马诗人维吉尔描写的那样嚎啕痛哭,而只能以单纯的形式来表现他在精神克制的那一瞬间的平静,以此来显示其精神的伟大。因此,他论述说,"这种心灵就显现在拉奥孔的面部,并且不仅显现在面部,虽然他处于极端的痛苦之中……但这种痛苦——我要说,并未使拉奥孔的面孔和全身显示激烈的动乱……他没有可怕地号泣。他嘴部的形态不允许他这样做。这里更多的是惊惧和微弱的叹息……身体感受到的痛苦和心灵的伟大以同等的力量分布在雕像的全部结构,似乎是经过平衡了似的。"❷

温克尔曼还认为,表现一个伟大的心灵比单纯描绘优美的自然更为重要。他说,"倘若艺术家按照拉奥孔的祭司身份给雕塑像加上衣服,那么他的痛苦就不会表现得那么明显。"❸ 而所有不具备这一智慧特征而带有过分狂激和动乱特点的雕塑作品,便陷入了"巴伦提尔西斯"——即过度夸张,狂烈激奋。温克尔曼认为,"身体状态越是平静,便越能表现心灵的真实特征……在强烈激动的瞬间,心灵就更鲜明和富于特征地表现出来;但心灵处于和谐与宁静的状态才显示伟大与高尚。在拉奥孔像上面,如果只表现出痛苦,那就是'巴伦提尔西斯'了。"❹ 因此,艺术为了把富于特征的瞬间和心灵的高尚融为一体,便表现拉奥孔在这种痛苦中最接近平静的状态。

(三) 莱辛对温克尔曼的反驳

针对温克尔曼的观点,莱辛进行了批驳,为此他特意写成了《拉奥孔》一书。在该书中,莱辛通过谈论诗与画的界限来批驳温克尔曼在《古代艺术史》中的观点,对"群雕拉奥孔没有表现痛苦的哀号"这一问题提出了自己独到的见解。

莱辛的《拉奥孔》一书的副标题是"论画与诗的界限,兼论《古代艺术史》的若干观点"。由此可见,他写作此书主要是针对温克尔曼《论古代艺术》中的

---

❶ [德] 温克尔曼. 古代艺术史 [M]. 邵大箴, 译. 北京:中国人民大学出版社, 1989:41.
❷ [德] 温克尔曼. 古代艺术史 [M]. 邵大箴, 译. 北京:中国人民大学出版社, 1989:41.
❸ [德] 温克尔曼. 古代艺术史 [M]. 邵大箴, 译. 北京:中国人民大学出版社, 1989:42.
❹ [德] 温克尔曼. 古代艺术史 [M]. 邵大箴, 译. 北京:中国人民大学出版社, 1989:42.

观点提出异议。莱辛在《拉奥孔》一书的扉页上引用了公元一世纪希腊历史学家普鲁塔克（Plutarch）的一句话"它们（指画与诗）在题材和模仿方式上都有区别。"从这句引文中我们可以看出，莱辛的《拉奥孔》一书主要是论述诗与画的界限。

1. 对"诗画一致说"的批判

莱辛在《拉奥孔》一书前言的一开始先列举了三种人——艺术爱好者、哲学家、艺术批评家——有关画和诗的看法。接着，他便指出提倡"诗画一致说"的人有"希腊的伏尔太"之称的希腊抒情诗人西摩尼德斯（Simonnides，公元前556—前469年）的错误："希腊的伏尔太有一句很漂亮的对比语，说画是一种无声的诗，而诗则是一种有声的画。这句话并不见于哪一本教科书里。它是一种突如其来的奇想，像西摩尼德斯所说过的许多话那样，其中所含的真实的道理是那样明显，以至容易使人忽视其中所含的不明确和错误的东西。"❶

然后，他又指出，最近的艺术批评家们从"诗与画的一致性"出发引出的最粗俗的结论和虚伪的批评把艺术专家们引入了迷途："它（即这些结论和批评）在诗里导致追求描绘的狂热，在画里导致追求寓意的狂热"。❷ 莱辛认为，人们把诗变成一种有声的画，却对于"诗能画些什么和应该画些什么"没有正确的认识；同时又想把画变成一种无声的诗，而不考虑画在多大程度上能表现一般性的概念而不至于离开画本身的任务，变成一种随意任性的书写方式。而他的这部著作《拉奥孔》就在于"反对这种错误和这些没有根据的论断"。所以，莱辛的《拉奥孔》虽以"拉奥孔"命名并且书中也有五到六章讨论有关"拉奥孔"的问题，但是全书的重心却是对西方历代美学家和文艺批评家的"诗画一致说""诗画同源论"的批判。关于诗与画的关系在西方是一个老问题。希腊诗人西摩尼德斯所说的"画是一种无声的诗，诗是一种有声的画"，为"诗画一致说"奠定了基础。接着，拉丁诗人贺拉斯（Horace，公元前65—公元8年）在《诗艺》中提出"画如此，诗亦然"，成为后来文艺理论家们的一句口头禅。在十七、十八世纪的新古典主义的影响下，"诗画一致说"几乎变成了一种天经地义。莱辛在《拉奥孔》一书中着重批判了英国的斯彭司和法国的克洛斯伯爵宣扬的"诗画一致说"。

莱辛用四章（即第七、八、九、十章）内容来批驳英国牛津大学教授斯彭

---

❶ ［德］莱辛. 拉奥孔［M］. 朱光潜，译. 北京：人民文学出版社，1979：3.
❷ ［德］莱辛. 拉奥孔［M］. 朱光潜，译. 北京：人民文学出版社，1979：3.

司（Joseph Spence，1699—1768年）的"诗画一致说"。斯彭司写作《泡里麦提斯》（Polymetis）的主要目的在于"用古代艺术作品去解释罗马诗人的作品，同时又用罗马诗人的作品来解决过去关于古代艺术作品的一些没有弄清楚的问题"。❶ 莱辛认为，斯彭司对于诗画互相类似的看法——认为诗人总是要向艺术家看齐，艺术家要向诗人看齐——是最离奇的。莱辛针对"造型艺术不让酒神戴角以及不表现女爱神的盛怒"等事例提出了自己的见解，他认为，"诗比画有较大的范围，可以表现个性特征、表现丑及反面的东西，可以把反面与正面的特点结合起来；而画则宜于写一般的、美的和正确的东西，不能描写丑的、反面的东西，且不能把它们与美的、正面的东西结合。斯彭司的另两个奇怪的论调是"诗人们对文艺女神们的描绘极稀少，是因为诗人们和文艺女神本来有特别的关系"和"罗马诗人关于最好的道德方面的神所说的话少得出人意外，艺术家们在这方面却较丰富"。莱辛针对斯彭司的这两个论断进行了进一步批驳，认为诗与画应有区别，即造型艺术（包括画）由于不用语言，须用一些符号标志、象征符号，使人们可以认出所描绘的对象究竟是什么；诗用语言，不用这些"哑巴符号"，直接把对象的名称说出。但诗也有"诗的标志"，诗的标志代表事物本身，如战神阿瑞斯（Ares）手里的矛。这种诗的标志不同于"寓意性的标志"，因为寓意性的标志只能代表某种类似这事物的事物，如"节制者"手里的缰绳。

批驳完斯彭司之后，莱辛又用四章（第十一、十二、十三、十四章）来批驳克洛斯伯爵的"诗画一致说"。法国文艺批评家克洛斯伯爵（Count Caylus，1692—1765年）认为，"诗对画家的用途应该看作评判诗人的试金石"，因而他把艺术家的颜料盘当作评判诗人的试金石。为了证明这一点，克洛斯说，"一篇诗所提供的意象和动作愈多，它的价值也就愈高。……诗所提供的各种画面的统计，可以作为衡量一些诗和一些诗人价值高低的根据。伟大作品中的画面的数目和种类的多寡，应该是衡量这些诗篇的价值以及它们的作者才能的试金石或精确的天平。"❷ 克洛斯还认为，诗人地位的高低就要看它们向艺术提供的话题多少来决定。

通过对克洛斯伯爵的批判，莱辛得出三点结论：一是诗和画在表达方式上有区别。诗善于构思，造型艺术（包括画）善于表达，因而造型艺术家宁愿选择人所熟知的旧题材，如亚里士多德劝普罗托格涅斯去画亚历山大大帝而不去画亚

---

❶ [德] 莱辛. 拉奥孔 [M]. 朱光潜，译. 北京：人民文学出版社，1979：47.
❷ [德] 莱辛. 拉奥孔 [M]. 朱光潜，译. 北京：人民文学出版社，1979：78.

里士多德的母亲，因为亚历山大大帝比亚里士多德的母亲更为人所熟知。二是诗和画在表达技巧上有区别。诗歌可以对不可见的人物（即神）和不可见的动作进行描绘，如荷马在诗中用一块云把神遮挡起来；而这种技巧不能搬到画里，这是因为：其一，神与画中的人和物大小悬殊，因而画家无法画出倒在地上的巨大的阿瑞斯；其二，使人看不到神时所使用的云雾在画中很难起到遮盖的效果。三是在评判标准上能够入画与否不是评判诗的好坏的标准。我们不能根据取材于荷马史诗的绘画去衡量荷马本人的描绘才能，因为"诗中的画"和"画中的画"是有区别的，诗的图画与物质的图画是有区别的。

2. 诗画区别的主要论点

第一，画与诗在媒介和题材方面的区别。

（1）在空间中并列的符号即线条和颜色只宜于表现全体或部分在空间中并列的事物——物体。因此，绘画特有的题材是物体及其可以眼见的属性。绘画也能模仿动作，但是只能通过描绘在持续期内的不同顷刻表现出物体的不同样子去暗示这些顷刻、去表现动作。同时，绘画在这一系列不同顷刻中只能选择"最富于孕育性的顷刻"即情节（或动作）发展到顶点前的一顷刻。因为这一顷刻既包含过去，也暗示未来，可以让想象有自由发挥的余地。

（2）在时间中先后承续的符号即"语言"只宜于表现全体或部分在时间中先后承续的事物——动作或情节，因此诗所特有的题材是动作或情节。诗也能描绘物体，但是只能通过动作，用暗示的方式去描绘物体。诗通过描绘物体的动作来暗示每一动作的发出者——物体。同时，诗只能运用物体的某一属性，即能够引起该物体的最生动的感性形象的那个属性。因此，诗所运用的描绘性的词汇应单一，对物体对象的描绘要简洁。这就是希腊人的伟大风格，选取抓住事物特征的词，而不是用很多的形容词。如荷马对事物的描绘极其简单，只写它们的某一个特点。在他的诗里一条船是黑色的，有时是空空的船，有时是快船，至多也只是划得好的黑色船。荷马是把对象摆在一系列先后承续的顷刻里，使它们在每一顷刻里都表现出不同的样子；画家必须等到最后一顷刻，才能把诗人所陆续展出的东西一次展出给我们看。我们在画家的作品里只看到已完成的东西，在诗人的作品里却看到了它们的完成过程。

荷马描写物体，是通过一系列的动作暗示物体。

例1. 天后朱诺的马车。荷马让赫柏把车的零件一件一件地装配起来，通过让我们亲眼看见马车的安装过程来看到天后朱诺的马车。荷马通过描绘赫柏装配天后朱诺马车的一系列动作去暗示朱诺马车这一物体。

赫柏把青铜的圆轮装上马车，
每个轮从铁轴伸出八条轮辐，
轮缘是金镶的，围绕轮缘四周
捆着青铜箍，看起来真神奇。
绕轴旋转的那些毂都是白银，
金带和银带交织成车的座位，
四周装着两道扶手的围栏，
前面伸着一条辕秆也是银制的，
在辕秆尾端，赫柏系上美丽的
金轭，又系上美丽的金缰绳。❶

例2. 阿伽门农的装束。荷马让这位国王当着我们的面把全套服装一件一件地穿上，通过描绘阿伽门农穿衣的动作来描绘阿伽门农的装束。

他穿上新制的细软的衬衣，
套上宽大的披风，于是在端正的脚上
系上一双漂亮的鞋，把镶银的刀
挂在肩上，然后拿起国王的笏，
这是他的永远不坏的传家之宝。❷

第二，画与诗在描绘物体美上的区别。

只有绘画才能描写、模仿物体美。因为物体美源于杂多部分的和谐效果，物体美要求这些杂多部分同时并列，而且各部分并列的事物是绘画特有的题材。诗人不能去描绘各部分并列的事物，不能用罗列的方法描绘美的物体的各部分。诗人只能把物体美的各因素先后承续地展出，所以诗人就完全不去为美而描绘物体美。在这一点上，诗人荷马是典范中的典范。他说，尼鲁斯美、阿喀琉斯更美，海伦具有一种神人似的美。荷马从来不就这几种美进行详细的描绘。

那么，诗人如何描绘物体美呢？

（1）描绘美所产生的效果。正如莱辛所说，"凡是不能按照组成部分去描绘的对象，荷马就使我们从效果上去感觉它。诗人啊，替我们把美所引起的欢欣、喜爱和迷恋描绘出来吧，做到这一点，你已经把美本身描绘出来了！"❸ 莱辛举

---

❶ [德] 莱辛. 拉奥孔 [M]. 朱光潜, 译. 北京：人民文学出版社，1979：85.
❷ [德] 莱辛. 拉奥孔 [M]. 朱光潜, 译. 北京：人民文学出版社，1979：86.
❸ [德] 莱辛. 拉奥孔 [M]. 朱光潜, 译. 北京：人民文学出版社，1979：120.

例说，荷马通过描写海伦走到特洛伊国王元老们的会议场里，在他们中引起的反映来写海伦的美。"这些尊重的老人看见了海伦，就彼此私语道：'没有人会责备特洛伊人和希腊人，说他们为了这个女人进行了长久的战争，她真像一位不朽的女神啊！'能叫冷心肠的老年人承认为她战争、流血牺牲是值得的，有什么能比这段叙述还能引起更生动的美的意象呢？"❶

在中国文学中也有这样的例子。我国古诗《陌上桑》写罗敷的美就是通过描写看到罗敷的人的不同反应表达出来的，"行者见罗敷，下担捋髭须；少年见罗敷，脱帽着帩头；耕者忘其犁，锄者忘其锄，归来相怨怒，但坐观罗敷。"从这段诗中我们不难看出，诗人是就效果来写美的。此外，中国成语"倾城倾国"也是通过写美的效果来表现所描写的主人公的美。《汉书·外戚传》记载，"一顾倾人城，再顾倾人国。"这位妃子的美就是通过使宠幸自己的国王之王国陷落这一效果表现出来的。另一成语"红颜祸水"虽然旨在反映国王为了美色而亡国的历史教训，但也从另一个侧面描绘出了被宠信之人的美，也可以说是通过美的效果写美的例子。

（2）化美为媚，即化美为动态的美。莱辛说，"诗想在描绘物体美时能和艺术争胜，还可用另一种方法，那就是化美为媚……在诗里，媚却保持住它的本色，它是一种即逝而却令人百看不厌的美……我们回忆一种动态比起回忆一种单纯的形状或颜色一般要容易得多，也生动得多，所以在这一点上，媚比起美来所产生的效果更强烈。"莱辛举例说，"阿尔契娜的形象到现在还能令人欣喜和感动，就全在她的媚。她那双眼睛所留下的印象不在黑和热烈，而在它们'娴雅地左顾右盼，秋波流转'……她的嘴荡人心魄……在这里发出那嫣然一笑，瞬息间在人世间展开天堂。"❷ 中国文学中也不缺乏通过集中写媚态来展示美的形象的例子，如《诗经·卫风》描写女子的美时说，"巧笑倩兮，美目盼兮。"中唐诗人白居易在《长恨歌》中描写杨贵妃的美时说，"回眸一笑百媚生，六宫粉黛无颜色。"

（四）群雕拉奥孔没有描绘拉奥孔痛苦哀号的缘由

群雕拉奥孔为什么没有描绘拉奥孔的痛苦哀号呢？对于这个问题，温克尔曼和莱辛都提出了各自的见解，并且展开了激烈的争论。那么，他们谁的解释更准

---

❶ [德] 莱辛. 拉奥孔 [M]. 朱光潜, 译. 北京：人民文学出版社，1979：120.
❷ [德] 莱辛. 拉奥孔 [M]. 朱光潜, 译. 北京：人民文学出版社，1979：12.

确、更符合历史事实呢？抑或他们二人的观点都是正确的或都是错误的。笔者将对这一问题进行重新考察。

据史书记载，群雕拉奥孔是希腊化时期（公元前4世纪晚期—公元1世纪）的艺术品。我们讨论"群雕中拉奥孔为什么没有痛苦的哀号"这一问题，就必须得联系希腊化时期艺术作品的特点和希腊人特有的文化特征。

希腊人特有的文化特征，后人给它取名为"希腊精神"。什么是希腊精神？维柯说，希腊精神是一种"诗性智慧"，温克尔曼则把它概括为"高贵的单纯"与"静穆的伟大"，席勒说它是人的想象的青春与理性的成熟的完美结合，尼采把它称之为"酒神精神"与"日神精神"的相互辉映。总之，希腊精神是纯理智的理性精神与重视原始本能和生命意志的非理性精神的二元统一。"日神精神作为希腊文化的主导性精神渗透在所有的文化领域。在道德生活中它体现为节制或自持……在艺术中它则体现为和谐与比例的追求。即便是在起源于酒神精神的悲剧艺术中，希腊人也念念不忘告诫人们保持情感的节制，不要因为过度的悲伤和恐惧而失去理智。"❶

保持情感的节制无疑是古典时期希腊艺术的一大特征。柏拉图在《理想国》中把违反节制的荷马史诗及其他靡靡之音驱逐出了哲学的王国，节制无疑是柏拉图最强调的希腊人的德性。亚里士多德也把节制作为符合中道的众德性之一。由此可见，古希腊的两位最伟大的哲学家都提倡节制的重要性。因而，希腊古典时期的艺术（包括雕刻和绘画等）无疑反映了这一特征。我们通过观察这一时期的雕塑便可以发现，每一尊雕塑都体现着一种静穆，每一尊雕塑都体现着一种"心灵的静观"和"节制的沉思"。如果从这一点上考虑，温克尔曼的看法无疑是正确的。他说，"杰作的优异的特征无论在姿势上还是在表情上，都显示出一种高贵的单纯和静穆的伟大。……希腊人所造的形体在表情上都显出在一切激情之下他们仍表现出一种伟大而沉静的心灵"，"这种心灵在拉奥孔的面容上，而且不仅是在面容上描绘出来了，尽管他在忍受最激烈的痛苦。但是这种痛苦并没有在面容和全身姿势上表现得要发狂的样子……他所发出的毋宁是一种节制住的焦急的叹息。"❷

关于希腊雕塑具有节制精神和静穆特征这一点，我们还可以从法国史学家兼批评家丹纳（Hippolyte Adolphe Taine，1828—1893年）的代表作《艺术哲学》

---

❶ 吴琼. 西方美学史 [M]. 上海：上海人民出版社，2000：8.
❷ [德] 莱辛. 拉奥孔 [M]. 朱光潜，译. 北京：人民文学出版社，1979：5-6.

中得到证明。丹纳在分析希腊雕塑时指出，"希腊雕像的形式不仅完美，而且能充分表达艺术家的思想：这一点尤其难得……完美的雕塑艺术的条件，它们完全能适应；眼睛没有眼珠，脸上没有表情；人物多半很安静。或者只有一些细小的无关重要的动作；色调通常只有一种……把绚烂夺目的美留给绘画，把激动人心的效果留给文学……这些限制也增加塑像的庄严；不表现面部的变化，骚动的情绪，特别与反常的现象，以便显出抽象与纯粹的形态，使端庄和平的塑像在殿堂上放出静穆的光辉……不愧为人类心中的英雄与神明。"❶ 群雕拉奥孔没有表现出痛苦的哀号，无疑是由希腊完美的雕塑艺术的条件——静穆、端庄、纯粹——决定的。

但是，拉奥孔这座群雕又是创作于不同于古典时期的希腊化时代，而希腊化时代的艺术风格又与古典时期迥然相异。如果仅从希腊人具有的节制德性和静穆特征这一点来考虑，温克尔曼先生的解释无疑是正确的。但若进一步联系拉奥孔雕塑创作时期的艺术风格，温克尔曼的解释就有了很多的可疑之处。

关于希腊化时期的艺术风格和特征，有的学者认为，"与古典希腊追求和谐、德性和理性的精神相比，希腊化时期的文明更多地具有近代文化的色彩……在建筑和雕刻等造型艺术领域，古典时代那讲究节制、庄严典型的风格现在也已被别的特质所取代……随着希腊城邦的瓦解，希腊美术丧失了它原来作为城邦政治、宗教生活一部分的严肃性和公民性，开始成为享乐和粉饰现实的工具。不过，与古典时期相比，希腊化时期的美术在风格上更显多样化了。既有与古典时期比较接近的仿古风格（如《米洛的维纳斯》），也有追求动态、情致和悲剧性的'巴洛克'风格（如《拉奥孔》《垂死的高卢人》等）……总体而言，希腊化时期的艺术具有更多的审美主义色彩……现实主义、心理主义和个人主义的艺术风格与审美风尚完全淹没了以前的社会主题和哲理主题……精神性因素已不再重要，人们更看重的是艺术的大众性、娱乐性、观赏性和实用性。"❷

从上面这段叙述中，我们可以看出：与古典时期的雕塑重视静穆、庄严和精神性因素不同，希腊化时期的雕塑更多地体现出一种审美主义的色彩和追求观赏性的审美风尚。"希腊化时期的雕塑家用一种生机勃勃、近乎戏剧性的物质取代了古典希腊雕塑从容静穆的风格。"❸ 而这种转变在雕塑的构图中表现最为明显，

---

❶ ［法］丹纳. 艺术哲学［M］. 傅雷，译. 北京：人民文学出版社，1963：47.
❷ 吴琼. 西方美学史［M］. 上海：上海人民出版社，2000：109 – 110.
❸ 王红媛. 世界艺术史·雕塑卷［M］. 北京：东方出版社，2003：47.

尤其在那些强调格斗厮杀和忍受痛苦的雕塑作品中。希腊化时期的最后一件伟大作品是《拉奥孔》，这件作品曾被推为"古希腊雕塑艺术之最高代表"。"与宙斯祭坛的雕刻相比，《拉奥孔》的戏剧性无疑带有几分舞台化的造作，群像的作者似乎是刻意炫耀他营造氛围、组织场面以及刻画人物复杂的动态与表情的技巧。黑格尔谈及这件作品时曾这样论述，当时的雕刻家已不满足于单纯的美与生动，它们设法显示关于人体结构和筋肉组织的科学知识，而且着意雕凿精美来博得观众的喜爱。"❶ 所以，群雕《拉奥孔》反映的是雕刻家"着意雕凿精美"的高超技巧。若从这一点看，莱辛认为"美是古代艺术家的法律，雕刻家在雕刻《拉奥孔》中为了表现美、避免丑而不去着意描绘拉奥孔的痛苦的哀号"是正确的。

或者，温克尔曼和莱辛的论述都是有道理的，而且两者是不矛盾的。希腊罗德岛的三位艺术家当时雕刻《拉奥孔》可能是出于这两方面的考虑。一方面，他们作为希腊人，一定具有希腊人所惯有的希腊精神——重视理性、静穆、单纯，也继承了先辈艺术家的创作风格。另一方面，出于当时的艺术风尚考虑，他们创作时着意展示自己雕凿精美的技巧，没有去刻画拉奥孔痛苦的哀号。

（五）是诗人模仿了艺术家，还是艺术家模仿了诗人？

莱辛在《拉奥孔》第五、六章对这一问题进行了论述，最后得出结论：拉奥孔群雕的雕刻家们模仿了诗人维吉尔，拉奥孔雕像群是受维吉尔史诗影响的。莱辛认为，当时在希腊流行的说法是"蛇只是绞死了拉奥孔的儿子，拉奥孔自己没有遭到伤害。""维吉尔是第一个人而且是唯一的人，让两条蛇把父亲和儿子一齐缠起；雕刻家们也就照办了；作为希腊人，他们照理本来是不应该这么办的，所以他们可能受到了维吉尔的启发。"❷

笔者只想从年代上指出莱辛的结论的错误。维吉尔，全名叫普布留斯·维吉留斯·马罗（Publius Vergilius Maro，公元前 70—前 19 年），出生于意大利北部波河（Po）北岸曼图阿（Mantua）附近的安德斯（Andes）村，罗马诗人。公元前 30 年以后，维吉尔用十多年的时间创作史诗《埃涅阿斯纪》。公元前 19 年 9 月 21 日，维吉尔卒于意大利的布伦迪西姆（Brundisium），维吉尔的诗于公元前 17 年出版（这时他已去世）。

雕像《拉奥孔》的创作时间有两种说法：一种认为是创作于公元前 50 年左

---

❶ 邵大箴. 图式与精神——西方美术的历史与审美 [M]. 北京：中国人民大学出版社, 1999: 69.
❷ [德] 莱辛. 拉奥孔 [M]. 朱光潜, 译. 北京：人民文学出版社, 1979: 35.

右。朱光潜的《西方美术史》论述到，"现代考古学家在罗德斯（Rhodes）岛上发现的一些碑文，证明雕刻是公元前五十年左右刻成的。"❶ 另一种认为创作于公元前175—前150年。关于这种说法见于王红媛著《世界艺术史·雕塑卷》："希腊化时期的最后一件伟大作品是《拉奥孔》。这件大理石群雕……是由希腊罗德岛雕刻家……于公元前175年—公元前150年制作。"❷

无论是从前一种说法，还是从后一种说法中我们都可以看到：群雕《拉奥孔》的创作时间要早于维吉尔的史诗《埃涅阿斯纪》的创作时间——公元前30年到公元前19年。希腊罗德岛上这三位雕刻家阿格桑德罗斯、波利多罗斯和阿塔多罗斯在创作这件艺术品之前不可能见过维吉尔的史诗，因而更不可能模仿维吉尔的史诗。而如果硬要把他们说成是同时代的作品，对到底谁模仿谁进行一番学理上的讨论，就像"关公战秦琼"一样荒谬可笑。但在莱辛所处的时代，罗德岛新的考古发现还没有出现，所以我们也不能责备他的错误，他毕竟是受了时代条件的限制。

（六）结语

通过上面的考察，我们可以得出这样的结论：任何时代的艺术作品都离不开其所处的历史环境，任何时代的艺术作品都是其时代精神的反映。希腊罗德岛的三位艺术家雕刻的《拉奥孔》没有表现拉奥孔痛苦的哀号，一方面是由于他们作为希腊人，具有希腊人所惯有的希腊精神——重视理性、静穆、单纯；另一方面，出于当时的艺术风尚，他们创作时着意展示自己"雕凿精美"的技巧，没有去刻画拉奥孔痛苦的哀号。所以，温克尔曼和莱辛的争论只是出于某一方面的考虑，而没有考虑到其他的方面，因而他们的争论也就不可能达到一致的结果。因此，就出现了群雕《拉奥孔》和史诗《埃涅阿斯纪》对拉奥孔面部表情的不同描写。而且两者事实上也不存在谁模仿谁的问题，这是因为群雕《拉奥孔》的创作时间要早于维吉尔史诗《埃涅阿斯纪》的创作时间，所以莱辛所谓"拉奥孔群雕的雕刻家们模仿了诗人维吉尔，拉奥孔雕像群是受维吉尔史诗影响"的观点，无论从学理上讲还是从史实上讲都是有失偏颇的。

---

❶ 朱光潜. 西方美学史［M］. 北京：人民文学出版社，2004：302.
❷ 王红媛. 世界艺术史·雕塑卷［M］. 北京：东方出版社，2003：47.

十七、论文学与哲学的关系

"古希腊就已肇始的诗人与哲人之争,始终是西方文论发展历程的底色。它包含着一个古老的梦想,从毕达哥拉斯学派到浪漫主义诗人,对它的描述始终如一,即诗人应当成为预言家和立法者。"[1] 柏拉图在《理想国》中曾谈到"诗歌与哲学之间的古老争论",这一争论的实质是诗人与哲学家都认为唯有自己才能解释世界的意义。所以,在西方文论史的开端,文学(以诗为代表)与哲学就已经发生了相当密切的关系。而到了当代,比较文学美国学派提出了跨学科研究的方法,使"文学与哲学关系"这一古老的问题在比较文学这一新的视域下重新焕发了容光。

(一)比较文学跨学科研究的提出——文学与哲学关系研究的新背景

比较文学美国学派的代表人物之一雷马克在《比较文学的定义和功能》一文中最早提出了比较文学跨学科研究的方法。他说,"比较文学研究超越一国范围的文学,并研究文学跟其他知识和信仰领域,诸如艺术(如绘画、雕塑、建筑、音乐),哲学、历史、社会科学(如政治学、经济学、社会学),其他科学、宗教等之间的关系。简而言之,它把一国文学同另一国或几国文学进行比较,把文学和人类所表达的其他领域相比较。"[2] 比较文学跨学科研究不同于以前谈论文学与其他学科之间的关系(因为这种谈论并非是以文学为中心展开的),而是一种新型的比较文学的研究方法,它强调以文学为中心,是以突出文学特征、探寻文学规律为主旨而进行的文学与其他相关学科之间的比较研究。这种方法不仅拓展了比较文学的研究领域,而且成为较之比较文学其他方法更为广博、丰富的方法,同时也从地理上和属性上扩大了文学研究的范围。

---

[1] 杨慧林. 西方文论概要[M]. 北京:中国人民大学出版社,2003:3.
[2] 于永昌等. 比较文学研究译文集[M]. 上海:上海译文出版社,1985:208.

比较文学跨学科研究探讨的问题包括文学与哲学的关系、文学与宗教的关系、文学与心理学的关系、文学与历史的关系、文学与其他艺术门类的关系等。笔者在这里将简略地谈一下文学与哲学的关系。

（二）文学与哲学的关系

正如前面所言，文学与哲学历来就有着非常密切的关系。文学是社会生活在作家头脑中形象化的反映，它依靠形象思维将作家在社会生活中获取的灵感、思想与信息传递给读者。哲学则是人类对于大自然、人类社会、人自身的总的根本的看法，它以抽象思维表达人类的世界观、人生观和价值观。文学具有形象化与感性化的特征，文学描述的世界比哲学描绘的世界更贴近现实生活；哲学则是停留在形而上的思辨层面，是高度抽象化和理性化的。

文学与哲学的关系一方面表现为哲学常常以其深邃的认识影响文学，文学自觉或不自觉地从哲学那里汲取营养。另一方面表现为文学自身的独立性及其对哲学的影响。二者之间的关系是相互依赖、相互影响、相互作用的，但又是作为两门不同的学科相互独立的，不是一方从属于另一方，如文学是哲学的婢女或文学是哲学的主人。

第一，哲学对文学的影响。韦勒克在《文学理论》第十章"文学与思想"中指出："文学可以看作思想史和哲学史的一种记录，因为文学史与人类的理智史是平行的，并反映了理智史。不论是清晰的陈述，还是间接的暗喻，都往往表明一个诗人忠于某种哲学，或者表明他对某种著名的哲学有着直接的知识，至少说明他了解该哲学的一般观点。"❶ 由此可见，哲学对文学有深刻的影响，正如布吕奈尔所言，"像柏格森、巴什拉尔或萨特这样的常常使用文学材料的哲学家是非常少见的。相反，要领会数不尽的作品，却没有一个比较文学学者能够离开哲学家。"❷ 他还举例说，"如果没有柏拉图，怎么理解费纳隆或雪莱？没有圣·托马斯怎么理解但丁？没有笛卡尔怎么理解高乃依？没有莱布尼茨怎么理解蒲伯？没有洛克怎么理解狄德罗和斯特恩？没有马克思曾怎么理解布莱希特？从毕达哥拉斯到斯多葛学派，所有希腊思想家，大部分的现代哲学家，都在文学上造就了大批的后继者。"❸ 韦勒克也说，"毫无疑问，我们可以看出英国文学史是反

---

❶ ［美］韦勒克，沃伦. 文学理论［M］. 刘象愚等，译. 北京：生活·读书·新知三联书店，1984：114.
❷ 布吕奈尔等. 什么是比较文学［M］. 葛雷等，译. 北京：北京大学出版社，1989：119-120.
❸ 布吕奈尔等. 什么是比较文学［M］. 葛雷等，译. 北京：北京大学出版社，1989：121.

映了哲学史的。伊丽莎白时代的诗歌中充溢着文艺复兴的柏拉图主义……在伟大的浪漫主义诗人中,柯勒律治本人是一个有雄心、有见解的技术哲学家。他仔细地学习了谢林的哲学,注释了他的观点……在华兹华斯的诗中也可以发现康德的影响……雪莱最初深受十八世纪法国哲学家及其英国弟子戈德温的影响,但他后来把斯宾诺莎、伯克利和柏拉图的思想揉在一起了。"❶ 在德国,哲学与文学之间的关系也极为密切,尤其是在浪漫主义时代,康德、费希特、谢林、黑格尔对诗人歌德、席勒、海涅、荷尔德林的影响极大。在俄国,陀思妥耶夫斯基和托尔斯泰一般被人们看作哲学家和宗教思想家,他们的小说反映了深刻的哲学思想。可以说,哲学与宗教一样,是最能表现一个民族文化的精神产品,是一个民族的深度之维。因此,在跨学科研究中要想绕过哲学,对文学的解释也就只能停留在浅层次上。

第二,文学的独立性及其对哲学的影响。韦勒克在考察了哲学对文学的影响后,继而提出了疑问:"哲学家的思想在诗人的作品中引起的反响,要达到怎样的程度才能解释一个作家的观点,特别是像莎士比亚这样的作家……难道一首诗中的哲理愈多,这首诗就愈好吗……难道可以根据哲学创见的标准,或者根据它调整传统思想的程度去判断诗歌吗……难道这种哲学标准就是文学批评的标准吗?"❷ 他认为,用一部文学作品反映的哲学思想的多少来衡量它的价值高低是错误的,这种错误混淆了哲学与艺术的功能,误解了思想进入文学的真正方式。最后,他得出的结论是"哲学与文学的紧密关系常常是不可信的,强调其关系紧密的论点往往被夸大了","文学研究者不必去思索像历史的哲学和文明最终成为一体的大问题,而应该把注意力转向尚未解决或尚未展开充分讨论的具体问题,即思想在实际上是怎样进入文学的。"❸

文学是独立的。一部文学作品是有其内在价值的,评价它的好坏不应该以文学以外的标准为主。诗也不是哲学的替代品,它有自己的评判标准。哲理诗与其他诗一样,不是由它反映的哲理多少来评判,而是由它的完整程度与艺术水平的高低来评判。文学家的心灵以其感觉的敏锐性、生动性和丰富性而著称,这一点是哲学家所不能比的。一些美的诗文名篇有时候很难归入某种哲学,尽管诗人不

---

❶ [美] 韦勒克,沃伦. 文学理论[M]. 刘象愚等,译. 北京:生活·读书·新知三联书店,1984:116-117.
❷ [美] 韦勒克·沃伦. 文学理论[M]. 刘象愚等,译. 北京:生活·读书·新知三联书店出版社,1984:118-119.
❸ [美] 韦勒克·沃伦. 文学理论[M]. 刘象愚等,译. 北京:生活·读书·新知三联书店出版社,1984:128.

可能生活在思想的真空中，详加分析还是可以发现其思想的轨迹。但是，文学家的艺术感性，正如感性事物一样是杂多的，有时很难将其归入某一种单一的哲学体系中去。

文学对哲学的影响，我们可以从20世纪的法国文化中看出来。法国文化本质上是文学的，正如柏格森所说，没有什么哲学思想不能用日常生活的语言来表达，无论它们有多么深奥，多么微秒。在德国是哲学影响了文学，在法国则是文学影响了哲学。与德国人重理性思维不同，法国人更偏于感性思维，因而法国的文人、大作家灿若群星。法国文人影响了法国人的生活，法国文学也极大地影响了其他学科（包括哲学）。法国很多当代著名哲学家如萨特、加缪、德里达、利科都是先学习文学，然后由文学进入哲学研究。文学在他们那里是表达其哲学必不可少的中介。他们是通过自己的文学作品来表达其哲学观点的，他们获得认可也首先是由于其在文学上的成就。例如柏格森既是法兰西学院的教授，又是法兰西语言学院的院长，他和萨特、加缪是作为文学家而不是作为哲学家获得诺贝尔奖的。在20世纪后现代哲学家那里，文学已成为他们研究哲学的出发点和归宿，他们更多的是从文学批评的角度去解构、瓦解前辈哲学家用理性思维构建起的形而上学大厦。从他们那里我们看到了更多的文学对哲学影响的痕迹。

（三）文学与哲学相互影响的范例——存在主义哲学与文学

存在主义是第一次世界大战前后在欧洲兴起的一种哲学思潮，它标志着反抗传统哲学的种种逆流，其传承谱系是陀思妥耶夫斯基、克尔凯郭尔、尼采、里尔克、卡夫卡、海德格尔、雅斯贝尔斯、萨特、加缪。存在主义认为，人的存在才是世界上最根本、最真实的存在，世界上其他一切存在物仅仅是人的存在的一种"存在方式"，是人用以表现自己的道具，它们是不能离开人而存在的。于是，人的存在就成了世界上一切存在的核心，成为"先于一切其他的存在者"，成为"应该从本体论上首先加以探讨的东西"。存在主义还提出了"存在先于本质""自由选择"、荒诞等思想学说。

存在主义哲学与存在主义文学是合二为一的，存在主义作家的成功之处在于把存在主义哲学巧妙地运用于小说和戏剧，使之增加了社会内涵，并引起了巨大的反响。反之，这些小说和戏剧又赋予存在主义哲学以躯壳。存在主义的代表人物除了尼采、海德格尔、雅斯贝尔斯是纯粹意义上的哲学家，其他人大都是作家，如陀思妥耶夫斯基的《地下室手记》是一部小说，"是世界文学中最富革命性和原创性的著作之一"。里尔克则是"自歌德之后德国最伟大的诗人",他的代表作有诗集《杜依诺哀歌》《致奥尔弗斯的十四行诗》和散文《马尔特札记》。卡夫卡更是一位大文豪,是一位创作了《变形记》《审判》《城堡》等伟大作品的作家。萨特除了一部哲学著作《存在与虚无》外,其他作品都是小说。加缪则更是以文学家的面貌出现的,他的作品《局外人》《鼠疫》等都是小说,我们只能在他的哲学随笔《西西弗的神话》和《反抗》中找到几丝哲学的痕迹。由此可见,存在主义文学与存在主义哲学之间具有相互依存的关系,存在主义文学的基本主题,如存在先于本质、荒诞性、自由选择等,和存在主义哲学的基本思想相一致。萨特的日记体小说《恶心》通过恶心这种生理和心理反应来说明主人公感到的荒诞。他的《苍蝇》和《禁闭》用神话传记或虚构的荒诞情节反映了"自由选择"和"他人就是地狱"的哲学思想。存在主义文学经常把人的孤独、焦虑、恶心、绝望等主观情绪上升为存在主义哲学对人的生存状态的思考,认为它们是永远无法摆脱的,因而得出了"人是荒诞的,世界也是荒诞"的非理性主义的悲观结论。

(四) 结语

文史哲作为人文学科的三大分支,本来是不分家的,它们是相互依赖、相互影响的关系。钱钟书曾指出:"人文学科的各个对象彼此系连,交互渗透,不但跨越国界,衔接时代,而且贯串着不同的学科。"[1] 现在的学科分类朝着精细化、专业化的方向发展,这种趋向把人文学科搞得支离破碎,导致搞哲学研究的人不懂文学和历史、研究文学和历史的人又没有哲学思维。所以,在我们的时代再也不可能出现像陈寅恪、胡适、王国维那样精通文史哲的国学大师了。基于此,从事比较文学跨学科研究也必须打破学科界限、放宽视野,从文学与哲学的对话中、从文学与其他学科的比较中求得双方共同发展,使比较文学变得更加丰富多彩。

---

[1] 于永昌等. 比较文学研究译文集 [M]. 上海:上海译文出版社,1985:462.

后 记

本书的出版是受北京市教委"北京高等学校青年英才计划项目"资助而成。当初作者申报该项目拟定的研究题目是"全民阅读背景下高等院校大学生阅读素养提升与阅读推广模式实证研究——以北京地区为例"。这一研究项目的初衷是探讨在全民阅读背景下如何在高校开展阅读指导,如何通过理论和实践相结合的方式提高当代大学生的阅读素养。

本书的主题是"阅读"。在古代社会,无论是在中国还是在西方,"阅读"都是一种私人化的活动。然而,自1995年10月联合国教科文组织把每年的4月23日确定为"世界读书日"以来,"阅读"变成了一项文化战略,关乎个人,关乎国家,也关乎世界。国内的全民阅读活动肇始于2000年12月举办的第一届全国性的"全民读书月"活动。之后,随着国家和政府的大力倡导,全民阅读活动不仅在全国各地如火如荼地开展起来,而且成为一项国家文化战略,被多次写入党和政府报告之中。尤其是近十年来,全民阅读不仅成为文化领域、教育领域、传媒领域的一项"盛事",而且引起了国内图书馆界的阅读推广和研究热潮。各高校的读书活动,形式多样,内容丰富,精彩纷呈。作者所在的北京建筑大学也连续多年举办大型校园读书活动,并成为全国"全民阅读示范基地"。

与阅读实践活动"热"比较起来,国内的阅读理论研究却显得非常"冷"。除了少数学者侧重从语文阅读、儿童阅读、阅读方法等角度研究阅读理论外,多数学者都不太关注这一问题。而阅读理论的缺乏,会使阅读推广活动缺乏理论支撑,缺乏内在的动力。因此,加强阅读理论研究,尤其是从阅读推广实践中总结和归纳出相关的经验和规律,从理论层面解决当前高校阅读推广实践中存在的主要问题,构建有中国特色、适合国内高校实际情况的阅读理论,就显得非常重要。这就是作者开展本项目研究的目的所在。

本书从图书情报学、阅读学、文本学、解释学、哲学等多角度对"阅读"这一人类特殊的文化活动进行了研究,既提出了相关的阅读理论,又应用阅读理论来指导阅读实践,通过阅读案例和经典书评的形式来指导当代大学生的阅读实践活动。

　　本书的姊妹篇《大学生国学经典读本——道德经》已经于前年出版，它侧重于通过一部国学经典来培养生活在信息时代的大学生的阅读素养。本书则是各种阅读理论和阅读案例的集合，包括国学经典、文学经典、史学经典、建筑学经典和哲学经典的阅读指导。马克思曾说："任何真正的哲学都是自己时代精神的精华"，"是文明的活的灵魂"。所以，对哲学经典的阅读是提高当代大学生逻辑思维能力和阅读素养的有效途径。本书尤其侧重对哲学经典的解读，分别对中国哲学经典、西方哲学经典、伦理学和美学经典等进行了深入的解读和研究，为大学生阅读古今中外经典著作打开了一扇方法论之窗。作者希冀通过系统的阅读训练，真正培养当代大学生对经典的阅读兴趣。

　　本书是作者多年来围绕"大学生阅读"这一主题而写成的一系列理论文章和经典书评的汇集，其中有些文章在国内许多重要的媒体上已经发表过，在高校图书情报界也产生了一定的影响。然而，本书的大部分内容是作者在申报"北京高等学校青年英才计划项目"之后又重新思考和写成的。在此，作者最想说的两个字就是感谢。感谢北京市教委给予的经费支持，感谢北京建筑大学校领导的悉心指导，感谢主管校领导张启鸿副书记拨冗为本书作序，感谢学校人事处、图书馆、党政办、文法学院、马克思主义学院各位领导和同事在我工作中给予的帮助，感谢知识产权出版社赵军老师在本书出版过程中给予的支持。

　　本书的出版既是作者过去多年工作与研究的总结，也是作者多年来阅读与思考的一项结晶。由于学识疏漏，本书难免有一些不成熟之处，还请方家不吝指正。

2016 年 1 月 20 日写于
北京建筑大学大兴校区